U0772520

〔苏〕伊萨克·伊里奇·鲁宾 著

马克思价值理论研究

周凡 主编

曹江川 译

中央编译出版社
CCTP Central Compilation & Translation Press

图书在版编目（CIP）数据

马克思价值理论研究／（苏）伊萨克·伊里奇·鲁宾
著；周凡主编；曹江川译. —北京：中央编译出版社，
2024.8
ISBN 978-7-5117-4723-5

Ⅰ.①马…　Ⅱ.①伊…②周…③曹…　Ⅲ.①马克思
主义哲学－价值论（哲学）－理论研究　Ⅳ.①B018

中国国家版本馆 CIP 数据核字（2024）第 071060 号

马克思价值理论研究

选题策划	张远航
责任编辑	郑菲菲
责任印制	李　颖
出版发行	中央编译出版社
网　　址	www. cctpcm. com
地　　址	北京市海淀区北四环西路 69 号（100080）
电　　话	（010）55627391（总编室）　（010）55627392（编辑室） （010）55627320（发行部）　（010）55627377（新技术部）
经　　销	全国新华书店
印　　刷	北京文昌阁彩色印刷有限责任公司
开　　本	889 毫米×1194 毫米　1/32
字　　数	240 千字
印　　张	12.5
版　　次	2024 年 8 月第 1 版
印　　次	2024 年 8 月第 1 次印刷
定　　价	120.00 元

新浪微博：@中央编译出版社　**微　信：**中央编译出版社(ID: cctphome)
淘宝店铺：中央编译出版社直销店(http://shop108367160. taobao. com)
　　　　　　（010）55627331

本社常年法律顾问：北京市吴栾赵阎律师事务所律师　闫军　梁勤
凡有印装质量问题，本社负责调换，电话：（010）55627320

序　言

　　在欧洲，早在 15 世纪就开始使用"新时代"这个术语，欧洲史学家用它来指称从公元 1500 年前后到当代这整个历史时期，以别于中世纪和古典时期。而在新时代内，欧洲史学家又区分出"早期的新时代"和"较近期的新时代"。前者从公元 1450 年到 1650 年，后者从公元 1650 年至当代。在"较近期的新时代"内，西方史学界又有人提出以 1789 年的法国大革命为起点的"最新的时代"。

　　在马克思主义发展史上，第二国际领导人之一卡尔·考茨基（1854—1938）在 1883 年 1 月创办了著名的马克思主义理论刊物《新时代》，并尝试把马克思主义最大限度地"撒播"到各个学术领域之中。比如，他用马克思主义来研究农业问题，用马克思主义来研究基督教问题，用马克思主义来研究民族问题（如印第安人问题、犹太人问题等），用马克思主义来研究人口学，用马克思主义来研究历史编纂学，尤其是社会主义发展史，等等。到 1917 年 9 月，考茨基任《新时代》主编已达 35 年之久。考茨基离开后，杂志又办了 6 年，到 1923 年秋，《新时代》停刊。考茨基任

《新时代》主编的 35 年，是在马克思之后马克思主义承前启后接续发展的一个重要时期。在这个时期，马克思生前没有出版的一些著作和手稿得以面世；在这个时期，第二国际成立并运行 20 多年；在这个时期，国际共产主义运动蓬勃兴起，世界范围内一个又一个马克思主义政党纷纷登上历史舞台；在这个时期，马克思主义内部的理论争鸣空前活跃、空前激烈、空前自由，从而造就了马克思主义左派、中派和右派的差异性理论空间的形成。

在《新时代》的"风华正茂"时期，德国著名社会学家和哲学家斐迪南·滕尼斯（1855—1936）开始酝酿构思一部题为"新时代的精神"的书稿。由于战争的原因，写作时断时续，直到 1935 年，《新时代的精神》（第一卷）终于出版。《新时代的精神》从社会学的宽广视角系统考察了新时代的欧洲在经济生活、政治生活及精神—道德生活领域发生的一系列进化和革命，对欧洲社会转型过程中的社会生活、社会关系的变迁和发展进行了深入剖析和精辟的论述。新时代的欧洲在经济方面的显著特征是资本主义的产生、发展与壮大，资本主义决定着欧洲新时代最根本的发展方向。在政治方面，现代意义上的国家出现，欧洲世俗的国家政治统治逐渐取代罗马天主教的神权统治，主权、民族国家、人民主权、三权分立、议会制度等，都是新时代政治的新生事物。与之相对应的是在社会方面，随着市民阶层的觉醒与崛起，市民社会的形成以及以个人权利（尤其是财产权）为核心的个人主义的生成与确立，个人主义要求个人从封建领主的专制主义和僧侣教会的束缚中解放出来，从而获得社会自由。在滕尼斯看来，"个人主义的发展是新时代的一个非常突出的特征和新时代的优越性的永久的保障"①。因为，"个体的发展和在他身上的个性的发展，首先必须视为一种普遍自然的和必然的发展"②。在精神—道德方面，新时代充满理性思维和科学精神，它取代了中世纪的愚昧、迷信、幻想的位置，"新时代以各种科学的异军突起见称，在新时代，坚强思维的天资聪慧更经常出现"③，而各种艺术也在新时代取得了更伟大的成就从而成为现代文化的骄傲。

按滕尼斯的观点，发生在上述几个领域中的结构性变化，可以归之于社会学意义上的革命概念。在"作为革命的新时代"一章的开头，作者这样写道："在这里，作为真正的革命和更普遍意义上的革命，不应该理解为个别的事件，也不应该理解为实现了的事件是相近相随依次发生的，而是一个逐渐的和漫长的过程，这种过程继续几个世纪，而且作为新时代的过程今天尚未完成，因为毋宁说，我们正处在新时代的进程中。"④ 滕尼斯认为，在欧洲新时代的进程中，资本主义获得空前发展构成了 20 世纪社会生活的基本特征，与资本主义的高度发展紧密相联的是，工人阶

----

① 斐迪南·滕尼斯：《新时代的精神》，林荣远译，北京：北京大学出版社 2006 年版，第 59 页。
② 同上，第 55 页。
③ 同上，第 75 页。
④ 同上，第 81 页。

级已经崛起，并"成为一支自主的、政治上的潜在力量"①，而且，作为工人阶级运动的理论表述的马克思主义，也已成为"最朴实的真理"②。他宣称，恩格斯当年在马克思墓前的讲话对马克思的学说做出了最精准的解释，"我们完全可以接受这种解释"③。这是欧洲第一位系统研究新时代的社会学家把马克思主义置于宏大的新时代概念框架之内作出肯定性的评价。

更难能可贵的是，在宣告新时代是一项未竟的过程之后，滕尼斯极富远见地探讨了新时代的"历史方向"和"地理方向"。在"远东"这一小节，他声称，最新的时代的重大事件就是那些遥远国家、那些自己有过几千年的发展道路的国家的觉醒，而在提及中国时，不难发现，他的笔端洋溢着一种敬意和期待："追随在这条道路上的是偌大的中国，它也是 18 世纪和 19 世纪日本文化的原籍，成为欧洲理性主义惊叹的对象。"④ 作为一位把新时代作为自己研究主题的社会学家，滕尼斯早在 20 世纪 30 年代，就天才般地预见中国必然要走进新时代，中国必然迎来一个令西方世界惊叹的现代化进程。

诞生于欧洲的新时代的马克思主义不可阻挡地与中国的新时代相遇，这是历史发展的大势。马克思主义从历史

---

① 斐迪南·滕尼斯：《新时代的精神》，林荣远译，北京：北京大学出版社 2006 年版，第 174 页。

② 同上，第 195 页。

③ 同上。

④ 同上，第 143 页。

中走出，又向现实走来。历史给了它遗传密码，而现实则赋予它鲜活的生命。在距考茨基和滕尼斯 80 多年后的今天，我们把这套由中国学者编纂、翻译的马克思主义研究著作命名为"新时代马克思主义译丛"，它是把中国新时代的光芒照进欧洲历史长河中的新译丛，是着眼于马克思主义在中国新时代的最新发展，并回望 180 多年来马克思主义发展史的最长时段、最大包容量的新译丛。新时代孕育新希望，新时代产生新抱负，新时代召唤新创造，新时代成就新事业。

周 凡

写于北京昌平沙河高教园

二○二四年五月十五日

译者导言

一、鲁宾生平

伊萨克·伊里奇·鲁宾（Isaak Illich Rubin）于 1886 年 6 月 12 日出生于达维尼斯克（Dvinsk）的一个犹太家庭。他的父亲拥有自己的房子，还是所在城市的世系荣誉公民。鲁宾 5 岁的时候就到一个宗教初级学校上学了。他在维特宾斯克（Vitebsk）完成了中学课程。1906—1910 年，鲁宾在圣彼得堡大学法律系学习，他还在这里学习了经济学。在他的老师中，有当时俄国著名的经济学家伊拉里昂·伊格纳切维奇·考夫曼米哈伊尔·杜冈-巴拉诺夫斯基。在完成大学学习之后，鲁宾成了一名经济学和民法方面的专家，主要从事劳动法方面的工作。1913—1914 年，他出版了一些民法方面的作品。

鲁宾在 1912 年去了莫斯科，第一次以大律师的身份开始工作。1915 年至 1917 年 8 月，他成为城市联盟和地方自治联盟的秘书。1917 年 5—11 月，他在一家报纸工作。这时，他已发表了不少作品，这些作品涉及多个主题，例如：如何在调解理事会帮助下解决劳动争议、如何应对失业等。1917—1918 年，鲁宾发表了小册子《调解会议厅和仲裁法庭》和《失业保险》，致力于解决社会问题。这期间，他发表的文章包括：《莫斯科地区的失业和反失业斗争》《工会和产业调节》《工厂的国家化》《德国的革命和经济》《匈牙利的社会阶级》《奥地利的无产阶级》等。

1919 年，鲁宾受梁赞诺夫的邀请翻译马克思的著作。这时，他开始和多沃拉斯基整理政治经济学方面的文献。1919 年中至 1921 年，他给莫斯科军事技术学校讲社会科学课程。1920 年夏天，鲁宾为人民教育委员会的老师讲解政治经济学课程。1920 年 2 月至 1922 年，鲁宾在教育委员会工作并受其委托为学校制定大纲，为大学草拟课程计划，并且他还成为人文教育机构社会科学学部的领导。1921 年，鲁宾被任命为莫斯科大学教授，随后他就在这所大学以及红色教授学院、国民经济学院、斯维尔德洛夫斯克大学教授政治经济学。

20 世纪 20 年代早期，鲁宾已是俄国的杰出学者了，在经济思想史、西方经济学研究方面表现优异。但是，正当鲁宾在科学研究方面迅速崛起时，他在 1921 年 2 月被囚禁了。因为就政治观点而言，鲁宾被认为是一个社会民主主义者。这已经不是他第一次被囚禁了。1904 年，他加入了"联盟"，之后在定居区里的犹太人中积极从事宣传工作，1905 年被捕，不过在同年 10 月 17 日沙皇宣言之后获得了赦免。

虽然俄国发生了十月革命，但鲁宾对十月革命并没有什么热情。在十月革命之中，鲁宾继续在"联盟"的莫斯科组织中活动。"联盟"在 1920 年的莫斯科会议中发生了分裂，鲁宾还是和某些人一样拒绝与苏联共产党合并。会上，鲁宾和那些宣称是"联盟"继承者的人离开了会议室。鲁宾认为工会是必要的，它作为无产阶级自发的组织独立于国家，按照选举原则组成各级部门，维护和工人群众的紧密联系，并对他们负责。鲁宾被选入"联盟"中央委员会，并成为委员会的秘书。正是由于鲁宾是"联盟"的领导成员，他在 1921 年 2 月 20 日被捕。

不过，判决认为鲁宾没有不法行为，把没收的文件又还给了鲁宾。缴纳了保释金后，鲁宾获得了自由，但是要接受契卡的传唤。然而，好景不长，1921 年 11 月 5 日晚，鲁宾又被捕了。他的同事设法营救他。即便是在这两次被捕期间，鲁宾还是继续从事研究，他曾请求监狱主管允许他获得图书资料。11 月 22 日被释放之后，他在莫斯科国立大学、红色教授学院等教育机构任教，发表了一些文章和评论，为出版《马克思价值理论研究》做准备。1923 年 2 月 27 日，鲁宾又被捕了。这次以后他有三年半以上的时间，不是在监狱中，就是被流放。

这次鲁宾被指控参与反苏联的活动，他将被关押到阿什安格尔（Archangel）集中营。对于身患疾病的鲁宾来说，这是致命的。他的妻子和同事开始积极做各方面的工作，营救活动取得了一定效果。1923 年秋天，国家政治保卫总局没有把鲁宾发配到阿什安格尔集中营，而是发配到了苏茨丹（Suzdal）集中营。

1924 年 12 月 14 日，国家政治保卫总局决定从监狱中释放鲁宾，他的剩余刑期将在克里米亚半岛的别卡拉萨巴沙执行。这年的冬天，鲁宾的病情恶化。然而，国家政治保卫总局拒绝了把他转移到半岛其他地方的请求。

1926 年 4 月 13 日，鲁宾的流放刑期终于结束。鲁宾的同事为确保他能回莫斯科想尽办法，包括梁赞诺夫、布哈林在内的很多人都在为鲁宾求情。1926 年 11 月 26 日，国家政治保卫总局终于允许鲁宾在苏联自由居住。

虽然 1923—1926 年，鲁宾不是蹲监狱就是被流放，但他仍继续从事研究。监狱的管理者没有压制鲁宾的研究活动，这使得他能够获得必要的研究文献，寄送手稿。在这期间，鲁宾大约完成了包括专著、翻译、文章在内的二十部作品，包括：《马克思价值理论研究》第二版、译著《马克思和李嘉图的价值理论》（作者罗森伯格）、与卡布合著的《国民经济学：论文和图表》、为李卜克内西的《英格兰价值理论史》所写的导言、译著《世界经济的基础》（作者列维）、《经济思想史》《重农学派》《西方当代经济学家》等。

1926 年末，鲁宾在马克思恩格斯研究院获得了一个职位。马克思恩格斯研究院是整理出版马克思经济学手稿的中心，拥有差不多 14 000 册政治经济学和经济思想史方面的书，鲁宾很快就成为政治经济学教研室的负责人。

1928 年，对鲁宾《马克思价值理论研究》的讨论，最初是学术上的，但对这部著作的批评却转变成了政治迫害。有的人指责鲁宾歪曲了马克思主义经济理论，对经济范畴做唯心主义解释，割裂了形式和内容，沦为政治经济学唯心主义倾向的代表。争论以 1930 年初米留清（Milyutin）和柏日林（Borilin）发表的文章告终。

正是在这个时候，鲁宾被迫终止了他的教学活动。不幸的事还在后面，1930 年 12 月 23 日晚，鲁宾再次被捕。他身体不好，又受到严刑拷打，最终不得不承认了指控。1931 年 3 月，鲁宾被判入狱五年。这里要说明的是，鲁宾在受到严刑拷打的情况下，被迫声明他把孟什维克中央的文件密封后交给了梁赞诺夫，让其保存一段时间。1931 年 2 月 8 日，古格拉调查人员强迫鲁宾给梁赞诺夫写封信，要求归还这些调查所需的文件。梁赞诺夫未能交还，这成为了对他的指控之一。1937 年 11 月 19 日，鲁宾再次被捕。他被控组建反革命组织。11 月 25 日鲁宾被判执行枪决。1937 年 11 月 27 日，鲁宾去世。

二、鲁宾的影响

1. 苏联

鲁宾的思想在苏联产生了什么影响？苏联学者又是如

何看待鲁宾的？这可以从罗森塔尔的著作中看到。罗森塔尔说："怀有歪曲'资本论'的方法的无数企图的，不仅有马克思主义的公开敌人和资本主义改良主义的辩护人，而且还有那些冒充为马克思主义哲学的'朋友'，他们在实际上有意地进行暗中破坏马克思主义，以便达到伪造的目的。二十年代和三十年代在政治经济学和哲学方面进行活动的罗宾派和孟什维克化的唯心主义者，关于'资本论'的辩证法曾写了不少东西，可是他们以黑格尔主义的精神来解释马克思革命的方法，把它歪曲成是对烦琐的概念的玩弄，莫测高深的议论和故弄虚玄，离科学真有天渊之差。举例来说，罗宾对于马克思辩证法的唯心的和烦琐的解释，所追求的一个目的是要使苏维埃经济学家走入歧途，把他们引导到抽象问题的迷宫中，抽掉他们解决社会主义经济问题时所立足的马克思主义方法论的基础。"① 简单地用唯心还是唯物来评价学术作品似乎成了苏联惯常使用的方法。在另一处，罗森塔尔还使用了"'物理学'唯心主义者波尔、海森堡等人"② 这样的表述。受政治环境的影响，鲁宾自从被处决之后，在苏联长期没有得到关注。

2. 德国"新马克思阅读"

"新马克思阅读"是 20 世纪 60 年代末以来在德国兴起

---

① 罗森塔尔. 马克思"资本论"中的辩证法问题 [M]. 冯维静，译. 北京：生活·读书·新知三联书店，1957：13.

② 同上，第 34 页。

的一种解读《资本论》的新方式。它的早期代表人物有巴克豪斯和莱西尔特，在经历了半个世纪的发展之后，依然势力不减。它的"新"是相对于传统马克思主义对《资本论》的解释来说的，这里主要指苏联的马克思主义。此外，"新马克思阅读"也不同于西方马克思主义，埃尔贝甚至把"新马克思阅读"和传统马克思主义、西方马克思主义相提并论。不管他的这种做法有多少合理性，这至少表明"新马克思阅读"在不断扩大自己的影响力。

"新马克思阅读"固然有其新颖之处，但也不能否认它是在既有研究成果的基础上建立起来的，或是和前人的理论有很多相似之处。李乾坤提到，1973 年鲁宾的《马克思价值理论研究》德译本的出版，"对'新马克思阅读'的发展起重要的推动作用"。① 对于这一点，"新马克思阅读"的代表人物埃尔贝在其著作《马克思在西方》中，已经展开了相对较为详细的论述。

埃尔贝指出，"新马克思阅读"采纳了鲁宾对马克思文本的解读，并称其为"新马克思阅读的先驱"。② 埃尔贝的观点并非牵强附会，而是有着可靠的文本支撑。虽然巴克豪斯在写《价值形式的辩证法》这篇"新马克思阅读"开创性文章的时候，鲁宾的那本书尚未出版德文版，但两人

---

① 李乾坤. 德国"新马克思阅读"的兴起、基本理论及其成就 [J]. 马克思主义与现实，2018（6）：57–64.

② Elbe, Ingo. *Marx im Westen: die neue Marx-Lektüre in der Bundesrepublik seit* 1965 [M]. Berlin: Walter de Gruyter, 2012：33.

在很多观点方面有相似之处。更为重要的是，在这之后，我们能够在很多"新马克思阅读"阐释者的理论中发现鲁宾的影响，他们经常提及这位俄国人。鲁宾的名著《马克思价值理论研究》涉及马克思劳动价值理论中的很多重大问题，那么在"新马克思阅读"阐释者看来，哪些构成了根本性的反思，哪些对"新马克思阅读"有重要影响呢？埃尔贝从五个方面说明了鲁宾的理论贡献，并认为"新马克思阅读"的基本理论反思可以在鲁宾那里找到影子。

具体来说，首先，鲁宾把辩证法展现为"社会财富形式的根本关系"，[①] 他从简单范畴抽象劳动中辩证地引出了价值、价格、生产价值等复杂范畴，表明了这些范畴的内在发展。价值不再是适用于任何历史时期的范畴。对于鲁宾来说，问题在于研究劳动的独特社会形式。这使得马克思的经济理论和古典政治经济学存在根本性区别。其次，埃尔贝还详细阐述了鲁宾的三种等同劳动类型，即生理意义上等同的劳动、社会意义上等同的劳动和抽象劳动。鲁宾对等同劳动类型的划分与解释成为了"新马克思阅读"继承和改造的对象，特别是鲁宾强调抽象劳动的逻辑解释内涵和特定的历史适用性与"新马克思阅读"代表人物的理解非常相似。再次，鲁宾展现了从抽象劳动到货币的必然发展，说明了价值理论和货币理论的统一性。另外，鲁宾没有把简单商品流通视为历史上的一个发展阶段，他

---

① Elbe, Ingo. *Marx im Westen：die neue Marx-Lektüre in der Bundesrepublik seit* 1965 ［M］. Berlin：Walter de Gruyter, 2012：34.

"揭示了在传统马克思主义中，历史主义方法和实体化对象关系的主要联系，这形成了'新马克思阅读'的中心议题"①。最后，抽象劳动是交换过程的结果，它是"资本主义生产过程的独特社会形式"②。在没有进行交换之前，产品的价值形式只是观念上的，是潜在于产品之中，而不是现实的。埃尔贝总结出的这些观点，都可以在鲁宾的那本名著中找到。

进一步说，"新马克思阅读"从其发端以来，就非常重视对价值形式的分析。他们甚至认为马克思的《政治经济学批判》与《资本论》第一卷第一版、第二版越来越掩盖了价值形式分析的理论意义，因而他们努力从《1857—1858年经济学手稿》等作品中挖掘思想资源。作为"新马克思阅读"运动的第一代领军人物，巴克豪斯就提出了这个问题，即为什么劳动采取了价值这种形式。这个问题也是鲁宾曾经提出并做出回答的问题。几十年后，巴克豪斯在解答价值形式相关问题时所采取的方式与鲁宾的方式有很多相似之处。巴克豪斯认为，马克思的政治经济学批判就是要指出什么样的社会条件使价值形式成为必然。虽然劳动创造价值，但生产产品的劳动并非在任何条件下都表现为价值。社会劳动采取价值形式是商品生产普遍化的结果。商品交换不在社会中处于支配地位，商品间的相等关

---

① Elbe, Ingo. *Marx im Westen: die neue Marx-Lektüre in der Bundesrepublik seit* 1965 ［M］. Berlin: Walter de Gruyter, 2012: 38.

② Ibid.

系就不能充分建立起来。而在私有制为基础的资本主义商品生产中，交换是联系不同生产者的纽带。商品的相等表现为交换的结果，马克思劳动价值理论就是要给出逻辑说明。而"新马克思阅读"在说明这个问题时的一大特点就在于它把马克思展现的从抽象劳动到价格的过程看作是逻辑的，而非历史的。正如巴克豪斯所言："价值是思想的产物，但是它并非形式逻辑意义上的概念。"① 他的目的正在于辩证地展现价值形式的发展过程。

此外，巴克豪斯认为："这种'感性又超感性的物'（指商品——译者注）表明了某种实在，它不能被还原为劳动过程的技术或生理方面，也不是人们意识和无意识的内容。抽象的价值对象性对于马克思来说是典型的社会对象性。"② 这对于鲁宾也是显而易见的。他在分析马克思的价值概念时，不是从物质技术层面分析，而是从特定的社会条件分析的。特别是在资本主义条件下，"感性又超感性的物"刻画了商品拜物教的特征。

除了都试图展现价值形式的辩证运动外，巴克豪斯至少在两个命题上和鲁宾非常一致。第一，巴克豪斯同鲁宾一样，在资本主义商品生产条件下说明劳动价值理论的逻辑意义，但两人又有所区别，鲁宾不关心前资本主义社会商品是否按照劳动价值理论的规定成比例交换，而巴克豪

---

① Backhaus, Hans-Georg. On the Dialectics of the Value-Form ［J］. *Thesis Eleven*, 1980, 1 （1）: 99 – 120.

② Ibid.

斯则认为把《资本论》第一卷第一章阐述的劳动价值论解读为适用于前资本主义社会是错误的:《资本论》分析的是高度复杂的资本主义社会,是对它的概念把握。第二,巴克豪斯和鲁宾一样反对从生理、技术等方面解读抽象劳动。抽象劳动体现的是社会生产关系,正如马克思所言:"在商品体的价值对象性中连一个自然物质原子也没有。"①

在资本主义生产关系条件下研究劳动价值论,强调价值形式的重要性,这在"新马克思阅读"历代代表人物中都表现得很明显。作为"新马克思阅读"第二代代表人物,海因里希和鲁宾同样认为:"马克思的研究对象不是简单的商品,而是作为劳动产品社会形式的商品"②,"马克思提出的问题不在于'证明',劳动是价值实体,而是在于从这种劳动产品的社会形式中重构劳动的独特社会特征"③。虽然从事劳动,制造能够满足自身需要的产品是人类的永恒主题,但是马克思不是一般地研究物质生产。马克思在《资本论》第一卷的开头就已经表明他研究的是资本主义条件下的商品生产。产品的商品形式不是历来就有的,它是社会生产在一定历史阶段的产物。在资本主义生产方式下绝大部分产品表现为商品。在这里,商品生产是由独立私有者完成的,他为市场而生产,他的商品能够实现其价值,

---

① 马克思. 资本论:第一卷 [M]. 北京:人民出版社,2004:61.

② Heinrich, Michael. *Die Wissenschaft vom Wert:die Marxsche Kritik der politischen Ökonomie zwischen wissenschaftlicher Revolution und klassischer Tradition* [M]. Münster:Westfälisches Dampfboot, 1999:203.

③ Ibid.

为社会所接受，成为社会总劳动的组成部分，这只能通过交换来实现。海因里希和鲁宾都强调了价值概念的独特社会特征，认为商品的相等不是要证明的命题，而是现实交换的结果，试图用劳动价值理论证明商品的相等是找错了方向。"价值理论并不'证明'单个交换活动是由生产上的必要劳动量决定的，它要解释的是生产商品的劳动的独特社会特征。"①

海因里希把阐明劳动的独特社会形式作为马克思劳动价值理论的核心，这也就意味着应当从劳动的社会特征方面理解抽象劳动。虽然马克思在他著作中的很多地方阐述了抽象劳动的含义，但某些看似不一致的段落给学者们的解释工作留下了诸多可能性。不同于把抽象劳动理解为生理意义上的劳动，海因里希指出"首先是在这种非自然的，特别是在独特的社会等同性基础之上，人们才能阐明抽象劳动"，② 这也就是说抽象劳动是社会特有的规定性，它不是生理耗费上的劳动，而是社会交换过程的结果。在交换行为发生之前，并没有人从事这种抽象活动，是交换过程实现了人类劳动的等同，正如马克思所言："他们没有意识到这一点，但是他们这样做了。"③ 或者用海因里希的话说

---

① Heinrich, Michael. *An introduction to the three volumes of Karl Marx's Capital* [M]. New York: NYU Press, 2012: 47.

② Heinrich, Michael. *Die Wissenschaft vom Wert: die Marxsche Kritik der politischen Ökonomie zwischen wissenschaftlicher Revolution und klassischer Tradition* [M]. Münster: Westfälisches Dampfboot, 1999: 209.

③ 马克思. 资本论：第一卷 [M]. 北京：人民出版社，2004：91.

就是："我们研究的不是'头脑中的抽象'，而是'实现中的抽象'，即我们所指的抽象是通过人们的现实活动实现的，而不管他们意识到了没有。"① 从理论上说明这一没有意识到的过程，正是马克思劳动价值理论的任务。分析抽象劳动的内涵时，海因里希也注意到不同的解释具有不同的理论后果。如果不是把抽象劳动理解为生理意义上的耗费，而是把它视为劳动者之间特定社会关系的反映，那么抽象劳动就是资产阶级社会特有的概念。抽象劳动形成的价值也不再是单个产品所具有的属性，而是特定的社会关系赋予物以价值的对象性。

3. 鲁宾对新辩证法解读的影响

马克思在《资本论》第一卷中阐述了价值形式的发展。简单的、个别的或偶然的价值形式，总和的或扩大的价值形式，一般价值形式，货币形式构成了价值形式发展的几个阶段。不过鲁宾在分析价值形式时，着重强调了价值形式的另一种含义，即"作为劳动产品社会形式的价值本身。或者说，我们在这里不考虑不同的'价值形式'，而考虑'作为形式的价值'"。② 价值形式是在特定历史条件下即在资本主义生产方式下产生的独特范畴。鲁宾对价值形式这

---

① Heinrich, Michael. *An introduction to the three volumes of Karl Marx's Capital* [M]. New York: NYU Press, 2012: 49.

② Rubin, Isaak Illich. *Essays on Marx's theory of value* [M]. Montreal: Black Rose Books Ltd., 1973: 112.

层含义的研究得到后人的重视。鲁特就认为在资本主义社会中，"有用物和有用劳动只是借助价值形式——货币——而被社会承认为有用的。它们通过采取不同于构成它们的自然物的社会形式而被社会承认。有用物采取商品（使用价值和价值）这种社会形式"。① 也就是说，产品在资本主义生产条件下采取了价值这种独特的社会形式。正如鲁特所言："作为形式的价值是在资产阶级生产方式下劳动及其生产的有用对象的必然维度。它是一种社会的维度，具有社会普遍性的维度，而非先验的（在康德的意义上）自然物理维度。"②

作为英美新辩证法解读模式的另一位代表，阿瑟在《新辩证法与马克思的〈资本论〉》中这样评价鲁宾，他说："对《资本论》中价值形式研究来说，最重要的影响是鲁宾关于马克思价值理论的精辟解读——《马克思价值理论论文集》——被重新发现。鲁宾强调，所有物质经济过程和技术过程都是在一定的、历史的和特殊的社会形式下完成的。诸事物例如商品被赋予生产关系中介的社会角色。这就是一个范畴比如价值必须被理解的方式。价值形式是资本主义商品关系特有的社会形式。他表明，形式规定性范畴经常被马克思用来指称诸事物获得一定社会功能的方式。"③

---

① Reuten G A. *Value as Social Form* [M] // In Reuten, G. A. (ed.). Value-Form and the State，London：Macmillan，1988：42.

② Ibid.，p. 51.

③ 阿瑟. 新辩证法与马克思的《资本论》[M]. 高飞，译. 北京：北京师范大学出版社，2018：15.

鲁宾在分析作为社会形式的价值形式时着墨相对不多，而且在分析价值形式时没有离开它的物质内容。不过鲁宾说过，价值形式是马克思价值理论的基石之一。而阿瑟大大扩展了价值形式在马克思价值理论中的作用。在他看来，在资本主义条件下，价值形式取得了积极主动的地位，成为推动价值内容的力量，"价值自身也只是在形式本身的完全发展中才是其所是，并获得任何现实性"。[①] 价值形式在这里取得的这种能力反映了资本主义社会中的颠倒。交换价值支配了使用价值，物成为了资本增殖的工具，不是人驾驭社会关系，而是社会关系驾驭人。价值形式似乎成为了一个能够自我运动、自我实现的力量。阿瑟充分展现了价值形式的这种优先性，以至他很晚才引入价值的内容即劳动。

4. 鲁宾的著作在中国的早期传播

鲁宾的著作早在民国时期就开始被翻译成中文。1930年4月，由孙柳杞翻译的《重农学派理论底创设者佛兰士开纳：其生平及学说》在北京出版，印数2000册。孙柳杞于1930年11月在莫斯科所写的译者序中说，鲁宾是"现代世界最有名的马克思主义的政治经济学家之一"，[②] 特别是

---

① 阿瑟. 新辩证法与马克思的《资本论》[M]. 高飞，译. 北京：北京师范大学出版社，2018：105.

② 鲁平. 重农学派理论底创设者佛兰士开纳：其生平及学说 [M]. 孙柳杞，译. 北京：燕山书店，1930：1.

他的价值理论，"已引起苏联政治经济学界一度热烈的争论，尤其自去年下半年至现在的阶段中论战最激烈"。① 孙柳杞还提到他翻译这本书主要是因为当时的中国和 18 世纪中叶的法国相似，重农学派有一定参考价值，而且鲁宾是在用马克思主义的科学观点评析重农学派，另外这本小册子也比较通俗易懂。

1932 年，季陶达翻译的《新经济思想史》在北平好望书店出版。季陶达在 1931 年 9 月已为这本译著写了一个简短而充实的小引。他说："鲁平先生为现代苏俄的有名经济学家。少年时因信仰马克思主义，加入俄国社会民主党，从事革命运动。自 1903 年社会民主党分裂，氏即隶属于少数派。"② 由于政治立场问题，鲁宾遭遇牢狱之灾。得益于得到红色学者的帮助，才获得安全。"自 1925 年起，鲁氏实为一个无党派的马克思主义者"。③

季陶达在小引中还提到了鲁宾的其他著作，如《马克思的价值论概要》《在马克思的系统中之抽象劳动与价值》《重农学派》《现代西欧经济学家》等。季陶达说：这第一部著作"曾引起苏联经济学界之热烈的争辩，尤其是 1926 年至 1929 年这三年间最为激烈。1929 年来，由米留清们提议把讨论的对象由抽象的理论转移到具体的实践中去，才

---

① 鲁平. 重农学派理论底创设者佛兰士开纳：其生平及学说 [M]. 孙柳杞，译. 北京：燕山书店，1930：1.

② 鲁平. 新经济思想史 [M]. 季陶达，译. 北平：好望书店，1932：4.

③ 同上。

于无结论中结束。在这次争论中，鲁平先生虽被戴上了'新康德主义的，唯心的'新头衔，然鲁氏的著作引起苏联学者们的极大注意，乃为毫无疑义的事实"。①

另外，陈豹隐还为这本译著写了序。他认为这本书满足了他对经济思想史著作所提出的三个条件。即"第一，切实的说明各种经济思想所由产生的实际经济环境，即各种经济思想的经济基础，第二，明白的指出各种经济思想的前后关系，第三，严格的站在某种经济学说的基础上，去批判各种经济思想"。② 由此可见，陈豹隐对鲁宾这部经济思想史著作的评价是很高的。这也就可以理解为何 1934 年季陶达在大学开始讲授经济思想史时，把这部著作作为课本。

1933 年，孙寒冰、林一新翻译的李卜克拉西（即李卜克内西）的《价值学说史》由黎明书局出版。这本书上有鲁宾为李卜克内西所做的序，还附有两篇长文，分别是《鲁彬论李嘉图和一般古典派经济学说之基本特点》和《蒲哈林论奥地利学派的价值论》。鲁宾的这篇长文（即《鲁彬论李嘉图和一般古典派经济学说之基本特点》）事实上是为 1924 年出版的罗森伯格（Rosenberg）的《马克思与李嘉图的价值理论》（德文原书 1904 年出版）俄译本所做的导言。这本书也是鲁宾翻译的。鲁宾这两篇长文中的部分内容也

---

① 鲁平．新经济思想史［M］．季陶达，译．北平：好望书店，1932：4.

② 同上。

出现在他的《马克思价值理论研究》里。长文包括"导言""马克思经济学说之方法论的基础""马克思的价值论""马克思与李嘉图"几个部分。这是民国时期出版的最具理论性的鲁宾的作品。

三、《马克思价值理论研究》中的三个问题

鲁宾在《马克思价值理论研究》中分析了马克思劳动价值理论的方方面面。但笔者在这里只论述其中的三个问题，即政治经济学的研究对象、抽象劳动和劳动价值理论的历史基础。因为这三个问题在马克思的劳动价值理论中具有举足轻重的地位，至今仍然是马克思主义政治经济学中争议不断的问题。

1. 政治经济学的研究对象

马克思主义政治经济学的研究对象是什么？这看似是一个简单的问题。马克思在《资本论》第一卷的序言中明确指出："我要在本书研究的，是资本主义生产方式以及和它相适应的生产关系和交换关系。"① 然而，这里的关键问题在于生产方式是否包括生产力，生产力是否是政治经济学的研究对象。正是在这一点上，学界的分歧很大。直到现在，学界对于政治经济学的研究对象是否包括生产力也没有取得较为一致的意见。其实，这也不是近来才出现的

---

① 马克思. 资本论：第一卷 [M]. 北京：人民出版社，2004：8.

新问题。自从马克思的巨著《资本论》问世以来，对于这个问题的争论就从来没有停止过。

作为苏联著名的马克思主义理论家、经济学家，鲁宾早在 20 世纪 20 年代就明确阐述了自己的观点。他在解决政治经济学研究对象这个问题时，并没有把它仅仅作为一个经济问题来看待，而是把它放到整个马克思理论体系的大厦中，特别是放到历史唯物主义的视角下来研究。按照鲁宾的观点："马克思的经济理论和他的社会理论，即历史唯物主义，密切相关。"① 历史唯物主义和政治经济学都是围绕生产力和生产关系之间的基本关系而展开研究的。它们研究的主题也是一样的，即"和生产力发展相适应的人们之间的生产关系的变化"②。在资本主义条件下，马克思主义政治经济学研究的就是在资本主义社会中人们之间的生产关系。作为物质技术过程的生产力不是政治经济学的研究对象，正如鲁宾所说："政治经济学并不在其物质技术方面研究劳动过程本身，而是研究在资本主义社会中劳动组织的社会形式。"③ 鲁宾把生产的物质技术方面排除出政治经济学的研究范围，这并不等于说政治经济学不关注生产力的发展。在每个社会，物质生产力对于生产关系来说都

---

① Rubin, Isaak Illich. Fundamental Features of Marx's Theory of Value and how it Differs from Ricardo's Theory (1924) [M] //In Day, et al. Responses to Marx's Capital: From Rudolf Hilferding to Isaak Illich Rubin. Boston: Brill, 2017: 543.

② Ibid.

③ Ibid.

起决定性的力量。在原始低下的生产力条件下，商品交换不可能成为普遍现象。同样，在生产力尚未达到较高水平时，一味追求生产资料的公有制也不利于社会经济的发展。生产关系的调整要适应生产力的发展状况，这是已在实践中被证明了的经济发展规律。但是，虽然物质生产力和生产关系密切相关，这不等于说政治经济学要研究物质生产力。正如鲁宾所说："技术条件并非作为生产过程的技术要素来研究，而是被当作一定社会经济形式的前提条件。"[①]政治经济学在研究每种经济形式时都假定了一定的物质技术发展阶段。"我们只是为了解释人们之间生产关系的变化才把他们纳入研究范围"[②]。这不同于古典政治经济学家。在鲁宾看来，古典政治经济学家"关心的是社会形式的物质技术基础，把社会形式看作是既定的，没有进一步的分析"[③]。他们把研究的重点放在了如何增进国民财富上，正如亚当·斯密的名著《国民财富的性质和原因的研究》所表明的那样。而现代西方经济学则把经济学定义为一门研究如何对稀缺资源进行配置的学科。这和古典政治经济学没有本质区别。简要地说，经济学研究的是物和物、物和

---

① Rubin, Isaak Illich. *Essays on Marx's theory of value* [M]. Montreal: Black Rose Books Ltd. , 1973: 41.

② Rubin, Isaak Illich. The Dialectical Development of Categories in Marx's Economic System (1929) [M] //Day Responses to Marx's Capital: From Rudolf Hilferding to Isaak Illich Rubin. Boston: Brill, 2017: 734.

③ Rubin, Isaak Illich. *Essays on Marx's theory of value* [M]. Montreal: Black Rose Books Ltd. , 1973: 42.

人之间的关系，研究如何扩大人们的物质财富，如何让人获得更多满足，即效用。

而在鲁宾看来，马克思主义政治经济学和古典政治经济学的重大区别在于：古典政治经济学把既定的社会形式看作生产过程的永恒形式，关注既定社会形式下的物质生产；而马克思主义政治经济学利用历史唯物主义的方法论，看到了每种社会生产形式的历史暂时性，它研究的不再是物和人之间的关系，而是人和人之间的生产关系，是一定历史条件下的社会形式。鲁宾在阐述他的观点时，常常把社会形式和生产关系，物质生产过程和生产力混用。"社会形式也即人们之间生产关系的总体""生产力也即物质生产过程"。① 但是，有时鲁宾是在更宽泛的意义上使用社会形式概念的，赋予它更多的含义。社会形式是物质生产过程的表现，它不仅反映了这个内容，它本身就具有本质规定性。阿瑟就高度评价过鲁宾的社会形式概念。他说自己"坚持日益增长的少数派的立场，把注意力放在社会形式的概念上，并认为所有这些范畴只能在资本主义生产和交换的特定社会形式内得到解释"，② 并且还认为"鲁宾开启了研究马克思主义理论的'价值形式'范式之先河"。③ 这里需要说明的是，鲁宾给予了价值形式多重意义。在很多时

① Rubin, Isaak Illich. *Essays on Marx's theory of value* [M]. Montreal：Black Rose Books Ltd., 1973：13.
② 阿瑟. 新辩证法与马克思的《资本论》[M]. 高飞，译. 北京：北京师范大学出版社，2018：43.
③ 同上。

候，鲁宾所说的价值形式就是指社会形式。

鲁宾认为政治经济学是研究既定历史条件下人们之间的生产关系的。这不仅是一个学科定义问题。像经济学这样的社会科学，它与人们的利益密切相关。对于研究对象的不同理解反映了不同社会集团的利益诉求。古典经济学家之所以提出劳动价值理论，也和资本主义发展初期的社会阶级状况有关。刘伟在其主编的《经济学教程》中就指出"资产阶级为取得所代表的资本主义生产方式的统治地位，面临的最主要的敌对力量是封建地主阶级，而不是无产阶级，反而要联合无产阶级共同对抗封建地主阶级"，这样，资产阶级就"不能不对无产阶级活动的合理性给予部分的承认，这种承认的最集中的体现便是承认劳动创造价值"①。这种从不同社会阶级的利益出发分析经济理论演变的方法是马克思主义政治经济学的内在要求。鲁宾也是从社会划分为不同阶级这个前提开始分析的，他说："在资本主义社会，不同的生产要素（生产资料、劳动力和土地）属于三个不同的社会阶级（资本家、雇佣工人和土地所有者），进而获得了一种独特的社会形式。"② 马克思主义政治经济学分析的是处于一定历史条件下、占据不同社会地位的人，而不是处于真空中的个人，这样的个人也是不存在的。正如马克思所言，"无论在现实中或在头脑中，主

---

① 刘伟. 经济学教程［M］. 北京：北京大学出版社，2005：6 - 7.

② Rubin, Isaak Illich. *Essays on Marx's theory of value*［M］. Montreal：Black Rose Books Ltd. , 1973：17.

体——这里是现代资产阶级社会——都是既定的"。① 而这个既定的社会是由不同的社会阶级构成的，其中资产阶级又处于支配地位。经济范畴总是从某个侧面表现这个社会的存在形式。

这个社会的存在形式、存在规定不是就其物质技术状况而言的。生产的物质技术不是政治经济学的研究对象。政治经济学在其初期"极其艰难地把资产阶级生产的各种社会形式从物质材料上剥离出来并竭力把它们作为独立的考察对象固定下来"。② 但是，古典政治经济学家在剥离出社会形式时并不彻底。他们在研究这些社会形式时，仍然陷入到了商品拜物教的泥潭中，并且他们在研究社会形式、经济范畴时把它们永恒化了。于是，商品、价值、资本等只是在一定历史条件下才存在的经济范畴成为了适用于所有社会的范畴。机器成为资本，土地就意味着地租。古典政治经济学家一再地把社会赋予物的职能看成物本身就具有的职能。这说明把政治经济学的研究对象限定在一定历史条件下的社会形式绝非易事，它需要艰难的理论探索。马克思相比于古典政治经济学家的进步之处在于他在他们停止的地方继续研究。

这种进步性体现为马克思明确区分了生产的物质内容

---

① 马克思恩格斯全集：第三十卷［M］. 北京：人民出版社，1995：47－48.

② 马克思恩格斯全集：第三十一卷［M］. 北京：人民出版社，1998：293.

和它的社会形式。这一点充分体现在马克思对商品的使用价值和价值的分析中。堆积如山的商品代表了巨大的社会财富。这些商品在种类、用途等方面各不相同，拥有不同的使用价值，可以满足消费者的不同需要，正如马克思所说："不论财富的社会形式如何，使用价值总是构成财富的内容。"但是马克思马上指出："这个内容最初同这种形式无关。我们从小麦的滋味中尝不出种植小麦的人是谁，是俄国的农奴，法国的小农，还是英国的资本家。"① 在既定的使用价值中没有留下生产它的那个社会形式的影子。因而，"作为使用价值的使用价值，不属于政治经济学的研究范围。只有当使用价值本身是形式规定的时候，它才属于后者的研究范围"。② 马克思在这里虽然只说明了使用价值为什么不是政治经济学的研究对象，以及它如何成为这门学科的研究对象，但是把马克思的论述推广到资本、土地等范畴上也是适用的。以使用价值为例，马克思表达的核心观点是虽然物本身具有的自然属性使它具有了不同的有用性，但政治经济学并不研究自然属性上的物，而是研究物承担的社会形式、形式规定性。生产力作为人类改造自然的物质力量，不属于政治经济学的研究范围。只有当它作为社会形式的规定性的时候才纳入政治经济学的研究范围。

---

① 马克思恩格斯全集：第三十一卷 [M]. 北京：人民出版社，1998：420.

② 同上。

2. 抽象劳动

商品使用价值和价值的矛盾源于具体劳动和抽象劳动的矛盾。商品的二重性在马克思的经济理论中扮演着极端重要的角色，理解商品的二重性被马克思称为"理解政治经济学的枢纽"[①]。如果没有劳动二重性这个重大发现，马克思也不可能创立剩余价值理论。按照马克思的观点，具体劳动就是从劳动的具体形态上考察的劳动。织布的劳动不同于纺纱的劳动，它们在操作流程等方面各不相同。具体劳动总的来说是由物质技术条件决定的。从事具体劳动，生产能够满足人们需要的物质产品，是每个社会要想不至灭亡都必须每天进行的活动。

具体劳动从其物质形态上看并不表现社会形式。抽象劳动则不同。那么，什么是抽象劳动呢？简言之，抽象劳动就是在劳动的抽象形态上考察的劳动。这是政治经济学教科书对抽象劳动的高度概括。当然，这种表述在一定程度上是同意反复。我们需要研究抽象劳动的本质规定。

马克思在阐述劳动的二重性时，首先从经验入手，分析生产商品的劳动的性质。显然，不同的具体劳动生产出具有不同使用价值的商品。但是，具体劳动性质各异，它们只有化为性质上等同的劳动才能相互比较。而抽象劳动就是某种性质上等同的劳动。为了进一步考察在这里具有

---

① 马克思. 资本论：第一卷 [M]. 北京：人民出版社，2004：55.

重要意义的等同劳动，鲁宾区分了等同劳动的三种类型。它们分别是，生理意义上的等同劳动、社会意义上的等同劳动和一般抽象劳动。很多研究者没有明确区分等同劳动的这三种不同含义，在研究马克思的抽象劳动概念时直接把它等同于生理意义上的等同劳动。当然，这种观点在马克思那里也可以找到文本依据。马克思说："如果把生产活动的特定性质撇开，从而把劳动的有用性质撇开，劳动就只剩下一点：它是人类劳动力的耗费。尽管缝和织是不同质的生产活动，但二者都是人的脑、肌肉、神经、手等等的生产耗费，从这个意义上说，二者都是人类劳动。"① 但是鲁宾认为，把抽象劳动等价于生理意义上的等同劳动看似是建立在马克思有关论述的基础之上，实际上不可能与马克思整个价值理论保持一致。在马克思的理论中，价值是一种社会现象，作为价值源泉的抽象劳动也是一种具有社会性的存在，它不能等同于生理意义上的等同劳动。抽象劳动是创造价值的劳动，它是价值的实体和内容。而"在商品体的价值对象性中连一个自然物质原子也没有"。② 由此可知，马克思并没有在自然物质意义上理解价值，"价值对象性纯粹是社会的"。③ 既然价值是一种社会性存在，那么我们也就不能在生理意义上理解抽象劳动。否则，抽象劳动就成为一种自然物质意义上的劳动，成为生理学研

① 马克思. 资本论：第一卷 [M]. 北京：人民出版社，2004：57.
② 同上，第61页。
③ 同上。

究的对象，失去创造价值这个社会性存在的功能，不再是政治经济学研究的社会范畴。因而抽象劳动不是生理意义上的等同劳动。

那么，生理意义上的等同劳动在劳动价值理论中又处于什么地位呢？简要地说，按照鲁宾的观点，"劳动生理意义上的等同是一般劳动社会等同化和分配的必要条件"。①为了阐明自己的观点，鲁宾把自然意义上的劳动又进行了分类。劳动即是物质技术上的劳动，也是生理意义上的劳动。第一种劳动是从劳动的技术属性上规定的：为了生产满足人们需要的产品，每种劳动都有其特定的技术规范。第二种劳动是从劳动在生理上耗费了体力、脑力来进行规定的：生理上的能量耗费在一定程度内可以由自然科学测定。

同物质技术意义上的劳动一样，生理耗费意义上的劳动也是人类生存的永恒条件，贯穿于社会历史发展的整个过程。两者既不是创造价值的抽象劳动，也不是政治经济学的研究对象。鲁宾在这里坚持了他的一贯立场，即政治经济学研究的是社会形式，而非物质技术过程。虽然这两种劳动不是政治经济学的研究对象，但是它们是社会生产的前提。不论人们的劳动是在哪种社会形态下进行的，都需要遵守技术条件、支出生理上的能量。那么，把生理意义上的劳动等同化或者说化为同质的劳动，这样一来，能

---

① Rubin, Isaak Illich. *Essays on Marx's theory of value* [M]. Montreal：Black Rose Books Ltd. , 1973：137.

不能把这种等同意义上的劳动视为抽象劳动呢？鲁宾的回答是不能。按照他的观点，"劳动在生理意义上的同质性是任何社会劳动分工的生物假设前提"，① 在社会生产中，某个生产者并不是只从事一种劳动。这在资本主义时代表现得特别明显。追求更多剩余价值的内在动力和市场竞争的外在压力驱使资本家转换生产部门，根据变化的市场行情生产不同的商品。这也迫使工人不得不转换工作，从事不同形式的劳动。而他能够变换劳动形式，从生理上说，其原因在于这些劳动都是人的脑力和体力的耗费，是同质人类劳动力采取的不同支出形式。纺和织的劳动虽然运动形式不同，但都耗费了人这个生物体的物质力量。在这种同质的基础之上，具体劳动向抽象劳动的转化才有可能发生。当然，这里所说的转化并没有时间先后的意思。具体劳动和抽象劳动是同一劳动过程的不同表现。

在否定了抽象劳动是生理意义上的等同劳动之后，鲁宾也不同意把抽象劳动等同于社会等同化的劳动。按照他的观点，社会等同化劳动比抽象劳动的含义广，可以用来说明不同社会形态中的劳动过程。不论是在原始社会极度简单的劳动分工中，还是在资本主义社会自发的商品生产中，抑或是在鲁宾设想的有组织的社会主义生产中，都存在劳动的社会等同化问题。每个社会都需要有意识地或无意识地决定社会劳动在不同行业、不同产品生产上的分配。

---

① Rubin, Isaak Illich. *Essays on Marx's theory of value* [M]. Montreal: Black Rose Books Ltd., 1973: 137.

而在这时就需要把劳动在社会意义上进行等同化，化为同质的可以比较的劳动。在商品经济中，劳动的社会等同化是自发进行的。这里不存在为了社会再生产顺利进行，而对社会劳动进行有计划分配的组织机构。劳动的社会等同化只能在市场上通过商品的等同化才能实现。而在鲁宾设想的社会主义经济之中，计划管理机构事先有意识地从事劳动社会等同化的工作。社会主义经济虽然不再需要通过市场交换来把劳动等同化，但它依然面临合理分配社会劳动的问题，所以还是需要把劳动化为可以比较的等同化劳动，只是方式不一样。由此可知，劳动的社会等同化存在于不同社会形态中。但是，"马克思研究的抽象劳动不仅是社会等同化的劳动，而且也是在商品经济这个独特社会形式中社会等同化的劳动"。① 不难看出，按照鲁宾的解读，抽象劳动概念仅仅适用于商品经济。为了阐明自己的观点，鲁宾引入了私人劳动和社会劳动之间的区别。在商品经济中，"生产者的具体劳动并非直接就是社会劳动，而是私人劳动，也即私人商品生产者、生产资料私人所有者、经济活动自发组织者的劳动。这种私人劳动只有通过与其他劳动形式的等同化，通过他们产品的等同化才能成为社会劳动"。② 虽然生产者为市场生产的商品潜在地是社会劳动的化身，能够交换其他生产者生产的商品，但潜在变成现实，

---

① Rubin, Isaak Illich. *Essays on Marx's theory of value* [M]. Montreal：Black Rose Books Ltd. , 1973：140.

② Ibid. , p. 141.

成为社会劳动的一部分，需要脱去商品的具体形式，化为没有自身独特个性而仅在社会属性上保持同质的劳动。而这是在市场交换中完成的。通过交换，生产商品的劳动证明自己是社会劳动的一部分，即都是无差别的一般人类劳动的耗费。这种劳动正是抽象劳动。

3. 劳动价值理论的历史基础

按照马克思在《资本论》第一卷中阐述的劳动价值理论，商品交换遵循等价交换的原则。但是由于在资本主义社会中存在不同企业之间的竞争，剩余价值率较低的行业中的资本涌入剩余价值率较高的行业，商品不再按价值出售，而是按照生产价格出售。现实的市场价格不是围绕价值，而是围绕生产价格上下波动。既然在资本主义经济中，商品不是按照生产它的劳动价值出售，那么劳动价值理论在马克思整个价值理论中又处于什么地位呢？一个较有影响的观点是，虽然劳动价值理论不适用于资本主义社会，但是它在前资本主义社会是完全有效的。在马克思的《资本论》中似乎也有可以支持这种解释的文字。马克思说："把商品价值看作不仅在理论上，而且在历史上先于生产价格，是完全恰当的。"① 恩格斯在为《资本论》第三卷写的增补中进一步展开了马克思的这个观点。他说："马克思的价值规律，从开始出现使产品转化为商品的那种交换时起，

---

① 马克思. 资本论：第三卷 [M]. 北京：人民出版社，2004：198.

到公元 15 世纪止这段时期内，在经济上是普遍适用的。但是，商品交换在有文字记载的历史之前就开始了。"① 显然，恩格斯认为劳动价值理论适用于长达数千年、存在商品交换的前资本主义时期。在这个有商品交换的漫长岁月里，商品价格按照马克思劳动价值理论规定的价值上下波动。并且，由于当时生产的产品较为简单，一个人可以从事不同产品的生产，他就准确地知道生产每种产品需要多少劳动时间。任何一个生产者都不会拿自己五小时劳动的产品交换另一个人一小时劳动的产品。

恩格斯对马克思劳动价值理论的解读影响深远。但是，鲁宾对于劳动价值理论适用于前资本主义社会这种观点持保留意见。按照他的观点："在资本主义生产之前，商品是否按照与劳动耗费成比例的方式交换，这个历史性的问题必须和劳动价值理论的理论意义这个问题分开处理。"② 鲁宾在研究马克思的劳动价值理论时，并不关注在前资本主义社会产品是按照什么规则交换。他考察的是劳动价值理论在马克思整个理论中的地位和作用。

为了论证自己的观点，鲁宾援引了马克思在《政治经济学批判导言》中对政治经济学研究方法的论述。根据马克思的观点 "从抽象上升到具体的方法，只是思维用来掌

---

① 马克思. 资本论：第三卷 [M]. 北京：人民出版社，2004：1019.

② Rubin, Isaak Illich. *Essays on Marx's theory of value* [M]. Montreal：Black Rose Books Ltd.，1973：256.

握具体、把它当作一个精神上的具体再现出来的方式。但绝不是具体本身的产生过程"①，鲁宾得出结论："从劳动价值到生产价格、从简单商品经济到资本主义经济的转变是一种理解具体即资本主义经济的方法。"② 这并不意味着在前资本主义社会，产品就是按照劳动价值理论交换的。劳动价值论的理论价值与它是否适用于前资本主义社会无关。

虽然如此，鲁宾还是不得不面对劳动价值理论在前资本主义社会的适用性问题。这时他再次借鉴了马克思所说明的方法。马克思说："比较简单的范畴，虽然在历史上可以在比较具体的范畴之前存在，但是，它在深度和广度上的充分发展恰恰只能属于一种复杂的社会形式。"③ 这也就意味着，劳动价值理论可以适用于前资本主义社会，但是只有在商品经济发达的资本主义社会，它才取得完成形式。

基于马克思的方法，鲁宾认为，劳动价值理论"描述了资本主义经济的一个方面"，④ 它和生产价格理论的不同，不在于它适用于不同的历史时期，而在于它们的前提条件

---

① 马克思恩格斯全集：第三十卷 [M]．北京：人民出版社，1995：42.

② Rubin, Isaak Illich. *Essays on Marx's theory of value* [M]．Montreal：Black Rose Books Ltd.，1973：255.

③ 马克思恩格斯全集：第三十卷 [M]．北京：人民出版社，1995：44.

④ Rubin, Isaak Illich. *Essays on Marx's theory of value* [M]．Montreal：Black Rose Books Ltd.，1973. 253.

不同。马克思在《资本论》第一卷中阐述劳动价值理论时所假定的简单商品经济，不能理解为历史上存在过的经济类型。因为在理论中所假定的这种经济是一个小商品生产者占统治地位的经济，那些不是作为商品而存在的产品形式不属于劳动价值理论分析的范围。在这种经济中，虽然由于技术水平等方面的差异，生产者可能获得不同的收益，如果存在雇佣劳动的话，还可能存在不同的利润率。现在假定的是它们不会在各个行业之间转移。佢是，随着我们放松条件，我们的经济逐渐接近现实的经济，也就是允许生产者自由地进入或退出一个行业。那么，我们就会得到一个资本主义生产图式。在这里，商品不是按照价值，而是按照生产价格出售。总之，按照鲁宾的观点，从劳动价值到生产价格的转化，并不在于说明现实中发生的变化，它们的不同只是在于我们设定了不同的条件。劳动价值理论和生产价格理论并不是两个独立的理论，从前者到后者反映了思维从抽象到具体的过程。由理论呈现的发展过程与现实事物发展的过程并不一致。

如果坚持认为在前资本主义社会，商品也是按照劳动价值理论出售的，会面临一系列理论难题。按照马克思的理论"形成价值实体的劳动是相同的人类劳动，是同一的人类劳动力的耗费"，[①] 单个商品生产者的劳动时间，并不决定他所生产的商品的价值。社会不会因为某个生产者的

---

① 马克思. 资本论：第一卷 [M]. 北京：人民出版社，2004：52.

技术水平较低，耗费了较多的劳动时间而向他支付较多的价值。决定商品价值的不是个别劳动时间，而是社会必要劳动时间。这和马克思对价值的规定是一致的。价值是"无差别的人类劳动的单纯凝结""社会实体的结晶"。[①] 由此可知，价值是一个社会范畴。价值体现的是人类劳动的共同性。只有当每个生产者的劳动产品被纳入到社会这个整体中，成为社会劳动的组成部分时，我们才能谈论商品价值。从一定意义上可以说，商品范畴的定义已经蕴含了价值的社会属性，因为商品是生产者生产出来的用于交换的劳动产品。单个生产者的产品不用于交换，不与其他社会成员发生联系时，它就不是商品。

既然生产商品的劳动时间只有作为社会必要劳动时间，才是商品价值的决定因素。那么我们接下的问题就是社会必要劳动时间是如何形成的。按照马克思的规定："社会必要劳动时间是在现有的社会正常的生产条件下，在社会平均的劳动熟练程度和劳动强度下制造某种使用价值所需要的劳动时间。"[②] 不难看出，形成社会必要劳动时间需要把每个生产者的劳动纳入到社会生产的统一体中。如果每个生产者的生产活动相互孤立、各自进行，那么也不可能形成任何社会意义上的平均值。虽然我们可以假设这样的平均值是存在的，但作为形成价值的劳动时间，它的理论意义不在于理论上的可能性，而在于社会现实性。在马克思

---

① 马克思. 资本论：第一卷 [M]. 北京：人民出版社，2004：51.
② 同上，第52页。

的理论中，社会必要劳动时间是用来说明价值奥秘的真实机制。接下来的问题就是个体劳动如何被纳入到社会劳动的整体之中。在一个商品私有、不存在有组织地安排劳动分工的社会里，显然这是通过竞争实现的。竞争的程度和社会必要劳动时间实现的程度密切相关，因为社会必要劳动时间不是事前由谁计算好的。形成社会必要劳动时间和商品交换是同一个过程。

那么，在前资本主义社会，商品经济不发达，商品生产只是作为个别现象而出现。在这种情况下，社会必要劳动时间就不可能充分地实现出来。只有在资本主义社会，随着国内市场的形成，以及世界市场的开拓，各个生产者形成相互联系的共同体，劳动价值理论才可能真正成为商品交换所遵循的规律。可是，发达的商品经济是由资本主义开创的。在这个社会中，私有制占统治地位，每个生产者为了获取最大的利润，必然展开激烈的竞争。在不存在垄断，资本可以自由流动的情况下，如果某个行业的利润率高于其他行业，那么，其他行业的资本为了获得更多的利润必然流向获利较高的这个行业。资本的流动只有在各个行业取得了相同的利润率时才会停止。随着一般平均利润率的形成，商品价格波动的中心不再是价值，而是生产价格。这里的悖论表现为，在资本之前的简单商品经济中，商品交换是个别现象，社会必要劳动时间尚未形成，或者还没有充分实现。这也就意味着这时的商品交换并没有或者至少是没有充分按照劳动价值理论进行。而当商品经济有了充分发展，生产者为了获利而展开激烈竞争时，商品将不再按照价值而是按照生产价格交换。

曹江川

2019 年夏写于畅春园

目　录
CONTENTS

绪　论

　　马克思的经济理论与他的社会理论、历史唯物主义理论之间存在概念上的紧密关系。多年前，希法亭指出，历史唯物主义理论与劳动价值理论具有相同的出发点，尤其是把劳动作为人类社会的基本要素，这种要素的发展最终决定了整个社会的发展。①

　　人们的劳动活动处于不断的变化过程之中，有时快些，有时慢些，并且在不同的历史阶段具有不同的特征。人们劳动活动的变化和发展过程包含两种变迁类型：第一，生产资料和技术方法上的变迁，人们借此作用于自然，这也可以说是社会生产力的变化；第二，与之相应的是人们之间，或者说社会生产过程参加者之间整个生产关系模式的变迁。经济形态或经济类型（比如：古代奴隶制经济、封建主义经济、资本主义经济）的差异取决于人们之间生产

---

　　① 希法亭. 庞巴维克对马克思的批判［M］//马克思研究，维也纳，1904。

关系的特征。理论经济学研究的是一个特定的社会经济结构，确切地说是资本主义商品经济。

资本主义经济表现了物质技术过程和社会形式的统一，后者也即人们之间生产关系的总体。在物质技术生产过程中，人们的具体活动以他们之间的具体生产关系为前提，反之亦然。科学的**最终目的**是把资本主义理解为一个整体，理解为生产力和人们之间生产关系的特殊系统。但是为了达到这个最终目的，科学研究必须首先通过抽象方法区别出资本主义经济的**两个不同方面**：技术方面和社会经济方面、生产的物质技术过程和它的社会形式、物质生产力和社会生产关系。经济过程两个方面中的每一方面都是一门独立科学的研究主题。社会工程学依然处于起步阶段，必须把与生产关系处于互动关系中的社会生产力作为它的研究主题。另外，理论政治经济学研究与社会生产力处于互动关系中的生产关系，特别是资本主义经济关系。两门科学中的每一门都仅仅研究整个生产过程的一个方面，而把生产过程的另一方面暗含于研究的前提中。或者说，尽管政治经济学研究生产关系，它总是假设与生产的物质技术过程之间存在紧密的联系，假设一个具体的物质生产力阶段和变化过程。

马克思的历史唯物主义理论和他的经济理论围绕一个相同的核心问题：生产力与生产关系之间的相互作用。这两种科学的主题是相同的：**生产关系的变化依赖于生产力的发展**。生产关系适应生产力的变化，这个过程采取了生产关系和生产力之间矛盾运动的形式，矛盾导致了社会的灾难，这是历史唯物主义的基本命题。① 把这种一般的方法论应用于资本主义商品经济，我们就得到了马克思的经济理论。这种理论分析**资本主义社会的生产关系**，分析生产力的变化导致的资本主义生产关系的变化，以及在危机中普遍表现出来的不断加剧的矛盾。

政治经济学并不分析资本主义生产过程的物质技术方面，而是分析它的**社会形式**，即构成资本主义"经济结构"的生产关系总体。生产技术（或生产力）仅仅作为假设，作为前提包含在马克思经济理论研究之中，生产技术仅仅在解释真正的研究主题——生产关系——是必要的时候才会加以考虑。马克思坚持区分生产的物质技术过程和它的社会形式，这一点对于我们理解他的经济体系非常关键。这种区分同时也把政治经济学的方法归入社会历史科学之中。经济生活的混乱状况表现为它结合了社会关系与技术方法。这种区分把我们的注意力直接引向了生产过程中人与人之间的社会关系，引向了生产关系，生产技术仅仅作为假设或基础。政治经济学并不像庸俗经济学家所认为的那样研究物与物之间的关系，它也不像边际效用理论主张的那样研究人与物之间的关系，政治经济学研究的是在生产过程中人与人之间的关系。

政治经济学研究资本主义商品社会中人与人之间的生

---

① 历史唯物主义也研究意识形态的发展规律，我们在这里不谈这一点。

产关系，它假定了一个具体的社会经济形式，一个具体的社会经济形态。我们研究的是发生在一个特定社会中的事件。如果我们忽略了这一点，我们就不能正确理解马克思在《资本论》中的某个论述。"在研究经济范畴的发展时，正如在研究任何历史科学、社会科学时一样，应当时刻把握住：无论在头脑中或在现实中，主体——这里是现代资产阶级社会——都是既定的；因而范畴表现这个一定社会即这个主体的存在形式、存在规定、常常只是个别的侧面"。① "就是在理论方法上，主体，即社会，也必须始终作为前提浮现在表象面前"。② 从一个具体的社会学假定开始，也即从具体的社会经济结构开始，政治经济学必须首先向我们说明，这个社会经济形式的特征和与之相应的生产关系。马克思在"商品拜物教理论"中向我们说明了这些一般特征，这种理论应该更准确地称之为资本主义商品经济生产关系的一般理论。

---

① 马克思恩格斯全集：第三十卷 [M]. 北京：人民出版社，1995：47 – 48.

② 同上，第43页。

第一部分

马克思的商品拜物教理论

M&H

马克思的商品拜物教理论并没有在马克思主义经济体系中占据一个合适的位置。事实上，马克思主义者和马克思主义的反对者都称赞这个理论，把它看作是马克思最大胆巧妙的概括。很多马克思价值理论的反对者高度评价商品拜物教理论（杜冈－巴拉诺夫斯基、S. 弗兰克，在某些条件下甚至有司徒卢威①）。某些作者并不在政治经济学的语境下接受商品拜物教理论。他们把商品拜物教理论看作是一种杰出的社会学总结，一种基于人类关系的物化而对当代社会进行批判的理论（汉莫施尔）。但是，马克思主义的支持者和反对者在研究商品拜物教理论时，把这种理论看作一个独立无关的部分，与马克思的经济理论没有什么内在联系。他们把这种理论看作对价值理论的补充，看作伴随在马克思核心文本中的具有文学色彩的有趣离题论述。产生这种理解的一个原因是由马克思自己造成的，是由《资本论》第一章的结构形式造成的：在第一章中，商品拜物教理论有一个不同的标题。② 然而，这种结构形式并不对应于马克思思想的内在结构和联系。商品拜物教理论本身就是马克思整个经济体系特别是他的价值理论的基础。

---

① 雷卡乔夫是个例外。他认为："马克思的商品拜物教理论可以归结为几个肤浅的、空洞的、本质上不准确的类比。它不是马克思体系中最强有力的部分，而是最虚弱的部分，这种臭名昭著的商品拜物教秘密由于某些误解，甚至在马克思的温和仰慕者杜冈－巴拉诺夫斯基和 S. 弗兰克的眼中也保有了深刻性的光环。"雷卡乔夫. 货币和货币权力 [M]. 1910：56.

② 在《资本论》德文第一版中，整个第一章，包括商品拜物教理论，在"商品"这个一般标题之下。

根据一般公认的观点，马克思的商品拜物教理论包含什么内容？这就是，马克思看到了掩盖在物与物关系下的人与人之间的关系，揭示了人类意识中的幻觉，这种幻觉源自商品经济，它赋予物一些特征，这些特征来源于生产过程中人与人的社会关系。"人们不能理解劳动人民在与自然斗争中的关系，也即他们之间的社会关系，这表现在交换中，商品拜物教把商品的可交换性看作商品固有的本质属性。或者说，在现实中，人与人之间的关系由于商品拜物教而表现为物与物之间的关系。"① "有的特征属于商品的本质，这些特征是神秘的，因为解释并不是立足于生产者之间的相互关系。正如拜物教者把特征归给了所拜之物，而它们并不是来自物的本质，资产阶级经济学家也把商品看作拥有超感觉属性的可感物。"② 商品拜物教理论消除了人们头脑中不切实际的幻想、错觉，这些错觉是由商品经济的表面现象造成的，是由把现象（物、商品、市场价格的变化）当作经济活动的本质造成的。然而，尽管这种解释在马克思主义文献中较为流行，但是它并没穷尽马克思商品拜物教理论的丰富内容。马克思不仅表明物与物之间的关系掩盖了人与人之间关系，他也表明，在商品经济中，社会生产关系必然采取物的形式，除此之外，社会生产关系不可能表现出来。商品经济的结构促使物扮演了一种特

---

① 波格丹诺夫．经济学简明教程 ［M］．1920：105.

② 考茨基．卡尔·马克思的经济学说 ［M］．伦敦：A 和 B 布莱克出版社，1925：11.

别重要的角色，进而使其获得了独特的社会属性。马克思发现了支配商品拜物教的客观经济基础。人们头脑中的幻觉和错误，把物化的经济范畴转变成既定历史条件下的生产方式中生产关系（思想上的）的"客观形式"——这里说的是商品生产。

商品拜物教理论由商品经济生产关系的一般理论转变为政治经济学的入门基础。

第一章
商品拜物教的客观基础

    商品经济的显著特征在于，生产的管理者和组织者是独立的商品生产者（小所有者或大企业家）。每一个不同的私人企业是自发的，即它的所有者是独立的，他只关心自己的利益，自己决定生产的物品的种类和数量。在私有产权的基础上，他支配必要的生产工具和原材料。作为完全合法的所有者，他管理着商品经营活动。生产是由独立的商品生产者而不是由社会直接管理的。社会并不直接调节它的成员的劳动活动，并不指定它的成员生产什么，生产多少。

    另外，每个商品生产者生产商品，不是为他自己而是为市场、为社会生产。劳动的社会分工把所有的商品生产者统一为一个叫作国民经济的体系，统一为一个"生产有机体"，它的各部分相互联系、相互制约。这种关系是如何创造出来的？是通过交换，通过市场。在市场上，每一个生产者生产的商品作为某种商品样式的独立样品，采取了没有个性的形式，无论它是由谁、在哪里、以什么条件生产的。单个商品生产者生产的商品在市场上得以流通和估价。单个（可以说是独立自主的）企业之间的真正联系和联结，是通过货物的估价和交换完成的。在市场上，社会调节劳动产品、商品等。以这种方式，共同体间接调节着人们的劳动活动，因为市场上商品的流通、价格的涨落，改变了各个商品生产者对劳动活动的分配，使他们进入某个生产部分，或从中退出，造成了社会生产力的再分配。

在市场上，商品生产者显得没有在生产过程中那样有个性，而是作为物、作为商品的拥有者、所有者而存在的。每个商品生产者仅仅通过供给市场或从市场上取得物品而影响市场，由此，他也感受到了市场的影响和压力。各个商品生产者劳动活动的相互影响和作用只能通过物、通过供应市场的劳动产品才可能发生。远方阿根廷或加拿大农田的扩大，只能通过这种方式降低欧洲的农产品数量，即压低农产品的市场价格。以同样的方式，大机器生产的扩张摧毁了手工业者，迫使他们不能再像原来那样继续生产，不得不从乡村走向城市，走进工厂。

由于商品社会的原子式结构缺少对社会成员劳动活动的直接社会化管理，每个自发的私人企业只能通过商品、通过物、通过劳动产品维持它们之间的联系。"私人劳动在事实上证实为社会总劳动的一部分，只是由于交换使劳动产品之间、从而使生产者之间发生了关系。"① 由于作为社会总劳动组成部分的私人商品生产者是独立自主的，"社会劳动的联系体现为个人劳动产品的私人交换"（马克思致库格曼的信②）。这并不是说，某个商品生产者 A 仅仅通过与商品生产者 B、C、D 的生产关系而相互联系，仅仅通过销售或购买协议而相互联系，却不能和其他社会成员有联系。在与他的购买者 B、C、D 存在**直接**的生产关系时，我们的商品生产者 A 也通过复杂的**间接**生产关系之网而与其他很多人（比如：与相同商品的购买者、与相同商品的生产者、与他的生产资料的供应者等）相互联系着，并最终与所有社会成员相互联系。当生产者 A 结束他和购买者的交易，返回商店，返回直接生产过程时，这个复杂的生产关系之网也不会中断。我们的商品生产者为销售、为市场而生产，因而在直接生产过程中，他必须考虑预期的市场状况，就是说他不得不考虑社会其他成员的劳动活动，因为他们在某种程度上影响着商品市场价格的波动。

商品经济结构具有以下特点：（1）国民经济的单个细胞，也即各个私人企业，从**形式上说是相互独立**的；（2）它们之间的**物质联系**是社会劳动分工的结果；（3）每个商品生产者之间的直接联系建立在**交换**的基础之上，这间接地影响

---

① 马克思. 资本论：第一卷 [M]. 北京：人民出版社，2004：90.
② 马克思恩格斯全集：第三十二卷 [M]. 北京：人民出版社，1975：541.

他们的**生产活动**。在他的企业里，每个商品生产者从形式上说，能够按照自己的意愿自由选择生产资料，生产任何产品。但是当他把他的最终劳动产品带到市场上交换时，他并不能自由地决定交换的比例，而是必须服从市场（波动）状况。这对所有的产品生产者都是适用的。如此一来，在直接生产过程中，他就必须使他的劳动活动根据市场的预期状况（提前）做出调整。生产者依赖市场，这个事实意味着他的生产活动依赖所有其他社会成员的生产活动。如果衣服生产者们向市场供给过多，那么尽管衣服生产者伊万诺夫并没有扩大生产，他也不会少受衣服降价之苦，还不得不减少生产。如果其他衣服生产者引进了先进的生产资料（比如机器），降低了衣服的价值，那么我们的衣服生产者也必须改进他的生产技术。从形式上说，各个商品生产者在生产定位、规模和方法上是相互独立的，而实际上，他们通过市场和交换而紧密相关。产品交换影响人们的劳动活动；生产和交换表现了再生产不可分离的独特构成部分。"资本主义生产过程，就整体来看，是生产过程和流通过程的统一。"① 交换成了人们生产过程或劳动活动的一部分，只有交换的这一方面——交换的比例、商品的价值是我们研究的主题。交换只有作为再生产过程的社会形式，且在直接生产阶段留下独特印记时才使我们感兴趣，而非由于它是与直接生产阶段相交替的一个再生产过程

---

① 马克思．资本论：第三卷［M］．北京：人民出版社，2004：29．

阶段。

作为再生产过程不可或缺的构成部分，交换扮演的角色在于社会成员的劳动活动只能通过物而相互作用。在市场社会，"人与人的相互独立为物与物的全面依赖的体系所补充"。① 社会生产关系必然采取物化的形式——在某种程度上，我们说的是，各个商品生产者之间的关系，而不是独立的私人企业内的关系——它们只能通过这种形式存在并实现出来。

在市场社会，物不仅是一个神秘的"社会的象形文字"②，不仅是一个"外壳"，其下掩盖着人与人之间的社会生产关系，它也是社会关系的中介，它的流通是与人们之间生产关系的建立和实现分不开的。市场上物的价格波动不仅反映了人们之间的生产关系，它也是市场社会中这些关系得以显现的唯一可能形式。物在市场经济中获得了具体的社会特征（比如：具有了价值、货币、资本等属性）。由于这一点，物不仅掩盖人与人之间的生产关系，而且也组织它们、扮演人们之间联系人的角色。更准确地说，物掩盖生产关系，正是因为生产关系只能采取物与物这种形式，"人们使他们的劳动产品彼此当作价值发生关系，不是因为在他们看来这些物只是同种的人类劳动的物质外壳。恰恰相反，他们在交换中使他们的各种产品作为价值彼此相等，也就使他们的各种劳动作为人类劳动而彼此相等。

---

① 马克思. 资本论：第一卷 [M]. 北京：人民出版社，2004：129.
② 同上，第91页。

他们没有意识到这一点，但是他们这样做了。"① 在市场上，物的交换和均等化造成了商品生产者之间的社会联系，并把人们的劳动活动统一起来。

必须注意的是，我们所说的"物"仅指劳动产品，这也正是马克思的观点。对"物"这个概念的限制不仅是可取的，而且是必要的，因为我们分析的是在与人们的劳动活动相联系时市场中"物"的流通。我们感兴趣的是这种物，它们在市场上的变化会以某种方式影响商品生产者的劳动活动。劳动产品就是这种物（关于土地价格的内容见第五章）。

物的流通——在某种程度上它们获得了价值和货币的独特社会属性，不仅表现了人们之间的生产关系，而且创造着它们。② "在流通手段的流通中，卖者和买者的联系不仅仅被表现出来，而且这种联系本身只是在货币流通中产生，并且是与货币流通一同产生的。"③ 事实上，马克思对比了货币作为流通手段的作用与货币作为支付手段的作用，认为支付手段"表现了一种在这种运动之前已经现成地存在的社会联系"。④ 然而，显而易见的是，在购买或销售活动之后，也即在卖者和买者之间的社会关系建立之后，货币支付产生了，货币和商品的均等化在活动发生时也产生

---

① 马克思. 资本论：第一卷［M］. 北京：人民出版社，2004：91.

② 物的这种社会属性，是人们之间生产关系的表现，它参与人与人之间生产关系的创造活动，这一点将在第三章说明。

③ 马克思. 资本论：第一卷［M］. 北京：人民出版社，2004：161.

④ 同上。

了，并且创造着社会联系。"货币执行观念的购买手段的职能。虽然货币只是存在于买者支付货币的承诺中，但它使商品的转手实现了。"①

因而，货币不仅是被掩盖的社会生产关系的一种"符号"、一种标记。货币体系的质朴性在于把货币的特征归给了它的物质的或自然的属性，通过揭示这一点，马克思也同时抛弃了把货币作为社会关系"符号"的相反观点，而这种社会关系与货币相伴。② 马克思认为，把社会关系赋予物本身的观点是错误的，正如仅仅把物看作社会生产关系的"象征""符号"一样是错误的。物获得了价值、货币、资本等属性不是因为它的自然属性，而是因为在商品经济中与之相关的社会生产关系。社会生产关系不仅被物"符号化"，而且通过物得以实现。

正如我们看到的，货币不仅是一种"符号"。在某些情况下，特别是在商品形态变化 W – G – W 中，货币仅仅表现了"商品交换价值的转瞬即逝的要素"。③ 货币从一个人到另一个人的转手，仅仅意味着商品的转手。在这种情况下，"货币的职能存在可以说吞掉了它的物质存在"，④ 它可以由纸币符号替代。但是尽管从"形式上"说与它的金属存在分离，纸币仍然代表着人们之间生产关

① 马克思. 资本论：第一卷 [M]. 北京：人民出版社，2004：160.
② 同上，第 110 页。
③ 同上，第 151 页。
④ 同上，第 152 页。

系的"对象化"。①

　　在商品经济中，物、劳动产品有双重本质：物质的（物质技术的）和职能性的（社会的）。它们的联系表现为"具有社会规定性的劳动"具有了"物质特性"，物具有了"社会特性"，该如何解释这两个方面呢？

---

　　①　我们不同意希法亭的观点，他认为纸币与生产关系的"对象化"无关。"在流通手段被限制在最小数量时，社会关系的有意识调整取代了社会关系的物质表现。这是可能的，因为金属货币表现了一种社会联系，尽管由物质外壳掩盖"（希法亭．金融资本［M］．维也纳：维也纳国民书店出版社，1910）。在使用纸币时，商品交换也像在使用金属货币情况下那样具有不受调控、自发的"对象化"形式。从构成纸币的物质形式的内在价值上说，纸币不是"物"。但在某种意义上它也是物，即在"对象化"形式中，通过它表现了卖者和买者之间的社会关系。但是如果希法亭是错误的，而波格丹诺夫认为纸币代表了比金属货币更高的社会关系拜物教阶段，那么与波格丹诺夫相反的观点就是缺乏根据的。参见：波格丹诺夫，斯捷潘诺夫．政治经济学教程：第二卷［M］．161。

第二章
生产过程和它的社会形式

　　社会经济与自然物质之间的紧密联系，通过在商品经济中物质技术过程和它的社会形式之间的独特联系而得到解释。资本主义生产过程"是人类生活的物质生存条件的生产过程，又是一个在特殊的、历史的和经济的生产关系中进行的过程，是生产和再生产着这些生产关系本身，因而生产和再生产着这个过程的承担者、他们的物质生存条件和他们的相互关系即他们的一定的经济的社会形式的过程"。① 在**物质产品的生产**过程和它的**社会形式**之间存在紧密的关系和对应性，这里的社会形式也即人们之间生产关系的总体。人们之间既定的生产关系根据既定的生产力的状况做出调整，生产力也即物质生产过程；在特定的限度内，这个总体使对于社会来说不可缺少的物质产品的生产过程成为可能。一方面是物质生产过程，另一方面是每个

---

① 马克思. 资本论：第三卷 [M]. 北京：人民出版社，2004：927.

人参与其中的生产关系，它们之间的对应关系在不同的社会形态下是不同的。在一个有管理的社会比如社会主义社会中，为了确保生产的有规则进行，社会成员之间的生产关系是有意识地建立起来的。在生产过程中每个社会成员的角色，即他与其他成员的关系，是有意识地规定的。协调每个人的劳动活动建立在对所需物质技术生产过程的提前计算的基础之上。在某种意义上，既定的生产关系体系是一个紧密的实体，它由一个意志管理，把物质生产过程看作一个整体。物质生产过程的明显变化会不可避免地导致生产关系体系的变化；但是变化是在体系内发生的，是由内部力量、管理决策机构实施的。在生产过程中，变化带来变化。起初的统一，使生产的物质技术过程和塑造它的生产关系之间的对应关系成为可能。随后，每个方面根据之前规定的计划向前发展。每个方面都有它的内在逻辑，由于起初的统一性，它们之间并没有矛盾。

在资本主义商品社会，我们就有一个这样组织起来的生产关系的例子，特别是在一个企业**内**的劳动组织之中（劳动的技术分工），它与各个私人企业**之间**的劳动分工（社会劳动分工）相对。我们假定一个企业家拥有一家大型纺织工厂，它有三个部门——纺纱车间、织布车间、染色车间。根据事前确定的计划，工程师、工人、雇员被分配给不同的部门。根据技术生产过程的需要，这些人事前就按照明确规定的生产关系而联系起来。正是由于这一原因，物在生产过程中从一些人到另一些人的流通，依据的是在生产中人们之间的相互地位，依据的是人们之间的生产关系。当织布车间的管理者得到来自纺纱车间的纱时，他把纱织成布，但是他不会把布作为之前接收到的纱的等价物而返还给纺纱车间的管理者。他把布给了染色车间，因为把织布车间和染色车间的工人联系起来的稳固的生产关系事前就规定了劳动产品这个对象的运动方向，规定了它从先前的生产过程（织）向随后的生产过程（染色）的运动。人们之间的生产关系是根据物品的物质生产**目的**而提前组织的，而非根据物质**手段**。另外，根据存在于人与人之间的生产关系，物品在生产过程中从一些人之手流向另一些人之手，但是物品的运动并不创造人们之间的生产关系。人与人之间的生产关系只具有技术特征：每一方适应对方，但是每一方都有不同的特征。

如果纺纱车间、织布车间、染色车间属于三个不同的企业——A、B、C，整个问题将有根本区别。现在 A 把成品纱给 B，但是不再仅仅根据 B 织布的能力，不再根据 B 把纱织成对社会有用的形式。A 对这点不感兴趣，现在他不想仅仅转手他的纱，而是把它卖掉，即给这样一个人：他在交换中能够给予 A 相应的一笔钱，或者一般来说具有相等价值的东西，一个等价物。这样一个人是谁，对 A 来说是没有区别的，因为他不是根据稳定不变的生产关系而与任何一个确定的人有联系，A 将与任何一个人建立购买和销售的生产关系，只要他有并同意为纱支付货币或等价物。这种生产关系被限制在物的转让之中，即 A 把纱给了买者，买者把货币给了 A。我们的商品生产者 A 尽管在任何情况下也没有摆脱把他与其他社会成员联系起来的复杂且间接的生产关系之网，但是不是事前通过**直接**的生产关系而与其他**确定**的私人发生关系。这些生产关系不是事前存在的，而是通过物品从一个人向另一个人的转让而得以建立起来的。因而它们不仅有**社会的**特征，而且还有物质的特征。另外，物品从一个人向另一个人转让不是建立在人们事前确定的生产关系之上，而是建立在买卖之上，买卖限制了这些物品的转让。物品的转让建立起个人之间的直接生产关系，它不仅有技术上的，还有社会上的意义。

在一个自发发展的商品社会中，过程是这样进行的。从生产的物质技术过程来看，每个劳动产品必须从一个生产阶段到另一个生产阶段，从一个生产单位到另一个生产单位，直到它取得最终的形式，从最终生产者或中间商的产品转变成消费者的经济物品。但是考虑到各个自发且独立的经济单位，产品从一个经济单位向另一个经济单位的转让只能通过买卖，通过经济单位之间的协议才是可能的，这意味着在他们之间建立起来一个独特的生产关系：购买和销售。商品社会的基本关系，商品所有者之间的关系，简化为一种关系，"在这种关系中，商品占有者只是由于让出自己的劳动产品，才占有别人的劳动产品"。① 人们之间生产关系的总体不是一个统一联系起来的体系，在其中某

---

① 马克思. 资本论：第一卷 [M]. 北京：人民出版社，2004：130.

个人事前就通过稳固的关系而与其他个人联系起来。在商品经济中，商品生产者只是与不确定的市场相联系，他通过加入一个个不连续的交易序列而与其他商品生产者建立起短暂的联系。这个序列的每个阶段与物质生产过程中产品的运动方向高度对应。产品经过每个独特生产阶段的过程是由一系列私人生产单位的同时行动造成的，这些生产单位建立在他们之间的协议和交换之上。相反地，当物质产品从一个经济单位向另一个经济单位转移时，生产关系把两个私人经济单位联系起来。当物品被转让时，人与人之间的生产关系得以建立。在转让之后，它再次被打破。

我们可以看到基本的生产关系与其中一定的商品生产者直接相关。对于每个生产者来说，他自己的劳动活动和其他社会成员的劳动活动之间的既定联系，即买和卖，是按规则进行的。这种类型的生产关系不同于一个有组织的生产关系，这体现在以下几方面：（1）人们之间自发建立的这种生产关系有赖于参与者的有利条件，社会关系采取了**私人**交易的形式；（2）它联系参加者的时间是短暂的，并没有在他们之间创造一个稳固的关系，但是作为一个整体，这些**短暂**和**不连续**的交易却维持着社会生产过程的**稳定性**和**持续性**；（3）它在人们转让物品时把他们统一到一起，对于这种转让，它也有局限性，**人们**之间的关系获得了**物**的等价形式。人与人之间的直接生产关系是通过他们之间的物质运动建立起来的，这个运动必然对应于物质生产过程的需要。"商品交换是这样一个过程，在这个过程

中，社会的物质变换即私人特殊产品的交换，同时也就是
个人在这个物质变换中所发生的一定社会生产关系的产
生。"① 或者，如马克思指出的，流通过程包括 Stoff-und
Formwechsel（交换的内容和形式)②，包括物质变换和它们
的形式转变，也即在物质生产过程中的物质运动和它们社
会经济形式的转变（比如商品变为货币、货币变为资本、
货币资本变为生产资本等)，它们对应于人们之间的不同生
产关系。

社会经济（人与人之间的关系）和物质对象（生产过
程中的物质运动）这两个方面在交换过程中是紧密统一的。
在资本主义商品社会，这两个方面不是事前组织的，不是
每一方根据对方做出调整。由于这个原因，每一次交换仅
仅是作为这两个方面协作的结果而得以实现，好像是两方
面相互激励。某个人手上没有某种物品，这个人就不能处
于与其他人相交换的生产关系之中。反过来说，如果物品
的所有者没有建立交换物品这种独特的生产关系，那么物
品的转让也是不可能发生的。一方面是**物质生产过程**；另
一方面是人们之间以及私人经济单位之间的**生产关系体系**，
它们两者不是事前根据对方做出调整的。在每一个阶段、
每一次交换中，经济生活从形式上看遭到破坏，两个方面

---

① 马克思恩格斯全集：第三十一卷 [M]. 北京：人民出版社，
1998：445.

② 马克思. 资本论：第三卷 [M]. 汉堡：奥托·迈斯纳出版社，
1894：363.

必须做出调整。如果没有调整，两个方面必然发生偏离，也会在社会再生产过程内造成断裂。在商品经济中，这样的偏离总是可能的。或者是生产关系没有表现生产过程中产品的真实运动（投机时），或者是对于生产过程的正常运行来说不可或缺的生产关系没有建立起来（销售危机时）。在通常情况下，这种偏离不会超出某种限度。但是它在危机时将造成灾难。

从根本上说，生产关系和物质生产过程之间的联系在有阶级的资本主义社会具有相同的特征。在前面，我们没有考虑单个企业内部的生产关系，仅仅研究相互独立的私人企业之间的关系，这些关系把它们结合为统一的国民经济。在资本主义社会，不同的生产要素（生产资料、劳动力和土地）属于三个不同的社会阶级（资本家、雇佣工人和土地所有者），进而获得了一种独特的社会形式，这种形式在其他社会形态中是没有的。生产资料表现为资本，劳动表现为雇佣劳动，土地表现为买卖的对象。劳动的条件，即属于不同社会阶级的生产资料和土地，是"形式上的独立"① 于劳动本身，它们取得了这个独特的社会"形式"。如果生产的每个技术要素是**独立的**，如果它们属于不同的经济主体（资本家、雇佣工人和土地所有者），那么生产过程直到分属于不同阶级的个人之间建立起直接的生产关系时才能开始。通过把生产的**技术要素**集中到属于资本家的

---

① 马克思. 资本论：第三卷 [M]. 北京：人民出版社，2004：935.

经济单位中，这种生产关系得以建立起来。生产要素、人以及物的结合在所有社会经济形式下都是不可缺少的，但是"实行这种结合的特殊方式和方法，使社会结构区分为各个不同的经济时期"。①

让我们设想一下封建社会，在那里土地属于地主，非常原始的劳动和生产资料属于农奴。农奴和地主之间从属和统治的社会关系首先出现，它们使生产要素的结合成为可能。通过普通法授予的权利，农奴使用属于地主的一块土地，必须支付地租并提供劳役，即在庄园中劳动一定天数，并且通常也是使用他自己的生产资料。地主和农奴之间存在的稳定的生产关系，使生产要素在农奴的土地和庄园领地的结合成为可能。

正如我们看到的，在资本主义社会，不同的人拥有不同的生产要素，在他们之间不存在这种稳定而直接的生产关系。资本家、雇佣工人和土地所有者是**商品所有者**，他们从形式上看相互独立。他们之间的直接生产关系是在商品所有者通常的买卖活动中建立起来的。资本家必须从雇佣工人那里购买使用劳动力的权力，从土地所有者那里购买使用土地的权力。为了实现这一点，他必须有足够的资本。只有作为一定量的价值（资本）的所有者，这些价值能够使他购买生产资料，使雇佣工人能够购买必要的生存资料，他才能成为资本家、生产的管理者和组织者。资本

---

① 马克思. 资本论：第二卷 [M]. 北京：人民出版社，2004：44.

家运用生产指挥者的角色，"只是作为同劳动相对立的劳动条件的人格化，而不是像在以前的各种生产形式中那样，是作为政治的统治者或神权政体的统治者得到这种权威的"。① 资本家"所以是一个资本家，能够完成对劳动的剥削过程，也只是因为他作为劳动条件的所有者同只是作为劳动力的占有者的工人相对立"。② 在生产中，资本家对资本、生产资料和物品的占有，决定了他在生产中的地位，这同样适用于作为劳动力占有者的雇佣工人，作为土地占有者的土地所有者。生产**当事人**通过**生产要素**结合起来，把人们联系在一起的生产是通过**物质**的运动而建立起来的。生产要素的独立性建立在私有产权之上，它通过建立所有者之间的生产交换过程而使对于生产过程不可或缺的物质技术的结合成为可能。相反地，在不同社会阶级的代表（资本家、雇佣工人、土地所有者）之间，直接的生产关系导致生产的技术要素的结合，这些关系与物品从一个经济单位到另一个经济单位的转让联系在一起。人们之间的生产关系与物质生产过程中物质的运动有紧密的联系，它们造成人们之间生产关系的"物化"。

---

① 马克思. 资本论：第三卷 [M]. 北京：人民出版社，2004：997.
② 同上，第49页。

第三章
生产关系的物化和物的人格化

　　正如我们观察到的，在资本主义商品经济中，个人不是作为社会成员，不是作为社会生产过程某一阶段的参加者与其他人联系在一起，而是通过一定的生产关系，作为某些物品的所有者，作为不同的生产要素的"代表"，与其他人直接联系在一起的。资本家"只是人格化的资本"①。土地所有者是"最基本的生产条件（即土地——鲁宾注）的人格化"②。马克思主义的批评者认为这种"人格化"是不可理解的，甚至是神秘的③，但它却表现了一个非常真实的现象：人们之间的生产关系依赖于社会的物质形式（生产要素），这些物属于它们，并通过它们而人格化。

　　如果某个人作为某种物的所有者与其他人发生直接的生产关系，那么不管他拥有的到底是什么，这个物将使它

① 马克思．资本论：第三卷 [M]．北京：人民出版社，2004：927.
② 同上，第933页。
③ 帕斯沃弗．资本主义 [M]．耶拿：G. 费舍尔出版社，1918：84.

的所有者在生产关系体系中占据一个位置，因为占有物是在人们之间建立直接生产关系的一个条件，似乎物本身拥有了建立生产关系的某种能力，某种**德性**。如果物使它的所有者拥有了与其他商品所有者建立交换关系的可能性，那么物就拥有了可交换性这种特殊属性，拥有了"价值"。如果某物联系着两个商品所有者，一个是资本家，另一个是雇佣工人，那么物不仅仅有"价值"，它也是"资本"。如果资本家和土地所有者建立生产关系，那么资本家向土地所有者支付货币价值，通过这种转让，他进入紧密的生产联结之中，这些货币表现为"地租"。产业资本家为了从货币资本家那里借到钱而支付给对方一笔款项，这称为"利息"。**每一种存在于人们之间的生产关系类型把特殊的"社会德性""社会形式"赋予物，借此人们发生直接的生产关系**。某种物作为使用价值，作为物质对象，拥有成为消费品或生产资料的属性，即在物质生产过程中发挥某种技术职能。除此以外，它还具有联系人与人的社会职能。

在资本主义商品社会，**人们仅仅作为商品所有者，作为物的所有者发生直接的生产关系**。另外，作为结果，**物**获得了特殊的社会性质、社会形式。"劳动的社会性"获得了"物质性质"，对象获得了"社会性质"，[①] "不是表现为人们在自己劳动中的直接的社会关系"，这些关系也不是建立在一个有组织的社会中，我们观察到的是"人们之间的

---

① 马克思. 资本论：第一卷 [M]. 北京：人民出版社，2004：111.

物的关系和物之间的社会关系"。① 我们注意到商品经济的两个特征："物的人格化和生产关系的物化"② 与 "社会生产规定的物化和生产的物质基础的主体化"。③

就 "生产关系的物化" 来说，马克思认为人们（比如资本家和雇佣工人）之间一定的生产关系通过这种过程把某种社会形式、社会性质赋予物，借此，人与人相互联系起来（比如资本的社会形式）。

就 "物的人格化" 来说，马克思认为与某种社会形式相联系的物的存在形式比如资本通过这种过程使它的所有者拥有资本家的外衣，能够与其他人建立具体的生产关系。

这两个过程初看起来是相互排斥的。一方面，物的社会形式是人们之间生产关系的结果。另一方面，人们之间的这些生产关系只能在具有特殊社会形式的物中建立起来。只有社会生产的辩证过程才能解决这个矛盾，马克思把这个过程看作是一个不断重现的再生产过程，在其中，每个联结是之前联结的结果，也是随后联结的原因。同样，物的社会形式是之前生产过程的结果，也是对未来的预期。④

在资本主义社会，与劳动产品联系在一起的社会形式（货币、资本、利润、地租等）表现为长期社会历史过程的结果，经历了同种生产关系的不断重复和沉淀。在一个社

---

① 马克思. 资本论：第一卷 [M]. 北京：人民出版社，2004：90.
② 马克思. 资本论：第三卷 [M]. 北京：人民出版社，2004：940.
③ 同上，第 997 页。
④ 下面我们给出了一个结论，这个结论在这篇文章得到了充分展现。参见：生产关系和物质概念 [J]. 在马克思主义旗帜下，1924（10 – 11）.

会中，当人们之间的某种生产关系还非常罕见时，这种生产关系不可能把一种不同的且稳定的社会特征强加给存在于其中的劳动产品。人们之间"瞬息间的社会接触"仅仅使他们的劳动产品具有了瞬息间的社会形式，它与这些社会接触一同产生、消失。① 在不发达的交换中，劳动产品仅仅在交换活动期间确定了价值，而不是在之前或之后。当参与者在交换活动中把他们的劳动产品与第三种产品比较时，第三种产品以较为原始的形式发挥着货币的职能，但不是在交换活动之前或之后。

生产力的发展，在人们之间创造了一定的生产关系类型。这些生产关系在既定的社会环境中不断重现、广泛传播。人与人之间生产关系的这种"结晶"导致对应的物与物之间的社会形式的"结晶"的形成。既定的社会形式被"牢系"，固定于物中，在物中保存自己，即便人们之间的生产关系已被打破。只有从这时起，人们才能确定独立于生产关系的既定物质范畴出现的时间，而这些范畴起源于这些关系并影响它们。"价值"似乎成了物的属性，借助这种属性，物进入交换过程。当物离开交换过程后，它还保留这种属性。这同样适用于货币、资本以及其他具有社会形式的物。作为生产过程的结果，它们却成了前提。由此可以看到，劳动产品的既定社会形式不仅仅是人与人之间一定生产关系类型的"表现"，而且也是它们的"承担者"。

① 马克思. 资本论：第一卷 [M]. 北京：人民出版社，2004：108.

在某个人手中、具有一定社会形式的物驱使这个人进入某种生产关系之中，使他具有了某种社会特征。人们之间"生产关系的物化"现在以"物的人格化"为补充。**作为商品生产者之间无数交易的结果，劳动产品的社会形式成了向每个商品生产者施加强大压力的手段，迫使他们采取措施适应既定社会中占统治地位的生产关系**。社会对人施加的影响是通过物的社会形式实现的。通过物的社会形式，人与人之间社会关系的对象化、"物化"使经济体系更为持久、稳定、有序。结果就是人们之间生产关系的"结晶化"。

　　只有在一定的发展阶段，经过不断反复之后，人们之间的生产关系才能使具有某种特征的社会形式沉淀下来，并把它固定在劳动产品之中。如果某种生产关系类型还没有在社会中得到普及，它们就不能使物具有恰当的社会形式。当居于统治地位的生产类型是手工劳动时，手工业者的目的是"维持生存"，他把自己看作一个"手工业主"，认为自己的收入是用来"维持生存"的，即便他已经扩大了他的产业，已经本质上成了一个资本家，靠工人的雇佣劳动生活。他并不把自己的收入看作是资本的"利润"，也不把自己的生产资料看作是"资本"。同样，由于在前资本主义社会关系中农业占主导作用，在很长一段时间内，人们认为利息是地租的转化形式，而不是收入的新形式。著名经济学家配第就以这种方式试图从地租中得出利息。① 在

---

　　① 鲁宾. 经济思想史 ［M］. 沈韵琴，译. 上海：新生命书局，1931.

这种情境下，所有的经济形式都"服从于"某种占统治地位的生产方式①。这解释了新的生产关系类型在对应于劳动产品的社会形式中"物化"或"结晶化"之前为什么有一段或长或短的发展时期。

生产关系和物质范畴之间的联系必然以这种方式呈现。资本主义商品经济特有的生产关系类型赋予物以独特的社会形式，由于物并通过物，人进入既定的关系之中。这导致了人们之间生产关系的"物化"或"结晶化"。物包含于人们之间一定的生产关系中，它有对应的社会形式，**并在既定的、具体的、独特的生产关系瓦解之后，仍然保有这种形式**。然后，我们才能说人们之间的生产关系在物的属性形式中被真正"物化了"，即"结晶化了"。这种属性似乎属于物本身，与生产关系无关。由于物具有某种固定的社会形式，它们进而影响人，塑造他们的动机，驱使他们相互建立具体的生产关系。通过占有"资本"这种社会形式，物使它的所有者成了一个资本家，并事前就决定了建立在他和其他社会成员之间的具体生产关系。看起来像是物的社会特征决定了它们所有者的社会特征。进而，"物的人格化"产生了。在这种方式下，资本家因反射了资本的光芒而熠熠生辉，但是这只有在他也反映了人们之间的某种生产关系类型时才是可能的。**结果，个人服从于占统治地位的生产关系类型**。物的社会形式制约着人们之间的**每**

① 马克思. 资本论：第三卷 [M]. 北京：人民出版社，2004：991 - 992.

个生产联系，仅仅因为社会形式本身是**社会**生产联系的表现。物的社会形式表现为生产关系的**条件**，它是事前确定的、持久不变的，仅仅因为它表现为不断运动的社会生产过程凝固了的、结晶了的**结果**。以这种方式，"人的物化"和"物的人格化"之间的明显矛盾就在辩证统一的生产过程中解决了。这种明显的矛盾存在于生产关系决定的物的社会形式的规定性和物的社会形式决定的个人生产关系的规定性之间。

上面提及的再生产过程的两个方面中，只有第二个方面——"物的人格化"处在经济生活的表面，可以直接观察到。物表现在既有的社会形式中，影响每个生产者的动机和行为。过程的这个方面直接反映在人的心理状态之中，可以直接观察到。困难的是，在人们之间的生产关系中追溯物的社会形式的形成过程。这个过程，即人们之间生产关系的"物化"，是人们之间大量交易活动的异质结果。它是在"他们背后"进行的社会过程的结果，即这种结果不是事前设定的目标。只有通过深刻的历史和社会经济分析，马克思才成功地解释了这个过程。

从这种观点出发，我们才能够理解马克思在"表现形式""外部联系""表面现象"和"内部联系""被掩盖的联系""固有联系""事物的本质"之间做出的区分。① 马克思谴责庸俗经济学家仅仅分析外部现象。马克思也谴责

---

① 马克思. 资本论：第三卷 [M]. 北京：人民出版社，2004：925.

亚当·斯密在"深刻的"（外部的）和"肤浅的"（内部的）观点之间摇摆。人们认为马克思这些话的意思是晦涩的，甚至是最大度的马克思的批评者也指责他经济学上的形而上学，因为马克思想解释现象背后的联系。在解释马克思的论述时，马克思主义者有时也认为，马克思想要区分粗糙的经验主义方法和抽象分离法。① 我们认为运用抽象方法是必不可少的，但是对于刻画马克思的方法是极不充分的。当他说明现象的内部联系和外部联系时，他没有那样想。马克思以及包括李嘉图在内的很多前辈都熟悉抽象法，但却是马克思把社会学方法引入到政治经济学中。这种方法认为物质范畴是人们之间生产关系的反映。在物质范畴的社会本质中，马克思看到了它们的"内部联系"。庸俗经济学家只研究表现形式，它们是经济关系的"异化"，② 即物的既定对象化形式，而没有研究它们的社会特征。他们看到了发生在经济生活表象中的物的"人格化"，但是他们没有研究人们之间"生产关系的物化"过程。他们把物质范畴看作生产过程的既定"条件"，它们影响生产者的动机并表现在他们的意识中；他们没有把这些物质范畴的特点作为社会过程的结果来研究，忽视了这种社会内部过程。他们"被竞争中表现出来的事物联系所迷惑，而在竞争中

---

① 库诺夫. 理解马克思的研究方法 [M] // 政治经济学基本问题. 1922：57 - 58.

② 马克思. 资本论：第三卷 [M]. 北京：人民出版社，2004：925.

一切总是表现为颠倒的、头足倒置的"。① 进而，人们之间的生产关系似乎依赖于物的社会形式，而不是相反。

庸俗经济学家不理解"物的人格化"过程只能视作"人们之间生产关系物化"过程的结果，他们把物的社会特性（价值、货币、资本等）看作属于物本身的自然特性。价值、货币等不是作为与物"紧密相连"的人与人之间关系的表现，而是作为物本身直接具有的特性，这些特性与物的物质技术特性"直接交织在一起"。这正是**商品拜物教**的原因，商品拜物教在庸俗经济学家中很有代表性，而且也是受限于资本主义经济视野的生产参与者的共同思想特征。这解释了"社会关系的物化，物质的生产关系和它们的历史社会规定性的直接融合"。② "一个与一定的社会形式结合在一起、并且表现在这个社会形式上的生产要素"。③ "这些劳动条件在劳动面前所显示出来的形式上的独立，它们在雇佣劳动面前所具有的这种独立化的特殊形式，也就成了它们作为物，作为物质生产条件所具有的不可分离的属性，成了它们作为生产要素必然会有的、内在地固有的性质了。它们在资本主义生产过程中具有的、为一定的历史时代所决定的社会性质，也就成了它们自然的、可以说是一向就有的、作为生产过程的要素天生固有

---

① 马克思．剩余价值理论：第二卷［M］．北京：人民出版社，1975：241.

② 马克思．资本论：第三卷［M］．北京：人民出版社，2004：940.

③ 同上，第924页。

的物质性质了。"①

　　社会生产**关系**成为**物**具有的"客观"社会**属性**，是资本主义商品经济中的一个事实，是物质生产过程和生产关系运动之间独特联系的结果。庸俗经济学家的错误，不在于他们注重资本主义经济的物质形式，而在于他们没有看到这些物质形式和生产的社会形式之间的关系，没有从这些社会形式而是从物的自然属性中得出这些物质形式。"劳动的一定社会形式的作用被认为是由物，由这一劳动的产品造成的；关系本身被幻想为物的形式。我们已经看到，这是商品生产……所固有的特点……霍吉斯金认为这纯粹是主观的幻想，在这种幻想后面隐藏着剥削阶级的欺诈和利益。他没有看到这种表述方法是怎样从现实关系本身中产生的，没有看到后者不是前者的表现，而是相反"。②

　　庸俗经济学家犯了两个错误：（1）他们把"经济的形

---

　　① 马克思. 资本论：第三卷 [M]. 北京：人民出版社，2004：935。只有从这种观点理解社会关系和生产的物质条件之间的"融合"，马克思商品二重性本质的理论才变得清楚明白，也只有这样我们才能懂得使用价值表现为"交换价值的物质承担者"（马克思. 资本论：第一卷 [M]. 北京：人民出版社，2004：49）。使用价值和价值并不是像庞巴维克说的那样是物的两种不同属性。他们的不同观点是由方法上的差异造成的：一种是自然科学的方法，它把商品作为物来研究；一种是社会学的方法，它研究"融合了物"的生产关系。"使用价值表示物和人之间的自然关系，实际上是表示物为人而存在。交换价值则代表……物的社会存在"（马克思. 剩余价值理论：第三卷 [M]. 北京：人民出版社，1975：326 - 327）。

　　② 剩余价值理论：第三卷 [M]. 北京：人民出版社，1975：325 - 326.

式规定性"看成是"物质的属性",① 即他们直接从**技术**现象中得出**社会**现象,比如资本能够产生利润以特定的社会阶级和生产关系为前提,但庸俗经济学家认为资本具有这种能力是因为它作为生产资料发挥了技术职能;(2) 他们把"劳动资料在物质上具有的某些属性"看成是劳动资料的社会形式②,即他们直接从社会现象中得出**技术**现象,比如提高劳动生产率的源泉内在于生产资料之中并且也表现了它们的技术职能,庸俗经济学家却认为生产率的提高源自资本,即生产的特殊社会形式(资本生产率理论)。

这两种错误初看起来是矛盾的,但它们在方法论上的缺陷是基本相同的:物质生产过程与社会形式的同一化,物的**技术**职能与它们的**社会**职能的同一化。庸俗经济学家不是把技术现象与社会现象看作紧密相关的人类劳动活动的不同方面,而是把它们放在同一个层面,放在同样的科学视野下。庸俗经济学家在这些相互交织、"融合"在一起的技术和社会条件中考察经济现象,而技术和社会的融合是内在于商品经济的,结果是"完全不能通约的关系,即一方是使用价值,是物,另一方是一定的社会生产关系,是剩余价值"。③ "一种当作物来理解的社会关系,竟被设定在同自然的一种比例关系上;也就是说,让两个不能通约

---

① 马克思 . 资本论:第二卷 [M]. 北京:人民出版社,2004:180.
② 同上。
③ 马克思 . 资本论:第三卷 [M]. 北京:人民出版社,2004:926.

的量相互保持一种比例。"① 生产过程与它的社会形式的同一化，物的技术属性与"对象化"在物的社会形式中的社会关系尖锐对立。庸俗经济学家非常惊讶，"他们刚想笨拙地判断是物的东西，突然表现为社会关系；他们刚刚确定为社会关系的东西，却又表现为物来嘲弄他们"。②

显然，正如马克思所说，"物质的生产关系和它们的历史社会规定性的直接融合"，不仅内在于资本主义商品经济中，而且也内在于其他社会形式中。我们可以看到，人们之间的社会生产关系依赖于生产的物质条件，在其他类型的经济中也依赖于生产的技术资料在不同社会集团之间的分配。从历史唯物主义的观点看，这是适用于所有社会形态的一般社会学规律。没有人能够怀疑，地主与农奴之间的生产关系总和是由生产技术和生产的技术要素的分配决定的，即在封建社会中地主与农奴之间的土地、牲口、工具等。但事实是，在封建社会，人们之间的生产关系**建立在物的分配之上**，这是**为了物**而不是**通过物**。人们在这里直接相互联系在一起："人们在劳动中的社会关系始终表现为他们本身之间的个人关系，而没有披上物之间即劳动产品之间的社会关系的外衣。"③ 然而，资本主义商品经济的独特本质正在于人们之间的生产关系不仅仅是**为了物**，而

① 马克思. 资本论：第三卷 [M]. 北京：人民出版社，2004：925.
② 马克思恩格斯全集：第三十一卷 [M]. 北京：人民出版社，1998：427.
③ 马克思. 资本论：第一卷 [M]. 北京：人民出版社，2004：95.

且是**通过**物建立起来的。恰恰是这一点使人们之间的生产关系有了"对象化""物化"的形式，产生了商品拜物教，混淆了生产过程的物质技术方面和社会经济方面，马克思的新社会学方法克服了这种混淆。①

①　一般来说，物和社会关系之间的联系是复杂的、多方面的。比如，仅仅考虑到与我们的主题相关的现象，我们就能发现：（1）在**不同社会形态的经济**领域中，人们之间的生产关系依赖于他们之间的物质分配（生产关系依赖于生产力的构成和分配）；（2）在**资本主义商品**经济领域，人们之间的生产关系要通过物，通过它们的"融合"（准确说是商品拜物教）来实现；（3）在**不同**社会形态的**不同**领域，物象征了人们之间的关系（一般的社会象征化或人们之间社会关系的拜物教化）。我们在这里只关心第二个主题——商品拜物教的准确意义，我们认为它对于我们准确区分这个主题和第一个主题很重要（尼古拉·布哈林在《历史唯物主义》中明显混淆了这两点。俄文版，1922：161 - 162。波格丹诺夫的拜物教理论也是如此）。

第四章
物和社会职能（形式）

　　马克思在政治经济学中运用了一种新的社会学方法，即区分了生产力和生产关系，生产的物质过程和它的社会形式，劳动过程和价值的形成过程。政治经济学研究的是劳动活动，但不是从技术方法和劳动工具的视角出发，而是从它的社会形式的视角出发。它研究在生产过程中人们之间建立起来的**生产关系**。但是因为在资本主义商品社会，人们是通过物而建立生产关系的，人们之间的生产关系就具有了物的特征。这种"物化"产生后，因为人们通过物与其他人建立某种关系，物就具有了一定的**社会角色**，它把人们联系在一起——在特定的生产关系中扮演"中介者"或"承担者"的角色。除了在物质或技术上作为具体的消费品或生产资料，物似乎具有了一种**社会的**或**职能的**存在，即某种社会特征，既定的生产关系才能借此表现出来，这也使物具有了某种**社会**形式。因而，政治经济学的基本概念或**范畴**表现了基本的**社会经济形式**，这些形式使人们之间的生产关系具有了不同的特征，这些形式也是由物融合在一起的，人们之间的这些关系通过物建立起来了。

在马克思研究"社会经济的结构"或者说人们之间"生产关系的总体"时，他区分了资本主义社会中①特殊的形式和人们之间的生产关系类型。马克思以下述次序分析了这些生产关系类型。首先，某些关系以既定社会成员之间的其他生产关系类型为前提，而后者并不必然以前者为前提，因而前者假定了后者。例如：金融资本家 C 和产业资本家 B 之间的关系在于 B 从 C 那里获得贷款，这种关系已经假设了产业资本家 B 和工人 A，或者更准确地说，和很多工人之间存在某种生产关系。另外，产业资本家和工人之间的关系不是必然以产业资本家 B 从金融资本家那里贷款为前提。显然，"资本""剩余价值"等经济范畴先于"生息资本""利息"等经济范畴。其次，产业资本家和工人之间的关系具有买卖劳动力的形式。除此之外，还要假设资本家是为卖而生产的，即他们是作为商品所有者而与其他社会成员发生关系。最后，商品所有者之间的关系并不必然以产业资本家和工人之间的关系为前提。从这里可以清楚地看到，"商品""价值"范畴先于"资本"范畴。经济范畴的逻辑次序来源于通过范畴得以表现的生产关系。马克思的经济理论分析了一系列逐渐复杂化了的**生产关系**。这些生产关系表现在一系列逐渐复杂化了的**社会形式**

---

① 我们必须记住，在资本主义社会，人们之间各种不同的生产关系形式或类型，不是塑造不同社会形态类型的各自不同的生产关系类型。

中——由物获得的社会形式。一方是人们之间既定的生产关系类型，另一方是物具有的与之相应的职能或形式，两者之间的关系可以存在于所有经济范畴之中。

商品所有者交换他们的劳动产品，这种基本的生产关系使产品具有了可交换的独特性质，这种性质似乎成了产品的自然属性——独特的"价值形式"。在人们之间有序的交换关系中，商品所有者的社会活动筛选出了一种商品（例如：金）并使其作为一般等价物，它可以和所有其他商品交换，这样这种商品就获得了货币的特殊职能，或者说具有了"货币形式"。依据买卖双方的生产关系特征，这种货币形式进而具有了其他职能或形式。

如果物品从卖者向买者的转让和货币的反方向转让是即刻发生的，那么货币承担了"流通中介"的职能，或者说具有了"流通中介"的形式。如果物品的转让先于货币的转让，卖者和买者之间的关系就变成了债权人和债务人之间的关系，那么货币就承担了"支付手段"的职能。如果卖者把通过销售货物得到的货币保存起来，推迟下一次的买，货币就获得了"贮藏"的职能或形式。货币的每一种职能或形式表现了交换参与者之间不同的生产关系类型或特征。

随着新的生产关系类型的产生——即资本主义关系，它通过货币的转让把一个商品所有者（资本家）和另一个商品所有者（工人）联系在一起——货币取得了新的社会职能或形式，即"资本"。更准确地说，把资本家和工人直接联系在一起的货币扮演了"可变资本"的角色，或者说具有"可变资本"的形式。但是为了和工人建立生产关系，资本家必须占有生产资料或拥有能够购买它们的货币。这些生产资料对在资本家和工人之间建立生产关系有间接作用，它们具有"不变资本"的职能或形式。我们考察的是在生产过程中资产阶级和工人阶级之间的生产关系。就此来说，我们研究的是"生产资本"或"处在生产阶段的资本"。但是在生产过程开始前，资本家需要在市场上购买生产资料和劳动力。作为买者的资本家和其他商品所有者之间存在的这些生产关系对应于"货币资本"的职能或形式。在生产过程结束时，资本家作为货物的卖者出现在市场上，货物就获得了"商品资本"的职能或形式。在这种方式中，资本的形态变化或"形式转换"反映了人们之间不同的生产关系形式。

但是这并没有穷尽产业资本家和其他社会成员之间生产关系的全部含义。首先，通过资本竞争以及资本在行业间的转移，一个产业内的资本家和其他产业内的资本家发生关系。这种关系表现在"一般平均利润率"的形成之中，也表现在产品按"生产价格"的销售之中。另外，资产阶级本身也细分为不同的社会集团或小阶级：产业资本家、商业资本家和货币（金融）资本家。除了这些集团，还存在土地所有者阶级。这些不同的社会集团之间的生产关系创造了新的社会和经济"形式"：商业资本和商业利润、生息资本和利息、地租。"（资本）可以说会从它的内部的有机生命，进入外部的生活关系，在这些关系中，相互对立的不是资本和劳动，而一方面是资本和资本，另一方面又是单纯作为**买者和卖者**的个人"。① 这里的主题是不同类型的生产关系，特别是：（1）**资本家和工人**之间的关系；（2）资本家和作为卖者或买者的其他社会成员之间的关系；（3）产业资本家内部不同集团之间的关系，以及作为一个整体的产业资本家集团和其他资本家（商业和金融资本家）集团之间的关系。第一种生产关系类型是资本主义社会的基础，马克思在《资本论》第一卷研究了这种生产关系，第二卷研究了第二种生产关系，第三卷研究了第三种生产关系。马克思在《政治经济学批判》中研究了商品经济的基本生产关系、商品生产者之间的关系，并在《资本论》第一卷第一篇"商品和货币"中再次研究了这个主题，这一篇可以作为马克思理论体系的导言（在《剩余价值理论》中，马克思打算把这一部分命名为"导言。商品，货币"）。马克思的理论体系研究了逐渐复杂化了的不同生产关系类型，以及相应的逐渐复杂化了的物的经济形式。

政治经济学的基本**范畴**表现了生产关系的不同**类型**，它们具有物的形式。"价值实际上不过是以物表现出来的人的生产活动即人的各种劳动的相互关系。"② "当加利阿尼说价值是人和人之间的一种关系时，他还应当补充一句：这

---

① 马克思.资本论：第三卷［M］.北京：人民出版社，2004：52.

② 马克思.剩余价值理论：第三卷［M］.北京：人民出版社，1975：197.

是被物的外壳掩盖着的关系。"① "金银作为货币代表一种社会生产关系。"② "**资本**也是一种社会生产关系。这是**资产阶级的生产关系**，是资产阶级社会的生产关系。"③ 资本是"表现在物上并通过物表现的社会关系"④。"资本不是物，而是一定的、社会的、属于一定历史社会形态的生产关系，后者体现在一个物上，并赋予这个物以独特的社会性质。"⑤

当马克思研究价值、货币和资本范畴时，他非常详尽地阐明经济范畴是人们之间生产关系的表现。他也多次指出政治经济学的其他范畴也表现了人们之间的生产关系。剩余价值表现了"社会生产过程的一定历史形态"⑥。地租是表现在物中的生产关系⑦。"需求和供给（恰如个人交换一样）就是某种生产的关系。"⑧ 劳动分工、信用是资产阶级生产关系。或者如马克思在一般意义上说的，"经济范畴只不过是生产的社会关系的理论表现，即其抽象"。⑨

---

① 马克思. 资本论：第一卷 [M]. 北京：人民出版社，2004：91.
② 同上，第101页。
③ 马克思恩格斯文集：第一卷 [M]. 北京：人民出版社，2009：724.
④ 马克思. 剩余价值理论：第三卷 [M]. 北京：人民出版社，1975：300.
⑤ 马克思. 资本论：第三卷 [M]. 北京：人民出版社，2004：922。马克思经常说，生产关系"表现"在物中，物"表现"了生产关系。
⑥ 马克思. 资本论：第三卷 [M]. 北京：人民出版社，2004：924.
⑦ 同上，第922页。
⑧ 马克思恩格斯全集：第四卷 [M]. 北京：人民出版社，1958：87.
⑨ 马克思恩格斯文集：第一卷 [M]. 北京：人民出版社，2009：602.

政治经济学的基本概念表现了资本主义社会中人与人之间的不同生产关系。但是由于这些生产关系是通过物把人们联系起来的，物扮演了一定的社会**职能**，获得了与既定生产关系类型相符合的一定社会**形式**。正如我们先前所说，经济范畴表现了人们之间的生产关系，并且获得了"物质"形式，我们也可以说，它们表现了社会职能或者说社会形式，物作为人们之间生产关系的中介获得了这些职能或形式。我们将开始分析物的社会**形式**。

马克思经常提到物的**职能**，这些职能对应于人们之间的不同生产关系。在价值表现中，一个商品"起等价物的作用"。① "货币职能"代表了一系列不同的职能——"价值尺度的职能"② "流通手段的职能" "铸币职能"③ "贮藏的职能"④ "世界货币的职能"⑤。卖者和买者之间不同的生产关系对应于货币的不同职能。资本也有特定的社会职能："资本属性并不是物品本身在一切情况下都固有的，而是一种职能，物品是否承担这种职能，要看情况而定。"⑥ 在货币资本中，马克思仔细区分了"货币职能"和"资本职能"⑦。这里的主题显然是资本扮演的社会职能，即在联系

① 马克思．资本论：第一卷［M］．北京：人民出版社，2004：62，87．

② 同上，第140页。

③ 同上，第139，149页。

④ 同上，第168页。

⑤ 同上，第168—169页。

⑥ 马克思．资本论：第二卷［M］．北京：人民出版社，2004：227．

⑦ 同上，第43、89—90页。

不同的社会阶级以及它们的代表——资本家和雇佣工人时的职能；这里的主题明显不是技术职能，这种职能是生产资料在物质生产过程中具有的职能。如果资本具有社会职能，那么正如马克思所说："它的各部分是相关的。"不变资本和可变资本由于它们在资本"增殖过程"①中扮演不同的职能而各不相同。可变资本直接把资本家和工人联系在一起，使工人的劳动力为资本家所有；不变资本则是间接发挥这种作用的。它们之间存在"职能上的区别"②。这同样适用于固定资本和流动资本。"这里的问题并不在于把各种物品（固定资本和流动资本——鲁宾注）加以归类的定义。问题在于表现为一定**范畴**的一定**职能**"③。固定资本和流动资本在职能上的不同，在于它们转移资本价值到产品上时具有不同的方式，即在一次周转中是部分转移还是全部转移。④ 在转移价值时（即在流通过程中），这种社会职能上的区别不同于物质生产过程中技术职能上的区别，后者的区别在于劳动工具是逐渐消耗的，而原材料和辅助材料是一次性全部消费的，经济学家经常混淆这些职能上的区别。在《资本论》第二卷第二篇中，马克思极力表明固定资本和流动资本这两个范畴准确表现了我们以上说明的，在转移价值时资本的不同社会职能。这些职能事实上和生产

---

① 马克思. 资本论：第一卷［M］. 北京：人民出版社，2004：242.
② 同上，第244页。
③ 马克思. 资本论：第二卷［M］. 北京：人民出版社，2004：252.
④ 同上，第183—184页。

资料的一定技术职能相关，但是和它们并不一致。不仅是生产资本（不变资本和可变资本、固定资本和流动资本）不同构成部分由于它们的职能而各不相同，而且资本分为生产资本、货币资本、商品资本也是根据职能上的差异来划分的。"商品资本和商业资本的职能"不同于"生产资本的职能"①。

政治经济学的不同范畴表达了物具有的不同社会职能，它们对应于人们之间的不同生产关系。但是，正如马克思经常说到的，通过物实现的社会**职能**给予物一定的社会特征、一定的社会形式和一种"形式规定性"（Formbestimmtheit）②。物具有的特殊社会职能或"经济形式"对应于人们之间的各种生产关系类型。马克思不止一次指出，职能和形式之间存在紧密关系。"（上衣）起等价物的作用，或者说，处于等价形式"。③"货币在流通过程中的这种独特的职能，使作为流通手段的货币具有新的形式规定性"④。如果物具有的社会职能使物获得了特殊的社会经济形式，那么很明显，政治经济学的基本范畴（我们认为它们表现了不同的生产关系以及物具有的不同社会职能）就表现了与物相应的社会经济形式。这些形式使物具有了生产关系

---

① 马克思. 资本论：第二卷 [M]. 北京：人民出版社，2004：900.

② 在马克思的理论体系中，Formbestimmtheit（形式规定性）或 Formbestimmung（形式规定）扮演着重要作用。这种理论体系主要是分析经济的社会形式，即人们之间的生产关系。马克思通常使用 Bestimmtheit（规定性）代替 Formbestimmtheit。

③ 马克思. 资本论：第三卷 [M]. 北京：人民出版社，2004：62.

④ 马克思恩格斯全集：第三十一卷 [M]. 北京：人民出版社，1998：496.

"承担者"的职能。马克思经常把他研究的经济现象称作"经济形式""形式规定性"。**马克思的理论体系研究了一系列逐渐复杂化了的物所具有的"经济形式"或者说"形式规定性"，它们对应于人们之间逐渐复杂化的生产关系。**在《资本论》第一卷第一版的前言中，马克思指出，困难在于"分析经济形式"，特别是"价值形式"和"货币形式"。价值形式也有不同的形式，一方面，价值形式的每种表现包括"相对价值形式"和"等价形式"；另一方面，价值的历史发展体现在形式的逐渐复杂化之中：价值依次经历了"简单价值形式""扩大的价值形式""一般价值形式""货币价值形式"。货币的形成是一个"新的形式规定性"①。货币的不同职能同时也是不同的"形式规定性"②。例如，作为价值尺度的货币和作为价格标准的货币有"不同的职能形式"，混淆两者导致了很多错误的理论③。"货币的各种特殊形式，即单纯的商品等价物，或流通手段，或支付手段、贮藏货币和世界货币，按其中这种或那种职能的不同作用范围和相对占优势的情况，表示**社会生产过程**的极不相同的阶段。"④（粗体为鲁宾加。）这里强调的是货币形式（职能）和生产关系的发展之间存在的紧密关联。

货币向资本的转化表明兴起了一种新的经济**形式**。"资

---

① 马克思恩格斯全集：第三十一卷［M］. 北京：人民出版社，1998：496.

② 同上，第533页。

③ 同上，第464页。

④ 马克思. 资本论：第一卷［M］. 北京：人民出版社，2004：198.

本——再生产资料在雇佣劳动的基础上取得的社会形式"①，一种独特的"社会规定性"②。雇佣劳动也是"社会规定性的劳动"③，即有一定社会形式的劳动。生产资本中不同的构成部分（固定资本和流动资本、可变资本和不变资本）的不同在于它们的不同职能，它们表示资本的不同形式。④固定资本表示一种"形式规定性"⑤。同样，货币资本、生产资本和商品资本也是资本的不同形式。⑥ 一种特殊的社会职能对应于这些形式。货币资本和商品资本"作为与产业资本的特殊职能相适应的不同的特殊形式或存在方式"⑦。资本"从一种职能形式转到另一种职能形式……只是由于产业资本……同时处在各个不同的阶段和职能中"⑧。如果这些职能相互独立，由不同的资本承担，那么这些资本就采取商品经营资本和货币经营资本的独立形式，"因为资本在流通领域中暂时采取的一定的形式和职能表现为资本的一个分离出来的部分的独立形式和职能，并且完全同资本的这个部分结合在一起"⑨。

---

① 马克思．剩余价值理论：第三卷［M］．北京：人民出版社，1975：362.

② 同上，第546页。

③ 同上，第550页。

④ 马克思．资本论：第二卷［M］．北京：人民出版社，2004：183－184.

⑤ 同上，第185页。

⑥ 同上，第63页。

⑦ 同上，第94页。

⑧ 同上，第119页。

⑨ 马克思．资本论：第三卷［M］．北京：人民出版社，2004：360.

　　经济范畴表现了人们之间的不同生产关系，以及相应的社会职能，或者说物具有的社会经济形式。这些职能或形式具有社会特性，因为它们不是内在于物本身，而是内在于处于一定社会环境中的物里面，即人们通过这种物才相互建立起生产关系。这些形式反映的不是物的属性而是社会环境的属性。有时，马克思直接说"形式"或"形式规定性"，但他的意思正是指"经济形式""社会形式""社会历史形式""社会的形式规定性""经济的形式规定性""社会历史规定性"。① 有时马克思也说，物获得了"社会存在""形式存在""职能存在""观念存在"。② 物的这种社会的或职能的存在不同于它的"物质存在""现实存在""直接存在""客观存在"。③ 同样，社会形式或职能不同于"物质内容""物质实体""内容""实体""生产要素"，客观物质要素和生产条件。④ 所有这些表达区分了物

----

　　① 马克思. 资本论：第一卷 ［M］. 北京：人民出版社，2004：171 - 175；马克思. 资本论：第三卷 ［M］. 北京：人民出版社，2004：923 - 924，941.

　　② 马克思. 资本论：第一卷 ［M］. 北京：人民出版社，2004：147 - 148，151 - 152.

　　③ 同上，第151—152 页。

　　④ 马克思. 资本论：第一卷 ［M］. 北京：人民出版社，2004：48，148，171 - 172；马克思. 资本论：第三卷 ［M］. 北京：人民出版社，2004：933 - 934。必须注意，马克思有时是在物质技术意义上使用"职能"和"形式"的，第一个术语常用，第二个很少用。这造成了术语上的不一致，但是从本质上说，这没有妨碍马克思明确区分这些术语的不同含义，除了在某个段落有不清楚或矛盾外（例如：在《资本论》第二卷第二篇）。另外，马克思使用"实体"和"内容"时不仅指物质生产关系，也指它的社会形式。

的技术职能和社会职能，工具的**技术角色**、劳动条件和它们的**社会形式**，这些表达都可以归纳为我们之前阐明的根本差异。我们研究了物质生产关系和它的社会形式之间的根本差异：人类劳动活动同一过程的两个不同方面（技术的和社会的）。政治经济学研究的是人们之间的生产关系，即与物质技术领域相对的生产过程的社会形式。

这是不是说，马克思分析社会生产形式时不考虑物质技术领域，把人们之间的生产关系和生产力的发展孤立起来考察？不是。马克思分析每种经济形式时都假定了物质技术生产过程的一定发展阶段。正如我们看到的，价值形式和货币形式的发展假定了经常的"物质交换"、物质流动。价值以使用价值为前提。价值的形成过程以使用价值的生产过程为前提。抽象劳动假定了不同生产领域各种具体劳动的总和。社会必要劳动时间假定了在同一个生产领域的不同企业之间存在不同的劳动生产率。剩余价值假定了生产力的一定发展水平。资本和雇佣劳动假定了生产技术要素的某种社会形式：物质上的和人力上的。在资本家购买劳动力之后，生产的物质要素和人力要素上的差别获得了不变资本和可变资本的形式。不变资本和可变资本的关系，即资本的有机构成，建立在某种技术结构之上。另一种资本划分，即固定资本和流动资本，假定了劳动工具的逐渐磨损和劳动对象、劳动力的完全消费之间存在不同。资本形式的变化或转化建立在生产资本直接组织物质生产过程的基础之上。货币资本、商品资本和物质生产过程的关系是间接的，因为它们只不过表示交换阶段。一方面，企业利润、商品利润、利息是不同的；另一方面，生产劳动和非生产劳动（贸易上的雇佣工人）也是不同的。资本的再生产以物质要素的再生产为前提。一般平均利润率的形成假定了在不同产业部门存在不同资本的技术和有机构成。绝对地租以工业和农业的差异为前提。土地贫瘠和位置的不同导致农业和采掘业中不同的劳动生产力水平，这表现在级差地租的形式上。

我们看到，人们之间的生产关系是在一定生产力阶段的基础上发展的。经济范畴以一定的技术条件为前提。但是在政治经济学里，技术条件并非作为生产过程的技术要素来研究，而是被当作一定社会经济形式的前提条件。生产过程表现在一定的社会经济形式，即资本主义商品经济的形式之中。政治经济学研究的正是这种经济形式以及与之相适应的生产关系总体。使用价值是交换价值的前提而不是它的源泉，马克思的这个著名理论必须以一般化的方式来理解：政治经济学研究的是"经济形式"、资本主义社会中人们之间的生产关系类型。这个社会假定了某种物质生产过程条件和作为其构成部分的技术要素。但是马克思一直反对这种观点，它不是把这种物质生产过程条件作为政治经济学的前提，而是作为研究的主题。他也反对从使用价值中得出价值、从金的物质属性中得出货币、从生产资料的技术生产率中得出资本的理论。经济范畴（或者说物具有的社会形式）当然和物质生产过程紧密相关，但它们不是直接来源于物质生产过程，而仅仅通过间接的方式与其相关：通过人们之间的生产关系。在有的范畴中，技术和经济两个方面紧密相关、相互渗透。即便如此，马克思也熟练地区分了这两个方面，并把前者作为后者的前提。例如：生产的人力要素和物质要素的发展是一个前提或基础，可变资本和不变资本之间职能上、形式上或者说社会经济上的区别就建立在这个前提或基础上。但是马克思坚决反对它们之间的差别在于它们"是用来支付一种物质上不同的生产要素"①。对于马克思来说，这种差异是由于在"资本增殖"的过程中它们有职能上的不同。固定资本和流动资本的差异在于它们把价值转移到产品上的方式不同，而并不在于它们物质上的磨损速度。后者的差异是前者的物质基础、前提、"出发点"，但我们寻找的是经济上的差异而非技术上的差异。如果把这种技术上的前提作为我们研究的主题，那么这就与马克思所批评的庸俗经济学家的"粗糙"的分析方法没有什么不同，因为他们感兴趣的是"形式区别"，而不是"从它们的实质方面"考虑它们。②

马克思的经济理论研究的是"形式上的区别"（社会经济形式、生产关系）。在现实中，它们是在一定的物质技术条件下发展的，但是不能混淆两者。这体现了一种研究经济问题的全新方法论，这种方法论是马克思提供的，这使马克思不同于他的古典经济学前辈。古典经济学家关心的

---

① 马克思. 资本论：第三卷 [M]. 北京：人民出版社，2004：38.
② 同上，第358—359页。

是发现社会形式的物质技术基础，而把社会形式看作是既定的，没有进一步分析。马克思的目的则是要发现在既定生产力水平上由物质技术生产过程呈现的社会形式的起源和发展。

古典经济学家和马克思在分析方法上的根本差异反映了经济思想发展过程中不同的且必经的阶段。科学分析"是从发展过程的完成的结果开始的"①，是从物具有的众多社会经济形式开始的，分析家们发现这些形式在周围的现实（价值、货币、资本、工资等）中是既定的。这些形式"在人们试图了解它们的**内容**而不是了解它们的**历史**性质（这些形式在人们看来已经是不变的了）以前，就已经取得了社会生活的自然形式的固定性"。② 为了发现这些社会形式的内容，古典经济学家在研究时把复杂的形式简化为简单的（抽象的）形式，以这种方式，他们最终达到了生产过程的物质技术基础。通过这种分析方法，他们发现了以价值形式呈现的劳动、以资本形式呈现的生产资料、以工资形式呈现的工人的生活资料、以利润形式呈现的剩余产品（它是劳动生产率提高的结果）。从既定的社会形式出发并把它们作为生产过程的永恒的自然形式，古典经济学家却没有问这些形式是如何起源的。对于古典政治经济学来说，他们"感兴趣的不是从起源来说明各种不同的**形式**，而是通过分析来把它们还原为它们的统一性，因为它是从

---

① 马克思. 资本论：第一卷 [M]. 北京：人民出版社，2004：93.
② 同上。

它们作为已知的前提出发的"①。之后，当既定的社会经济形式最后还原为它们的物质技术内容时，古典经济学家认为他们的任务已经完成了。但正是在他们停止分析的地方，马克思继续进行研究。因为马克思没有局限在资本主义经济的视野内，因为马克思仅仅把这种经济看作历史上的一个可能的经济形式。马克思就问：为什么在生产力发展到一定阶段时，劳动过程的物质技术内容采取某种独特的社会形式？马克思在方法论上对这个问题的构想大致是这样：为什么劳动采取了价值的形式，生产资料采取了资本的形式，工人的生活资料采取了工资的形式，劳动生产率的提高采取了增加剩余价值的形式？马克思的重点是分析经济的社会形式，它们的起源和发展规律，"形成过程的不同阶段"②。马克思这种**起源式**（或辩证法）的方法论包含分析和综合，它不同于古典经济学家片面的**分析**方法。马克思分析方法的独创性不仅在于其历史性，还在于它的社会学特征，在于它高度重视经济的社会形式。从既定的社会形式开始，古典经济学家为了最终发现它们的**物质技术基础或内容，**便通过分析把复杂的形式还原为简单的形式。而马克思则是从既定的物质生产过程条件开始，从既定的生产力水平开始，意在解释物质生产过程呈现的**社会形式**的起源和特征。马克思从简单的形式开始，借助于起源式的

---

① 马克思. 剩余价值理论：第三卷［M］. 北京：人民出版社，1975：556.

② 同上。

（或者说辩证的）方法论，逐渐达到复杂的形式。正如我们
之前说过的，这就是为什么马克思感兴趣的是"经济形式"
"形式规定性"。

第五章
生产关系和物质范畴

  所有的政治经济学基本概念（价值、货币、资本、利润、地租、工资等）初看起来都具有物质特征。马克思表明，在它们之下隐藏的是一定的社会生产关系，在商品经济中，这些关系是通过物实现的，并给予物一定的客观社会特征，一种"形式规定性"（更为准确地说，是社会形式）。马克思经常强调这一点。在分析任何经济范畴时，我们必须首先注意由物表现的社会生产关系。只有把物质范畴作为一定的生产关系的表现，我们才能到达分析的框架结构之中。如果某种物质范畴与人们之间既定的生产关系无关，我们就应该从这种研究框架中跳出来，把它放在一边。我们把经济现象分为不同的类别，把范畴建立在由现象表现出来的生产关系统一性的基础之上，而不是建立在它们的物质表现的巧合之上。例如，价值理论研究的是自发的商品生产者之间的交换，研究的是通过劳动产品而实现的劳动的交互过程。经济学家并不关心产品本身的价值波动，他们感兴趣的是它与社会劳动分配的关系，与独立商品生产者之间生产关系的互动关系。例如：如果土地（它并不是交换的产品）用于交换，在这种情况下，生产关系连接着的不是商品生产者和商品生产者，而是商品生产者和土地所有者；如果一块土地的价格波动对生产过程配置的影响与劳动产品价格波动的影响不同，那么我们就应该研究隐藏在交换价值相同的物质形式背后的不同社会形式、不同生产关系。这种社会关系即地租理论的背景，应当得到详细分析。土地有价格，价格即价值的货币表现（作为一个物质范畴），但土地没有上文那种意义上的价值，即在交换活动中土地的价格并不表现职能型的社会关系，这种关系把劳动产品的价值和独立商品生产者的劳动活动联系在一起。这使马克思得出了一个结论，它常常被误解，即："有些东西本身并不是商品，例如良心、名誉等等，但是也可以被它们的占有者出卖以换取金钱，并通过它们的价格，取得商品形式。因此，没有价值的东西在形式上可以具有价格。在这里，价格表现是虚幻的，就像数学中的某些数量一样。另一方面，虚幻的价格形式——如未开垦的土地的价格，这种土地没有价值，因为没有人类劳动对象化在里面——又能掩盖实在的价值关系或由此派生的关系"①。马

---

① 马克思. 资本论：第一卷 [M]. 北京：人民出版社，2004：123.

克思的这些话经常使批评者①困惑或者激起他们的愤慨，但却表达了劳动关系的社会形式和与之相应的物质形式之间的可能差异。物质形式有它自己的逻辑，除了在一定经济形态中表现生产关系之外，它还有其他表象。例如：除了在独立商品生产者之间承担交换劳动产品的职能（商品经济的基本事实），交换的物质形式还包括土地的交换、不能靠劳动增加产量的产品的交换、社会主义社会中的交换等。从经济现象具有的物质形式来看，出售棉花、拉斐尔的画作或一块土地之间并没有任何不同。但从它们的社会性质上看，它们和生产关系的联系，它们对社会劳动活动的影响，有不同的次序，应当分别研究。

马克思一再强调，依据它们的社会形式，相同的现象有不同的表现。例如：生产资料在使用它们的手工业者手上不是资本，然而相同的东西也能变成资本，如果它们表现了并有助于实现雇佣工人和资本家之间的生产关系。即使在资本家手中，生产资料也只是在资本家和雇佣工人这种生产关系之内才是资本。在货币资本家手上，生产资料扮演着不同的角色。"劳动条件只有当它们作为工人的非所

---

① "像土地价格这样的真实现象表现为'虚幻的''非理性的'，而虚幻的概念，比如神秘的'交换价值'，它并不表现在交换中，却被看作是唯一真实的"。（杜冈-巴拉诺夫斯基. 马克思主义的理论基础 [M]. 1918：118。）上述马克思引文的意思是，尽管土地的买卖并不直接通过劳动产品表现商品生产者之间的生产关系，但是它与这些关系相关，能够用它们得到解释。或者说，地租理论派生于价值理论。利克斯错误地解释了这段文字，认为保护土地财产需要支出，例如劳动，这表现在土地的价格之中。（利克斯. 价值和交换价值 [M]. 柏林：L. 西蒙出版社：27。）

有物，从而作为别人的所有物同工人相对立来执行职能的时候，才是资本。但是只有同劳动相对立，它们才能作为别人的所有物执行职能。**这些劳动条件和劳动的对立存在，使它们的所有者成为资本家**，使资本家占有的这些劳动条件成为资本。但是，在货币资本家 A 手中，资本不具有这种使自己成为资本，从而也使货币所有权表现为资本所有权的对立性质。**货币或商品借以成为资本的现实的形式规定性消失了**。货币资本家 A 绝不是同工人相对立，他只是同另一个资本家 B 相对立。"① （粗体是马克思加。） 社会形式的规定性依据的是生产关系的特点，这种规定性也是经济概念的结构以及对其分类的基础。

政治经济学研究一定的物质范畴，如果它们与社会生产关系相关的话。商品经济的基本生产关系只能实现和表现在物质形式中，政治经济学理论分析的正是这种物质形式中的生产关系。作为一门研究资本主义商品经济的科学，政治经济学的特点在于它研究的是披上物质形式的生产关系。当然，生产关系物化的原因在于商品经济的自发性特征。正是由于商品生产，这个经济理论的**主题**有自发性的特性。作为一门关于商品经济的科学，政治经济学研究物质范畴。理论经济学的逻辑特殊性必然源自经济范畴具有的物质特征，而不是直接源自国民经济的自发性。马克思所实现的政治经济学方面的革命，在于他研究了隐藏在物

① 马克思 . 剩余价值理论：第三卷 ［M］. 北京：人民出版社，1975：509.

质范畴背后的社会生产关系。这是政治经济学作为一门社会科学的真正主题。按照这种新的"社会学"方法，经济现象就有了不同的表现，有了不同的景象。在马克思的理论体系①中，古典政治经济学家发现的规律有了完全不同的特性和意义。

① 罗森伯格的缺陷在于忽视了马克思的价值理论和古典经济学家的理论之间的本质区别。罗森伯格．价值理论家李嘉图和马克思：第一卷[M]．维也纳：柯米森出版社，1904。

第六章
司徒卢威的商品拜物教理论

马克思认为经济范畴表现了社会生产关系（这是我们上一章研究的），而司徒卢威却在《经济与价格》一书中批判了这种方法。司徒卢威承认马克思商品拜物教理论的优点，认为它揭示了隐藏在资本背后的资产阶级和工人阶级之间的社会生产关系。但是他认为把商品拜物教理论扩展到价值理论以及其他经济范畴是错误的。司徒卢威和其他批判马克思的人把在马克思的理论体系中占有普遍性基本地位的商品拜物教理论降格为一个不相关的离题论述，尽管这个论述很睿智。

司徒卢威在批判时利用了他对经济范畴的分类：（1）"经济"范畴，它们表现了"经济参与者与外部世界的经济关系"①，例如主观价值；（2）"相互的经济"范畴，它们表

---

① 司徒卢威. 经济与价格：第一卷［M］. 17.

现了"自发的经济单位之间的相互作用"①，例如客观（交换）价值；（3）"社会"范畴，它们表现了"拥有不同社会地位的经济参与者之间的相互作用"②，例如资本。

司徒卢威仅仅认为第三类范畴（"社会"范畴）属于社会生产关系概念。或者说，他只给了社会生产关系一个非常狭碍的概念，即社会阶级之间的生产关系。在这个基础上，他承认生产关系（即社会和阶级关系）隐藏在资本范畴背后，但绝不是隐藏在价值范畴（司徒卢威使用的是tsennost 这个词）背后，价值表现的是平等的、独立的、自发的商品生产者之间的关系，因而属于第二类"相互的经济"范畴。他认为，马克思正确地发现了资本拜物教，但在商品拜物教和商品价值理论上，马克思是错误的。

司徒卢威的错误推理是他毫无根据的三种经济范畴分类方法的结果。首先，在某种程度上，"经济"范畴表现了"纯经济"活动（在经济单位之间），它们是从社会的生产形式中分离出来的，处于作为社会科学的政治经济学研究领域之外。"相互的经济"范畴并不像司徒卢威认为的那样与社会范畴截然不同。"自发的经济单位之间的相互作用"并不仅仅是一个适用于不同经济形态和历史时期的形式特征。它表示一定的社会事实，表示建立在私有制和劳动分工基础上的经济单位之间的一定"生产关系"，这种关系假设了拥有某种结构的社会，它只有在资本主义商品经济中

---

①　司徒卢威．经济与价格：第一卷 ［M］．17.
②　同上，第27页。

才得到充分发展。

最后，当我们研究"社会"范畴时，必须指出，司徒卢威毫无根据地把它们限制在"拥有不同社会地位的经济参与者之间的相互作用"之中。但是我们清楚，商品生产者之间的"平等"是一个社会事实，一种明确的生产关系。司徒卢威自己知道"相互的经济"范畴（它们表现了商品生产者之间的平等关系）和"社会"范畴（它们表现了不平等关系）之间的紧密关系。他认为，社会范畴"在每个社会中都是根据经济交往的类型而建立起来的，似乎获得了相互的经济范畴的形式……在相互的经济交往中，社会范畴穿了相互的经济范畴的外衣，创造了一个它们统一性的表象"。① 实际上，这并不是穿错衣服的问题。我们所面对的是资本主义商品经济中一个高度基础性的特征。它包含这样一个事实，即在经济生活中，社会关系并不直接具有某些社会集团统治另一些社会集团的特征，这些统治关系是通过"经济强制"的方式实现的，即通过每个自发的经济单位在一致同意的基础之上进行的相互作用。资本家运用的不是"政治的统治者或神权政体的统治者"，而是"同劳动相对立的劳动条件的人格化"②。阶级之间的关系包含作为自发的经济参与者的资本家和工人之间的关系。没有"价值"范畴，就无法分析和理解这些关系。

司徒卢威自己的观点前后不一致。在他看来，资本是

① 司徒卢威. 经济与价格：第一卷 [M]. 27.
② 马克思. 资本论：第三卷 [M]. 北京：人民出版社，2004：997.

社会范畴。然而，他把资本定义为"阶级间的和阶级内的
社会关系体系"①，即一方是资本家和工人之间的关系，另
一方是在总利润的分配中每个资本家之间的关系。但是每
个资本家之间的关系并不是"通过拥有**不同社会地位**的经
济参与者之间的相互作用"而实现的。为什么它们附属于
"社会"范畴，即资本之下？这意味着，"社会"范畴并
不仅仅包括阶级间的关系，还包括阶级内的关系，即同一
个阶级中人们之间的关系。然而什么阻止我们把价值视作
"社会"范畴，什么阻止我们把自发的商品生产者之间的
关系视作社会生产关系（或者按司徒卢威的说法"社会
关系"）？

我们注意到，司徒卢威并没有把社会生产关系明确分
为两种类型：相互的经济关系和社会关系。他错误地认为
马克思做出了一个"科学上不一致的解释"，即"社会范
畴，作为社会'关系'的资本源自经济范畴——价值"②。
首先必须指出，在《经济与价格》第 30 页，司徒卢威自相
矛盾地认为"价值"是一个"相互的经济"范畴，而非
"经济的"范畴。显然，司徒卢威把主观的价值和"经济"
范畴关联了起来，把客观的交换价值和"相互的经济"范
畴关联了起来（把这里的表述和他在《经济与价格》第 25
页的推理比较一下就可看出来）。但是司徒卢威明白这个事
实，即马克思是从客观的而非主观的价值得出资本（概念）

---

① 司徒卢威. 经济与价格：第一卷 [M]. 31 – 32.
② 同上，第 29 页。

的，或者用司徒卢威的话说，是从"相互的经济"范畴而非"经济"范畴得出资本概念的。正是由于这一点，司徒卢威攻击马克思。事实上，"社会"范畴、资本、"相互的经济"范畴、价值在马克思的体系中都属于同一类范畴。这里存在的是社会生产关系（或者如马克思有时说的"社会经济关系"），它们都表现了一个经济方面和它的社会形式，这不同于司徒卢威的人为划分。

通过把生产关系概念限制在"社会"范畴之下，或准确地说限制在阶级关系中，司徒卢威意识到马克思是在广泛意义上使用这个概念的。司徒卢威说，"在《哲学的贫困》中，供给和需求、劳动分工、信用、货币都是生产关系。最后，在130页我们看到，'一个应用了机器的现代工厂是一个社会生产关系，一个经济范畴'。显然，我们时代所有普通的经济概念都被视为社会生产关系。这毫无疑问是正确的，如果这些概念的内容以某种方式与经济生活过程中人们之间的社会关系相关"。① 有人可能会说不能否定马克思的生产关系概念的精确性，司徒卢威则认为这个概念是"极其不确定的"，② 把这个概念限制在"社会"范畴之中才更准确。这就是马克思主义批评者的一般特征。在马克思做了分析之后，已经不再可能忽视生产的社会方面即社会形式所起的作用了。如果有人不同意马克思的结论，剩下所做的就是分割社会方面和经济方面：无视社会方面，

---

① 司徒卢威. 经济与价格：第一卷 ［M］. 30.
② 同上。

把它置于孤立的境地。这正是司徒卢威所做的，也正是庞巴维克所做的，他把他的理论建立在"纯经济活动"的动机之上，即经济参加者的动机脱离于既定的社会和历史环境，"社会"范畴的意义将在后来考察。

司徒卢威把商品拜物教理论限制在"社会"范畴领域，进而认为把这种理论扩展到"相互的经济"范畴中是错误的，例如扩展到价值理论中。这说明了司徒卢威的双重立场。一方面，他高度评价马克思把资本作为社会关系的理论；但另一方面，在涉及其他经济范畴时，他也支持一种拜物教的理论。"所有相互的经济范畴总是表现了现象和客观关系，但同时也有人类关系——人与人之间的关系。主观价值转变成客观（交换）价值，由一种心理状态、一种感觉固化于对象（物）之中，主观价值成了它们的属性"。[①]这里不可能没有矛盾，一方面，我们分析"客观的人类"关系，即社会生产关系，它们是通过物实现的，并表现在物中；另一方面，我们研究物本身的"性质"。司徒卢威的结论是："可以肯定，人们关系的'物化''对象化'，也即马克思所称的商品世界中的拜物教现象，在经济交往中表现为心理必然性。如果科学分析不管是有意识还是无意识地把自己局限在经济交往中，拜物教的观点就在方法论上显示为唯一正确的观点"。[②] 如果司徒卢威想证明经济理论不可能抛开物质范畴，它必须在物质形式中研究商品经济

---

① 司徒卢威. 经济与价格：第一卷 ［M］. 25.
② 同上。

的生产关系，那么他明显是正确的。但问题是，我们是应该像马克思那样把物质范畴作为形式，在其中既定的生产关系得以显现出来，还是应该像司徒卢威那样把物质范畴作为物的属性？

司徒卢威依据其他的论证企图为"相互的经济"范畴的拜物教方面的、物质方面的解释做辩护。"在考虑相互的经济范畴时，马克思忘记了在它们具体的、现实的表现中，它们和人与外部世界、人与自然、人与物这几个方面不可分。"① 或者说，司徒卢威强调了物质生产过程的作用。马克思在生产关系依据生产力的发展这个理论中充分考虑了这种作用。但是，当我们研究生产的社会形式，即生产关系时，我们却不能从物质生产过程中物的意义那里得出物质范畴的意义。马克思阐明了物质生产过程和在资本主义商品经济中它的社会形式之间的特殊相互关系。正是基于此，马克思创立了他的商品拜物教理论。

一些马克思的批评者试图用和司徒卢威相反的方式限制马克思的拜物教理论。司徒卢威承认资本拜物教，但不承认价值拜物教。在某种程度上，我们认为汉莫施尔正和司徒卢威相反。根据汉莫施尔的观点，在马克思伟大著作的第一卷中，"资本被规定为商品的总体，代表积累的劳动"，即给出了资本的物质定义，只是在第三卷中才有了"资本拜物教"。汉莫施尔认为，仅仅通过类比，马克思把

---

① 司徒卢威. 经济与价格：第一卷［M］. 26.

商品的特征转移到了资本身上，认为"商品和资本仅仅具有量上的不同"。①

在《资本论》第一卷中，资本只是作为物而非社会关系，这种观点是错误的，因为它与《资本论》第一卷的整个内容相矛盾。有人错误地认为马克思仅仅在商品和资本之间看到了"量上"的差异。马克思曾指出资本"标志着社会生产过程的一个新时代"。② 但是商品和资本以物质的形式掩盖了它们内在具有的某种社会关系。商品拜物教以及其后的资本拜物教都表现在资本主义社会中。但是，像司徒卢威那样把马克思的商品拜物教理论限制在资本领域是错误的，限制在简单商品交换领域也是错误的。社会生产关系的物质化建立在无组织的商品经济之上，它在平常的经济研究的基本范畴中留下了印记，也在研究资本主义商品经济的政治经济学中留下了印记。

---

① 汉莫施尔. 马克思主义的哲学经济体系 [M]. 莱比锡：杜克和汉堡出版社，1909：546.
② 马克思. 资本论：第一卷 [M]. 北京：人民出版社，2004：198.

第七章
马克思商品拜物教理论的发展

马克思商品拜物教理论的起源和发展问题至今仍然没有得到充分研究。尽管马克思充分说明了他的劳动价值理论源自前人（在三卷本《剩余价值理论》中，马克思列出了前人的很多理论），但他却很少评论商品拜物教理论。马克思提及在霍吉斯金的著作中有商品拜物教理论的雏形，但在我们看来，马克思的评论是很模糊的，只是举了个例子而已①。很多经济学研究者热心地考察了马克思的价值理论和古典经济学家的价值理论之间的关系，尽管不是很成功，但很少有人注意到马克思商品拜物教理论的发展过程。

汉莫施尔的著作（前面提到的《马克思主义的哲学经济体系》——译者注）在马克思商品拜物教理论的起源问题上提供了一点见解。根据他的观点，这种理论的起源纯

---

① 马克思．剩余价值理论：第三卷［M］．北京：人民出版社，1975：325－326.

粹是"形而上学的"。马克思只是把费尔巴哈的宗教观念移植到了经济学领域。根据费尔巴哈的观点，宗教的发展表现了人的"自我异化"过程：人把他的本质转移到外在世界，转移到上帝那里，把自身外化。首先，马克思把"异化"理论应用到了意识形态的现象之中："意识的整个内容与经济条件相异化，而意识形态必须在经济条件的基础之上才能得到解释。"① 其次，马克思把这个理论扩展到经济关系领域，在这个领域中他揭示了"异化的"物质形式。汉莫施尔认为："在之前几乎所有的历史时期，生产方式本身表现为一种普遍的自我异化；社会关系变成了物，即物表现了现实的关系。费尔巴哈的异化理论获得了新的特征。"② "费尔巴哈认为人类需要以异化的本质的形式被实现和表现出来，马克思认为社会生活中的经济关系也是如此。"③ 因而，马克思的拜物教理论代表了"黑格尔、费尔巴哈和李嘉图的一种独特综合"④，正如我们看到的，主要是受费尔巴哈的影响。商品拜物教理论把费尔巴哈宗教哲学中的"异化"理论应用到了经济学领域。汉莫施尔因而认为这种理论无论如何也无助于我们理解一般的经济现象以及独特的商品形式。"理解马克思理论的关键在于拜物教

---

① 汉莫施尔. 马克思主义的哲学经济体系［M］. 莱比锡：杜克和汉堡出版社，1909：233.

② 同上。

③ 同上，第234页。

④ 同上，第236页。

理论的形而上学起源,但它对于揭示商品形式不起关键作用。"① 商品拜物教理论包含一种非常有价值的"批判当代文化"的思想,这种文化是物化的,它压抑活生生的人。但是"作为一种经济价值理论,商品拜物教是错误的"②,"经济上站不住脚","拜物教理论变成了一种非常有价值的社会理论"③。

汉莫施尔认为马克思的商品拜物教理论对于理解整个经济体系特别是价值论没有什么帮助,这种观点是他没有准确理解商品拜物教理论"形而上学"起源的结果。汉莫施尔提到了马克思和恩格斯写于 1844 年底的《神圣家族》,当时马克思还受到空想社会主义观念,尤其是蒲鲁东的观念的强烈影响。事实上,在这部著作里,我们在"社会的"或"人道的"关系和它们的"异化的"、物质化的形式之间的对比形式中发现了商品拜物教理论的萌芽。这种对比来源于在空想社会主义者中一个广泛传播的关于资本主义体系特征的观念。根据空想社会主义者的观点,这个体系的特征是工人被迫"自我异化"他的个性,他使他的产品和他自己相"异化"。"物"、资本对人、工人的统治通过异化表现出来。

我们可以引用一些《神圣家族》中的内容。资本主义

---

① 汉莫施尔. 马克思主义的哲学经济体系 [M]. 莱比锡:杜克和汉堡出版社,1909:544.

② 同上,第 546 页。

③ 同上,第 661 页。

社会是"人对自己的实物本质的实际异化关系……人的自我异化的政治经济表现"。① "在购买的定义中就已经包含这样的意思：工人把自己的产品当作脱离了他自身的、异化了的对象来对待"②，"有产阶级和无产阶级同是人的自我异化。但有产阶级在这种自我异化中感到自己是被满足的和被巩固的，它把这种异化看作自身强大的证明，并在这种异化中获得人的实存的外观。而无产阶级在这种异化中则感到自己是被毁灭的，并在其中看到自己的无力和非人的生存的现实"。③

空想社会主义者反对资本主义剥削的"非人性"，反对"完全丧失了一切合乎人性的东西，甚至完全丧失了合乎人性的外观"④，他们为永恒正义和被压迫工人群众的利益呐喊。"非人性"的现实和乌托邦、"人性"理想形成鲜明对比。这也正是马克思对比蒲鲁东和资产阶级经济学家，并赞扬他的原因。"经济学家们有时候，特别是在他们攻击某种特殊的损人利己的犯罪行为的时候，例外地维护经济关系上的合乎人性的外观，但在大多数场合下，他们恰恰是从这些关系同人性显然有区别的方面，从严格的经济意义上来把握这些关系的。"⑤ "政治经济学的一切论断都以私有制为前提。这个基本前提被政治经济学当作确定不移的事

---

① 马克思恩格斯全集：第二卷 [M]. 北京：人民出版社，1957：52.
② 同上，第 65 页。
③ 同上，第 44 页。
④ 同上，第 45 页。
⑤ 同上，第 40 页。

实，而不加以任何进一步的研究……蒲鲁东则对政治经济学的基础即私有制作了批判的考察，而且是第一次带有决定性的、严峻而又科学的考察。"① "蒲鲁东把劳动时间，即人类活动本身的直接定在，当作工资和规定产品价值的量度，因而就使人成了决定性的因素；而在旧政治经济学中决定性的因素则是资本和地产的物质力量。"②

　　因而，在资本主义社会中"物质"因素、资本的力量居于统治地位。这不是对人们之间的生产关系、统治和被统治关系（在人类头脑中）的错误而虚幻的解释，它是一个真实的社会事实。"财产、资本、金钱、雇佣劳动以及诸如此类的东西远不是想象中的幻影，而是工人自我异化的十分实际、十分具体的产物。"③ 这种"物质"因素事实上统治着经济生活，与作为理想、标准、应然的"人性"因素相反。人性关系和他们的"异化形式"——这是两个世界，应然世界和实然世界：这是在用社会主义理想谴责资本主义现实。人性因素和物质因素的对比使我们想起了马克思的商品拜物教理论，但是从本质上说，它处在一个不同的思想世界中。为了把这种人性关系"异化"理论转变为社会关系"物化"理论（也即转变为商品拜物教理论），马克思必须开拓出一条道路，从空想社会主义转向科学社

---

①　马克思恩格斯全集：第二卷 [M]. 北京：人民出版社，1957：38 - 39.

②　同上，第61页。

③　同上，第66页。

会主义，从赞扬蒲鲁东转向尖锐地批判他，从以理想的名义否定现实转向在现实本身中寻找进一步发展的动力。马克思必须从《神圣家族》转向《哲学的贫困》。在第一部著作中，马克思赞扬蒲鲁东，因为他是马克思否定私有财产的出发点，但是随后马克思通过分析建立在私有财产基础之上的政治经济学而建构了自己的经济学体系。在《神圣家族》中，马克思赞扬蒲鲁东是由于他持有劳动时间（作为"人类活动的直接本质"）是产品价值的基础这种观点。但是在《哲学的贫困》中，蒲鲁东由于这种理论却成了批判的对象。马克思认为蒲鲁东"用劳动时间来确定价值"的那个公式应该从应然的标准转变为"现代社会经济关系的科学表现"。① 马克思部分上从蒲鲁东回到了李嘉图，从空想回到了对资本主义经济现实的分析之中。

　　马克思从空想社会主义到科学社会主义的转向，从本质上改造了以上提及的"异化"理论。如果马克思早先描述的人类关系和他们的"物质"形式的对立关系意味着应然和实然的对立，那么现在两个对立因素都被转移到了实然世界、社会存在之中。当代社会的经济生活一方面是社会生产关系的总体；另一方面是表现这些关系的一系列"物质"范畴。人们之间的生产关系和它们的"物质"形式是新的对立关系的内容，它源自之前在政治经济学中被提及的"人性"因素和它的"异化"形式之间的对立关系。

---

　　① 马克思恩格斯全集：第四卷 [M]. 北京：人民出版社，1958：110.

商品拜物教理论就是这样被发现的。但是马克思在给予这种理论一个完整的形式之前还有几步要走。

正如我们从《哲学的贫困》引文中看到的，马克思不止一次地说货币、资本和其他经济范畴不是物，而是生产关系。马克思以这样的方式阐释他的一般观点："经济范畴只不过是生产的社会关系的理论表现，即其抽象。"① 马克思已经看到隐藏在经济的物质范畴背后的社会生产关系，但是他还没有探寻为什么在商品经济中人们之间的生产关系采取物质的形式。这一步是马克思在《政治经济学批判》中完成的，他说："生产交换价值的劳动还有一个特征：人和人之间的社会关系可以说是颠倒地表现出来的，就是说，表现为物和物之间的社会关系。"② 这是对商品拜物教的准确阐发。这里强调了表现在商品经济生产关系之中的物质特征，但是这种"物质化"的原因和它在无组织的国民经济中的必然性还是没有得到说明。

在这种"物质化"中，马克思首先看到了"神秘化"，它在商品上表现得很明显，而在货币和资本上表现得较晦涩。马克思解释说："一种社会生产关系采取了一种物的形式，以致人和人在他们的劳动中的关系表现为物与物彼此之间的和物与人的关系，这种现象的出现是由于在日常生

---

① 马克思恩格斯全集：第一卷［M］.北京：人民出版社，2009：602.

② 马克思恩格斯全集：第三十一卷［M］.北京：人民出版社，1998：426.

活中看惯了，才认为是平凡的、不言自明的事情。"① 汉莫施尔认为用习惯来解释商品拜物教是很难成立的，这种观点当然正确。但是，他错误地认为这是马克思给出的唯一解释。汉莫施尔说："很令人震惊，马克思忽视了根本原因，《资本论》没有提供解释。"② 如果《资本论》没有提及这些"习惯"，这是因为第一章在谈及商品拜物教理论时包含对这种现象非常深刻的解释：缺少直接调控的社会生产过程，必然导致对生产过程的间接调控，即通过市场、劳动产品和物来调控。这里的主题是生产关系的"物质化"，而不仅仅是"神秘化"和幻想。这是当代社会经济的结构特征。"人们在自己的社会生产过程中的单纯原子般的关系，从而，人们自己的生产关系不受他们控制和不以他们有意识的个人活动为转移的物的形式，首先就是通过他们的劳动产品普遍采取商品形式这一点而表现出来。"③ 生产关系的物质化并不是来自"习惯"，而是源自商品经济的内部结构。商品拜物教不只是一种社会意识现象，它也是一种社会存在现象。汉莫施尔认为马克思只是在用"习惯"解释商品拜物教，这种观点忽视了《资本论》第一卷和第三卷"三位一体的公式"那一章中对商品拜物教理论的准确阐释。

---

① 马克思恩格斯全集：第三十一卷 [M]. 北京：人民出版社，1998：427.

② 汉莫施尔. 马克思主义的哲学经济体系 [M]. 莱比锡：杜克和汉堡出版社，1909：235.

③ 马克思. 资本论：第一卷 [M]. 北京：人民出版社，2004：113.

　　在《神圣家族》中，经济中的"人性"因素和"物质的""异化的"因素相对，正如理想和现实相对一样。在《哲学的贫困》中，马克思发现了隐藏在物背后的社会关系。在《政治经济学批判》中，马克思强调商品经济的特点在于社会生产关系被"物化"。《资本论》第一卷详细描述了商品经济中的这种现象并解释了它的客观必然性，这也适用于价值（商品）、货币和资本概念。在第三卷"三位一体的公式"这一章中，马克思进一步发展了相同的思想，尽管这些思想有些分散。他把他的思想应用到了资本主义经济的基本范畴之中，特别是他强调社会生产关系和物质生产过程的"融合"。

第二部分

马克思的劳动价值理论

M&H

　　马克思的批评者经常猛烈抨击马克思完全没有证明他
自己的劳动价值理论，而仅仅宣布它是正确的。还有的批
评者在《资本论》的开头看到了某种证据，然后他们就开
始炮轰马克思在书中的论述。庞巴维克就是这样在他的书
(《卡尔·马克思和它的体系的终结》《资本实证论》）中抨
击马克思的。庞巴维克的论证初看起来很可信，以至人们
可以有把握地说随后的批判只是在重复庞巴维克的观点。
然而，庞巴维克的整个批判建立在这个假设之上，即《资
本论》的前五页就包含了马克思价值理论的基础。没有什
么比这种观点更加错误了。在《资本论》开篇，马克思通
过**分析的**方法，从交换价值过渡到价值，从价值过渡到劳
动。但是马克思价值理论的完整辩证基础只有在商品拜物
教理论基础之上才能建立起来，这种理论分析了商品经济
的一般结构。只有在人们发现了马克思价值理论的基础之
后，马克思在《资本论》第一章中的著名阐释才变得清楚
明白。直到那时，马克思的价值理论以及对这种理论的大
量批判才能清晰显示出来。在希法亭的著作出版①之后，人
们才开始准确理解马克思价值理论的社会学特征。劳动价
值理论的出发点是一定的社会环境，拥有一定生产结构的
社会。马克思主义者经常重复这种观点，但是直到希法亭
的那个时代，人们才开始把这种观点作为马克思整个价值
理论大厦的基石。希法亭由于这一点理应得到赞扬。但是

---

　　① 庞巴维克对马克思的批判 ［M］//马克思研究，维也纳：1904；
卡尔·马克思理论经济学的问题 ［J］. 新时代，斯图加特：1904.

很不幸他把自己局限在对价值理论问题的一般分析之中，没有系统地说明这个理论。

正如我们在本书第一部分中说明的，商品拜物教理论的思想光芒并不在于说明政治经济学所展示的物质范畴背后的人与人之间的生产关系，而在于说明在资本主义商品经济中，人与人之间的这些生产关系必然获得物质的形式并只能通过这种形式实现。这种理论的简要表达就是商品价值决定于生产商品的社会必要劳动时间；或者一般来说，劳动隐藏或者说包含在价值之中：价值等于"对象化"劳动。价值理论更为准确的表达则是在资本主义商品经济中，人们之间的劳动生产关系必然获得物的价值的形式，并且只能以这种物质的形式表现出来。社会劳动只能表现在价值之中。在这里，研究的出发点不是价值，而是劳动；不是市场交易，而是商品社会的生产结构，人们之间生产关系的总体。市场交易是社会内部结构的必然结果，它们是社会生产过程的一个侧面。劳动价值理论并不是建立在对交易的物质形式的分析之上，而是建立在对表现于交易中的社会生产关系的分析之上。

第八章
马克思价值理论的基本特征

在开始详细研究马克思的价值理论之前，我们认为有必要描述它的主要特征。如果不这样做，价值理论的不同部分和各个问题可能掩盖这个理论的基础并渗透到这个理论每一部分的主要思想中。我们在这一章展现的马克思价值理论的基本特征会在随后的几章中得到充分发展和阐释。

正如我们看到的，政治经济学的所有基本概念表现了**人们之间的社会生产关系**。如果我们从这种观点开始研究价值理论，那么我们的任务就在于证明价值：（1）人们之间的社会关系；（2）它采取了物质的形式；（3）它与生产过程相关。

初看起来，价值以及政治经济学的其他概念似乎是物的属性。通过观察交换这种现象，我们看到在市场上每个物品可交换一定数量的其他物品，或者在发达的交换条件下可交换一定数量的货币（金），人们可能用它在市场上购买任何其他物品（当然有总额限制）。一定数额的货币或物品的价格由于市场的波动几乎每天都在变化。今天市场上缺少衣服，它的价格涨到每阿尔申（旧俄制长度单位，约等于 71 厘米——译者注）3 卢布 20 戈比。在一周内，市场上衣服的供应量超过了通常的需求，价格就会降到每阿尔申 2 卢布 75 戈比。长期考察后会发现，每天价格的这些波动是围绕平均值（即平均价格）浮动的，比如这个平均价格是每阿尔申 3 卢布。在资本主义社会，这种平均价格不和产品的劳动价值也即不和生产产品的必要劳动量成比例，而是和所谓的"生产价格"一致，这种价格等于某种产品的生产成本加投资资本的平均利润。然而，为了简化分析，我们不考虑衣服是资本家在雇佣工人的帮助下生产的。正如我们看到的，马克思的方法包括区分并分析每种生产关系类型，而它们只有作为整体才是资本主义经济的完整图景。现在，我们只关心人们之间的这种基本生产关系类型，即在这种关系中人们作为商品生产者在**形式上是相互独立的**。我们仅仅知道，商品生产者生产衣服并把它们拿到市场上用于交换或者卖给其他商品生产者。我们研究的是商品生产者的社会，它可以被称为"简单商品经济"，与更复杂的资本主义经济相对。在简单商品经济条件下，产品的平均价格是和它们的劳动时间成比例的。或者说，价值表现了一个平均水平，市场价格围绕它波动。如果**社会劳动**成比例地分配到各个生产部门，价格将与价值一致，进而各个生产部门实现均衡状态。

每个建立在发达的劳动分工基础之上的社会，必然设定了在各个生产部门之间某种分配社会劳动的方式。**一种劳动分工的体系同时就是一种分配劳动的体系**。在原始共产主义社会或父权制小农社会或社会主义社会，为了完成一定的任务，某个经济单位的参与者的劳动是事前有意识地分配的，并且这种分配依据的是团体成员的需要和生产率水平。在商品经济中，没有任何人分配不同生产部门和企业之间的劳动，没有哪个制衣者知道在某个时间社会需要多少，或者所有制衣企业在某个时间生产了多少。衣服的生产不是超过需求（生产过剩），就是落后于需求（生产不足）。或者说，花费在衣服生产上的社会劳动量不是过多就是过少。衣服生产部门和其他部门之间的均衡总是被打破。商品经济是一个不断打破均衡的体系。

但如果是这样，那么作为一个不同生产部门联合体的商品经济如何能够继续存在下去？商品经济能够存在只是因为均衡的每个扰动引起了重建均衡的趋势。重建均衡的趋势是通过市场机制和市场价格实现的。在商品经济中，没有哪个人可以指挥另一个人扩大或压缩生产。通过他们与物的关系，一些人影响另一些人的劳动活动，诱使他们扩大或压缩生产（尽管他们自己没有意识到这点）。衣服的生产过剩和随之而来的价格低于价值诱使制衣者压缩生产，相反的情况会出现在生产不足时。生产过剩和生产不足通过市场价格偏离于价值这种机制而得以消除，国民经济某个生产部门重建均衡的趋势建立了起来。

两个不同的商品根据它们各自的价值而进行的交换对

应于两个既定生产部门之间的均衡状态。在这种均衡中，劳动在不同生产部门之间的流动停止了。如果情况如此，那么显然两种商品根据它们各自价值而进行的交换将扯平两个生产部门中各个商品生产者所拥有的有利条件，消除它们从一个行业转向另一个行业的动机。在简单商品经济中，不同生产部门生产条件的这种均等化，意味着国民经济不同领域的商品生产者使用的一定数量劳动提供了具有相等价值的产品。**商品的价值直接与它们的必要劳动量成比例**。如果在既定的技术水平下（花费在原材料上的劳动、生产工具等也应考虑在内），3个小时是生产1阿尔申衣服的平均必要时间，9个小时是生产1双鞋（假设制衣者和制鞋者的劳动有相同的熟练程度）的平均必要时间，那么3阿尔申衣服交换1双鞋就对应这两种劳动的均衡状态。3小时制鞋者的劳动和1小时制衣者的劳动是相等的，每个都代表在各个生产部门进行分配的**社会总劳动**中的一个相等的份额。创造价值的劳动不仅表现为在量上进行分配的劳动，也表现为从社会角度进行均等化（或平等化）的劳动，或者简单说，"社会"劳动应该被理解为整个社会中同质的、相等的劳动的总体。劳动不仅在商品经济中，在社会主义社会中也具有这些社会特征。在社会主义社会中，劳动计算机构以约定的社会劳动单位，事先考察作为社会劳动统一体组成部分的个人劳动。然而在商品经济中，劳动的社会化、均等化和分配的过程是以不同的方式实现的。个体劳动并不直接表现为社会劳动，它只是由于与其他劳动的

均等化才成为社会的，劳动的这种均等化是通过交换实现
的。在交换中，具体的使用价值和劳动的具体形式被完全
抽象化了。进而我们之前所考虑的社会的、均等的、在量
上分配的劳动，现在在质和量上获得了一种独特的性质，
这种性质只存在于商品经济之中：劳动表现为**抽象的、社
会必要劳动**。商品的价值是由社会必要劳动即抽象劳动的
量决定的。

　　如果价值是由生产一单位产品所需的社会必要劳动量
决定的，那么这种劳动量相应地随劳动生产率而定。劳动
生产率的提高降低了社会必要劳动时间和每单位产品的价
值。例如：采用机器使生产一双靴子所需的必要劳动时间
由 9 小时下降到 6 小时。通过这种方式，它的价值就由 9 卢
布下降到 6 卢布（如果我们假定制靴者 1 小时的劳动是平均
劳动，创造 1 卢布价值）。便宜的靴子开始充斥乡村，驱逐
了皮凉鞋和自制的靴子。于是，鞋子的需求增加了，生产
扩大了，在国民经济中生产力的再分配也得以实现。通过
这种方式，改变整个价值体系的推动力来自生产的物质技
术过程。生产率的提高表现在生产中平均使用的具体劳动
量的减少上。结果（因为劳动具有具体和抽象的双重属
性），这种"社会的""抽象的"也即作为同质的社会总劳
动一部分的劳动减少了。生产率的提高改变了生产产品的
抽象必要劳动，它导致了劳动产品价值上的变化。劳动产
品价值上的变化进而影响社会劳动在不同行业间的分配。
劳动生产率—抽象劳动—价值—社会劳动分配，这就是商

品经济的图景，在这其中价值发挥着调节者的作用，在不同的行业间建立社会劳动分配的均衡状态（伴随有不断的偏离和干扰）。**价值规律是商品经济的均衡规律**。

价值理论分析交换规律和市场上物品的均衡规律，只要这些规律与商品经济中劳动的生产和分配规律相关。任何两个商品之间的交换条件（我们考虑的是平均交换条件，而非偶然的市场价格）对应于生产这些商品的行业的劳动生产率水平。分布于不同行业且作为社会总劳动构成部分的不同具体劳动形式的均等化是通过物的形式实现的，也即通过具有价值的劳动产品实现的。现在有些人把价值理论仅仅限制在物的交换关系上，这种认识是错误的。价值理论的目的是发现隐藏在物的均衡规律（在交换过程中）背后的劳动均衡（配置）规律。有人认为马克思分析的是**劳动和物之间的关系**，这也是错误的。劳动和物的关系涉及既定的具体劳动形式和既定的具体物。这是技术关系，它本身并不是价值理论的主题。价值理论的主题是在它们的分配过程中**不同劳动形式的相互关系**，它是通过物即劳动产品的交换关系建立的。因而马克思的价值理论完全与他的经济理论的一般方法论假设一致，也即他分析的不是物与物之间的关系，也不是物与人之间的关系，而是人与人之间的关系，而且这些人是通过物联系在一起的。

到目前为止，我们主要是从量的角度考察价值。我们认为，价值量调节着社会劳动在不同的行业之间所进行的**量上的分配**。在这种分析中，我们触及了抽象劳动，同样我们主要研究它的量的方面，也即作为社会必要劳动的那一面。现在我们必须简要地研究价值**质**的那一面。根据马克思的观点，价值不仅调节着社会劳动的分配，它也表现了**人们之间的**社会生产**关系**。从这种观点来看，价值是一**种社会形式**，劳动产品在人们之间的一定生产关系下获得了这种形式。我们必须从把价值视为一定的量，过渡到把价值视为具有一定质的社会形式，或者说，从"**价值量**"的理论过渡到"**价值形式**"（Wertform）的理论①。

　　正如我们已经指出的，在商品经济中，价值调节着劳动的分配。价值的这种作用源自商品经济的**技术**特征还是**社会**特征，也即源自生产力状况还是人们之间的生产关系？要想回答这个问题，就要站在商品经济社会特征的基础上回答。社会劳动的每种分配形式并没有给予劳动产品价值形式，这种情况只发生在劳动分配不是由社会直接组织起来，而是通过市场和物品交换的间接调控方式完成的时候。在原始共产主义社会或者封建社会，劳动产品具有效用意义上的"价值"，即使用价值，但它没有"价值"。产品只有在这种情况下才获得价值，即产品是专门用来交换的，它在市场上获得客观准确的评估，这种评估把它和其他商品均等化（通过货币），并给予它可交换其他商品的属性；或者说，一定的经济形式（商品经济）、一定的劳动组织形

---

　　① 我们所说的价值形式不是指这些形式，在其中价值是在发展进程中被设定的（例如：简单价值形式、扩大的价值形式等），而是指从社会形式的观点出发所设想的价值，即作为形式的价值。

式通过独立的私人企业建立起来。劳动本身没有把价值给予产品，而是**一定社会组织形式**（商品经济形式下）**下的劳动**给予的。如果生产者作为经济活动中形式上独立的组织者与自发的商品生产者相互联系在一起，那么在市场上他们劳动的价值就相互表现为"价值"。作为独立经济单位的组织者、交换生产关系的承包商，商品生产者的平等表现在具有价值的劳动产品的平等上。物的价值表现了人们之间一定的生产关系类型。

如果劳动产品只是在一定的社会劳动组织形式中才获得价值，那么价值并不代表劳动产品的"属性"，而是代表一定的**"社会形式"或"社会职能"。劳动产品作为独立商品生产者的连接器**，作为人们之间生产关系的"中间人"或"承担者"，**实现了这种职能**。因而初看起来，**价值似乎是物的简单属性**。当我们说"一张着色的、圆形的橡木桌子的价值是 25 卢布"时，这句话告诉了我们这张桌子的四个属性。但是如果我们细想一下，我们将会确信桌子的前三个属性根本不同于第四个属性。这些属性把桌子描述为一个自然物，我们也是通过这些属性知道了木匠劳动的一些技术信息。一个了解桌子这些属性的人可以获得生产的技术图景，他可以知道原材料、配件、技术方法，甚至木匠的技术能力等方面的知识。但是不管他研究桌子多长时间，他也不知道桌子生产者和其他人之间的社会（生产）关系。他不知道桌子是由一个独立的手工业者、一个技工、一个雇佣工人或一个社会主义共同体成员生产的，或是由一个制造桌子自用的业余工匠生产的。用"桌子具有 25 卢布价值"表达的产品特征拥有完全不同的性质。这些词语表明桌子是商品，它是为市场生产的，它的生产者通过商品所有者之间的生产关系而与其他社会成员联系在一起，经济具有一定的社会形式，即商品经济的形式。我们并不知道生产的任何技术方面的内容或物本身如何，我们知道的是生产的社会形式和其中的人。这意味着"价值"并不是物的特征，它表现的是人们之间的关系，物就是在其中生产的。它不是物的属性，而是物获得的社会形式，因为人们之间的一定生产关系是通过物建立的。价值是"表现为物的社会关系"，具有物的属性形式的生产关系。商品生产者之间的劳动关系或社会劳动"对象化"或"结晶化"在劳动产品的价值之中。这意味着**劳动组织的一定社会形式是与劳动产品的特定社会形式一致的。**"生产交换价值的劳动则相反，它是劳动的一种特有的社会形式",① 它"造出财富的一定的社会形式即交换价值"。② 价值表现了人们之间的生产关系，这种定义与我们之前把价值规定为抽象劳动的表现并不矛盾，差别仅仅在于这个事实：之前我们是从量的方面（作为度量）分析价值的，现在我们是从质的方面（作为社会形式）分析的。与这一点一致，之前抽象劳动是从量的方面说明的，现在则是从质的方面说明的，

---

① 马克思恩格斯全集：第三十一卷 [M]. 北京：人民出版社，1998：429.

② 同上。

也即把它看作具有特殊形式的社会劳动，并且以商品生产者之间的生产关系为前提。

马克思的"价值形式"理论（即劳动产品所设定的社会形式）是一定劳动形式的结果。这种理论是马克思价值理论中最特殊、最原创的部分。在马克思之前，人们就已经知道劳动创造价值，但是在马克思的理论中劳动获得了完全不同的意义。马克思准确区分了生产的物质技术过程和它的社会形式，技术方法（具体劳动）总和意义上的劳动和资本主义商品社会形式意义（**抽象或一般人类劳动**）上的劳动。商品经济的特征在于这个事实，即生产的物质技术过程不是由社会直接指挥的，而是由独立的商品生产者管理的。具体劳动直接与独立的个体私人劳动相关。独立商品生产者的私人劳动与其他商品生产者的劳动联系在一起，成为**社会**劳动，如果一个生产者的产品能够和其他商品在价值上相等的话。具有价值的产品的这种相等化，同时就是耗费在国民经济各个领域中的具体劳动形式的相等化。这意味着，在生产过程中独立个体的私人劳动在具体形式上并没有获得社会劳动的特征，而是通过交换获得的，交换意味着抽掉了单个物品的具体属性以及劳动的个体形式。实际上，在交换活动之前，商品生产在生产过程中的目的就已经是交换：商品生产者在直接生产过程中使他的产品和一定数量的价值（货币）相等，那么他的具体劳动也就与一定数量的抽象劳动相等了。但是，第一，劳动的这种相等化具有"表现在观念中"这个原初特征。相等化还必须在现实的交换活动中实现自己。第二，甚至在它的原初形式中，劳动的相等化，尽管先于交换活动，也需要通过"表现在观念中"的具有价值的物的相等化来实现。然而，由于通过物的相等化而实现的劳动的相等化是商品经济社会形式的结果，在这种经济中，并不存在直接的社会组织和劳动的相等化，抽象劳动是一个社会和历史概念。**抽象劳动并不表示不同劳动形式生理学意义上的相等，而表示不同劳动形式社会意义上的相等，并且这是在劳动产品独特相等化形式上实现的。**

马克思价值理论的特征在于，它准确解释了哪种劳动创造价值。马克思"研究了劳动形成价值的特性，第一次确定了什么样的劳动形成价值，为什么形成价值以及怎样形成价值，并确定了价值不外就是这种劳动的凝固"①。马克思认为正是"劳动的二重性"解释构成了他价值理论的核心②。

劳动的二重性反映了生产的**物质技术**过程和它的**社会形式**之间的区别。我们在第一部分马克思的商品拜物教理论第二章生产过程和它的社会形式中解释了这种区别，它是包括价值理论在内的马克思整个经济理论的基础。这种根本性区别产生了具体劳动和抽象劳动之间的区别，并进而表现为**使用**价值和**价值**的对立。在《资本论》第一章中，马克思准确呈现了这种对立次序。马克思从我们可以观察

---

① 马克思. 资本论：第二卷 [M]. 北京：人民出版社，2004：21.
② 马克思. 资本论：第一卷 [M]. 北京：人民出版社，2004：54.

到的市场表象开始分析，从使用价值和交换价值的对立开始分析。这种对立呈现在表象层面，马克思从这里潜入到了劳动的二重性（具体劳动和抽象劳动）之中。在第一章末尾，马克思揭示了生产的物质技术过程所呈现的社会形式。马克思从物开始并通过劳动研究人类社会。马克思是从可见的、在表象中运动的物开始的，而表象必须通过科学分析方法才能揭示出它的内部。马克思为了在《资本论》前几页中简化他的论述，采用了这种**分析**方法。但是我们必须以相反的次序解释这种思想的辩证过程。马克思从生产过程和它的社会形式之间的区别，即从商品经济的社会结构，过渡到表现为技术方面和社会方面的劳动二重性，过渡到表现为使用价值和交换价值的商品二因素。一个对《资本论》阅读很肤浅的人可能会认为，通过对比使用价值和交换价值，马克思指的是物本身的属性（这是庞巴维克和某些批评马克思的人的解释）。实际上，问题在于，物的"自然"存在和"职能"存在之间的差别、劳动产品和它的社会形式之间的差别、物和生产关系之间的差别。在生产关系中人和物"融合"在一起，即生产关系通过物表现出来。因而马克思的价值理论和在他的商品拜物教理论中阐述的一般方法论基础之间存在不可分的联系。价值是自发的生产者之间的生产关系，它呈现为物的属性的形式，与社会劳动分配有关。或者从其他方面来看这个现象，价值是每个商品生产者生产的劳动产品的属性，他们生产劳动产品是为了以一定的比率交换其他商品生产者的劳动产品，这里的比率对应于不同生产部门的既定劳动生产率。我们研究的**人类**关系获得了**物**的属性的形式，并且与在生产中劳动的分配过程相关。或者说，我们研究**人们之间已经物化的生产关系**。劳动在价值中的物化是商品拜物教理论中最重要的结论，它解释了在商品经济中人们之间生产关系"物化"的不可避免性。劳动价值理论并没有发现劳动产品中劳动（作为生产要素）的物质凝结；它发生在所有经济形态之中，是价值的技术基础，而不是价值的原因。劳动价值理论发现的是拜物：社会劳动在物的价值中获得的物化表现。在劳动获得了社会"价值形式"的意义上，劳动"结晶"或形成在价值中。劳动被表现或"显现"出来了。马克思经常使用"显现"这个词来说明抽象劳动和价值之间的关系。人们可能奇怪为什么马克思的批评者没有注意到马克思的价值理论和他的生产关系物化或商品拜物化理论之间存在不可分的联系，他们只是从自然物质意义上而非社会学意义上理解马克思的价值理论。

马克思的理论从质和量两方面分析了与价值相关的现象。马克思价值理论建立在两个基础之上：（1）**价值形式**理论，这种形式是抽象劳动的物质表现，它相应地以自发的商品生产者之间的生产关系为前提；（2）**社会劳动分配**理论和价值量决定于抽象劳动量的理论，这又相应地决定于**生产率**水平。同一个过程包含两个方面：价值理论分析价值的社会形式，资本主义商品经济中的劳动分配过程就是在这种形式中进行的。"而在社会劳动的联系体现为个人劳动产品的**私人交换**的社会制度下，这种劳动按比例分配借以实现的形式，正是这些产品的**交换价值**。"① 从质和量上说，价值是抽象劳动的表现。通过抽象劳动，价值同时就和社会生产过程的社会**形式**以及它的物质技术**内容**相关。这是很明显的（如果我们记得价值以及其他经济范畴并不表现一般的人类关系，而是人们之间独特的**生产关系**）。当马克思把价值看作在一定社会形式下劳动产品的社会形式时，他强调了价值的**质和社会学**方面。当在既定的社会形式下，劳动分配过程和生产率向前发展的时候，当考察"一定数量的社会总劳动量"②（服从劳动按比例分配的规律）的时候，通过价值表现出来的现象的量的（人们可能会说数学上的）那个方面就很重要了。大部分批评马克思的人的根本错误在于：（1）他们完全没有理解马克思价值理论质的、社会学的那一面；（2）他们把量的那一面局限在分析交换比率上，即物在价值量上的关系，他们忽视了从分配于不同部门和企业的社会劳动量这个角度解释劳动量的相互关系，而这些相互关系是价值量的规定性的基础。

我们已经简要地研究了价值的两个方面：质的方面和量的方面（作为社会形式的价值和价值的量）。这些分析路线都把我们引向**抽象劳动**概念，它转而（像价值概念一样）在我们面前或首先从质（劳动的社会形式）上表现出来，

---

① 马克思恩格斯全集：第三十二卷 [M]. 北京：人民出版社，1975：541.

② 同上。

或从量（社会必要劳动）上表现出来。因而，我们必须认识到，抽象劳动在质与量方面表现的价值。抽象劳动是**"内容"**和**"实体"**，它表现在劳动产品的价值之中。我们的任务就是从这种立场，即从价值和作为价值"实体"的抽象劳动相互联系的立场出发研究价值。

进而我们的结论就是，价值是高度复杂的现象，完整理解价值需要从三个方面进行研究：价值的**量**、价值的**形式**和价值的**实体**（内容）。我们也可以说价值必须这样来研究：（1）作为分配社会劳动量的调节者；（2）作为人们之间生产关系的表现；（3）作为抽象劳动的表现。

这种三重划分将帮助读者理解我们接下来的研究次序。首先，我们必须研究**把价值和劳动联结在一起的整个机制**。第九章到第十一章将致力于研究这个问题。第九章将把价值视为生产的调节者。第十章将把价值视为人们之间生产关系的一种表现，第十一章将从价值和抽象劳动相互联系的视角研究价值。只有从整体上分析了联结价值和劳动机制之后，我们才能奠定马克思劳动价值理论的基础（这就是为什么第九章到第十一章的内容可以视为劳动价值理论的基础）。这种分析有助于我们分析这个机制的构成部分：（1）劳动创造的价值；（2）创造价值的劳动。第十二章将从价值的内容（实体）、形式和量上分析价值。其次，第十三章到第十六章将从三个方面分析劳动（它创造了价值）。由于价值是人们之间社会关系的表现，我们必须首先给出社会劳动的一般特征（第十三章）。在商品经济中，社会劳动以抽象劳动的形式获得了更为精确的表现，而这种抽象劳动正是价值的"实体"（第十四章）。具体劳动化为抽象劳动意味着复杂劳动化为简单劳动（第十五章），因而复杂劳动理论是抽象劳动理论的完成。最后，抽象劳动的量以社会必要劳动的形式表现出来（第十六章）。

第九章
作为生产调节者的价值

在《资本论》第一卷出版后，库格曼告诉马克思，很多读者认为马克思并没有证明价值概念。在我们之前引用的 1868 年 7 月 11 日的信中，马克思这样严肃地回应了这种反对意见："任何一个民族，如果停止劳动，不用说一年，就是几个星期，也要灭亡，这是每一个小孩都知道的。人人都同样知道，要想得到和各种不同的需要量相适应的产品量，就要付出各种不同的和一定数量的社会总劳动量。这种按一定比例分配社会劳动的必要性，绝不可能被社会生产的一定形式所取消，而可能改变的只是它的表现形式，这是不言而喻的。自然规律是根本不能取消的。在不同的历史条件下能够发生变化的，只是这些规律借以实现的形式。而在社会劳动的联系体现为个人劳动产品的私人交换的社会制度下，这种按比例分配劳动借以实现的形式，正是这些产品的交换价值。"①

---

① 马克思恩格斯全集：第三十二卷 [M]. 北京：人民出版社，1975：541.

马克思在这里提示了他的价值理论的一个核心基础。在商品经济中，没有谁有意识地按照既定的生产力状况维持或管理社会劳动在不同产业部门之间的分配。由于独立的商品生产者在生产管理中是自发的，既定社会生产过程的精确再现和再生产是完全不可能的。进一步说，过程的按比例扩大也是不可能的。因为独立商品生产者的活动，不是密切相连或协调一致的，生产过度地扩张和收缩而引起的偏离是不可避免的。如果每次的偏离倾向于不断扩大，那么生产的连续进行就是不可能的，建立在劳动分工基础上的社会经济将崩溃。在现实中，每次偏离，不管是扩张还是收缩，都会激发出阻止在某一方向上继续偏离的力量，带来反方向的运动。生产过度扩张导致市场价格下降，这又导致生产减少，甚至低于必要的水平。生产的进一步减少阻止了价格下降。经济生活就是一片波动的海洋。我们不可能在任何时间观察到劳动在不同部门分配时所实现的均衡状态。但是如果没有理论上设想的这种均衡状态，就无法解释波动的方向和特征。

两个生产部门之间的均衡状态对应于根据产品价值而进行的交换。或者说，这种均衡状态对应于平均价格水平。这种平均水平是一个理论概念。平均价格并不对应于具体市场价格的现实运动，而是用来解释它的。价格运动的这种理论上的抽象阐释实际上就是"价值规律"。从这里我们可以看到，所有认为具体市场价格并不与理论"价值"一致而反对价值理论的人，只不过是误解了这个理论。市场价格和价值的完全一致意味着取消唯一的调节者，正是这个调节者阻止社会经济部门向相反方向运动。没有调节者将导致经济的崩溃。"价格和价值量之间的量的不一致的可能性，或者价格偏离价值量的可能性，已经包含在价格形式本身中。但这并不是这种形式的缺点，相反地，却使这种形式成为这样一种生产方式的适当形式，在这种生产方式下，规则只能作为没有规则性的盲目起作用的平均数规律来为自己开辟道路。"①

由价值规律调节的某种市场价格水平，假定了在不同生产部门之间社会劳动的某种分配，并调整这种分配的方向。在《资本论》中，马克思提到"市场价格的晴雨表式的变动"。② 这种现象必须得到补充说明。在现实中市场价格的波动是晴雨表，显示了社会经济深处发生的社会劳动分配过程。但是它是一个不寻常的晴雨表，它不仅显示天气，还纠正它。晴雨表并不显示一种天气替代另一种天气。**但是社会劳动的一个分配阶段代替另一个阶段，只有通过市场价格的波动和压力才能实现**。如果市场价格的运动连接着社会经济中两个劳动分配阶段，我们就是恰当的，我们呈现了经济参与者的劳动活动和价值之间紧密的内部关系。我们将在社会生产过程中解释这些关系，即在人们的劳动活动之中，而不是在生产活动之外，也不是在与之没有稳定的职能联系的现象之中。例如：如果这些关系是既定

---

① 马克思．资本论：第一卷 [M]．北京：人民出版社，2004：123.
② 同上，第412页。

的且脱离于生产过程的话，我们既不在个人的主观评价也不在价格和商品量的数学关系中寻求解释。我们只有通过联系社会劳动活动才能理解与价值相关的现象。我们必须在社会"劳动"中寻找对价值的解释。这是我们一般的结论。

　　马克思不仅在致库格曼的信中，也在《资本论》中解释了作为社会劳动调节者的价值。也许，这些研究的最成熟形式体现在《资本论》第一卷第四篇第十二章（分工和工场手工业）中："在工场手工业中，保持比例数或比例的铁的规律使一定数量的工人从事一定的职能；而在商品生产者及其生产资料在社会不同劳动部门中的分配上，偶然性和任意性发挥着自己的杂乱无章的作用。诚然，不同的生产领域经常力求保持平衡，一方面因为，每一个商品生产者都必须生产一种使用价值，即满足一种特殊的社会需要，而这种需要的范围在量上是不同的，一种内在联系把各种不同的需要量连结成一个自然的体系；另一方面因为，商品的价值规律决定社会在它所支配的全部劳动时间中能够用多少时间去生产每一种特殊商品。但是不同生产领域的这种保持平衡的经常趋势，只不过是对这种平衡经常遭到破坏的一种反作用。在工场内部的分工中预先地、有计划地起作用的规则，在社会内部的分工中只是在事后作为一种内在的、无声的自然必然性起着作用，这种自然必然性只能在市场价格的晴雨表式的变动中觉察出来。"①

---

　　① 马克思. 资本论：第一卷 [M]. 北京：人民出版社，2004：411 – 412.

马克思在《资本论》第三卷中也表明了相同的观点："这个社会劳动的分配、它的产品的互相补充、它的产品的物质变换、它从属于和被纳入社会的传动机构，这一切却听任资本主义生产者个人偶然的、互相抵消的冲动去摆布……价值规律不过作为内在规律，对单个当事人作为盲目的自然规律起作用，并且是在生产的偶然波动中，实现着生产的社会平衡。"①

没有劳动在各个经济部门的按比例分配，市场经济就不能存在。但是只有当市场经济内部的根本矛盾被克服时，劳动的这种按比例分配才能实现。一方面，商品社会通过劳动分工统一为一个单一的社会经济，经济的每个部分相互联系相互影响。另一方面，私有制和每个商品生产者自发的经济活动把社会分解为一系列单个的独立经济单位。这种分解了的商品社会"变成了一个通过交换的社会，交换是这个经济社会知道的唯一经济活动"②。商品生产者是形式上独立的。他根据自己单方面的判断和对自己利益的考虑开展活动。但是由于交换过程，他和他的交易者（卖者和买者）联系在一起，通过交易者，他间接地与整个市场联系在一起，也和所有卖者和买者联系在一起，而这是在竞争条件下实现的，竞争使市场状况趋向相同。交换和劳动产品价值创造了同一个行业内不同商品生产者之间的生产联系。这种联系也在不同的行业之间、国内不同地方

---

①　马克思. 资本论：第三卷［M］. 北京：人民出版社，2004：996.

②　希法亭. 金融资本：俄文版［M］. 1923：6.

之间、各国之间被创造了出来。这种联系不仅意味着商品生产者相互交换，也意味着他们是在社会中相互联系的。由于他们是通过劳动产品而在交换中相互联系的，他们也在生产过程中相互联系，在他们的劳动活动中相互联系，因为在直接生产过程中，他们必须考虑预期市场状况。一方面，通过交换和商品价值，一些商品生产者的劳动活动影响其他人的劳动活动，导致某种变化。另一方面，这些变化也影响他自己的劳动活动。社会经济的每个部分相互做出调整，但是这种调整只有在一部分通过市场价格运动影响另一部分时才是可能的，而这种运动又是由"价值规律"决定的。或者说，通过商品的"价值"，独立商品生产者的劳动活动导致了被称为社会经济的生产统一体，导致了每个社会成员在劳动上的相互联系和相互制约。价值是传送带，把劳动过程从社会这个部分传递到那个部分，使社会成为一个正常运转的整体。

进而我们面临这样的困境：在商品经济中，个人的劳动活动不受调节，不受直接的相互调整，独立商品生产者之间生产劳动的联系或者通过交换过程来实现，在这个过程中劳动产品作为价值被相等化，或者根本就无法实现。但是社会经济各个部分之间的相互联系是一个明显的事实。这意味着必须在商品价值运动中解释这个事实。在价值运动背后，我们必须揭示个人劳动活动之间的相互关系。于是我们确认价值现象和人们的劳动活动之间存在联系。我们确认"价值"和"劳动"之间存在一般的普遍联系。我们这里的出发点不是价值，而是劳动。有的人似乎认为，马克思是从价值现象的物质表现开始研究的，马克思的结论是被交换和被评价的物品的共同属性只能是劳动。这种观点是错误的。马克思的思想路线恰恰相反。在商品经济中，独立商品生产者的劳动，直接具有**私人**劳动的形式，它只有通过**劳动产品的"价值"**，才能获得**社会**劳动的特征，即从属于**相互联系和协作的过程**。作为社会现象的劳动只能在"价值"中表现出来。马克思劳动价值理论的特征在于这个事实：马克思没有把他的理论建立在价值属性，即没有建立在物的评价和相等化的活动之上，而是建立在商品经济的劳动属性，即建立在分析**劳动的结构和生产关系**之上。马克思强调了这个理论特征："政治经济学曾经分析了价值和价值量（虽然不充分）揭示了这些形式所掩盖的内容。但它甚至从来也没有提出过这样的问题：……为**什么劳动表现为价值，用劳动时间计算的劳动量表现为劳动产品的价值量呢?**"① （粗体是鲁宾加。） 从人们的劳动活动开始，马克思表明在商品经济中，这种活动必然具有劳动产品价值的形式。

马克思价值理论的批评者特别反对在这种理论中劳动具有的"优先"地位。他们引述了一长串当商品市场价格变化时将做出调整的因素和条件。他们质疑把劳动从这个名单中剥离出来，并使其成为一个独立范畴的依据。对于

---

① 马克思. 资本论：第一卷 [M]. 北京：人民出版社，2004：98.

这一点我们必须这样回答，价值理论并不研究作为生产技术要素的劳动，而是研究作为人们社会生活基础的劳动活动，研究劳动实现于其中的社会形式。不分析社会的生产活动关系，就没有政治经济学。这个分析表明在商品经济中，商品生产者之间的生产活动关系只能表现在物质形式之中，表现在劳动产品的价值形式之中。

有的人可能怀疑，价值和劳动之间存在内部因果联系的观点（这种因果联系必然源自商品经济的结构）太一般了。马克思价值理论的批判者肯定要质疑这种观点。我们将会看到，我们现在在最一般形式上阐述的劳动价值理论随后将获得更为具体的特征。但是在这个一般的阐述中，价值问题事前排除了一系列理论以及使整个理论尝试无效的问题。具体地说，在与人们的劳动活动和生产关系没有直接关系的现象中，寻找决定价值以及变化原因的理论被事先排除了（例如：奥地利学派的理论从个体的主观评价开始，而这些个体在生产过程之外，在这个过程发生的具体社会形式之外）。不管这个理论给出的解释多么锐利，不管这个理论在价格变动的现象中成功地发现了什么，它都包含根本性的错误：它事前担保了它的独特成果，没有解释当代社会的生产机制，没有解释它正常运行和发展的条件。通过把作为传送带的价值从商品经济的生产机制中排除出去，这个理论排除了理解这个机制的结构和运动的可能性。我们必须确定价值和劳动之间的联系，不仅为了理解与"价值"有关的现象，也为了理解当代社会的"劳动"现象，即在由独立商品生产者构成的社会中生产过程统一性的可能性。

第十章
商品生产者的平等和商品的相等

像每一个建立在分工基础上的社会一样，资本主义社会如果没有各个生产部门之间**劳动的按比例分配**，就不可能存在。劳动的这种分配只有在私人的劳动活动**相互联系、相互制约**时才能实现。如果商品生产不是通过社会进行调节的话，这种生产活动关系只有通过市场交换过程，通过**商品价值**，才能实现。分析交换过程以及它的社会形式和它与商品社会生产的关系，从本质上说是马克思价值理论的主题。①

在《资本论》第一章中，马克思暗暗地设定了价值理论的社会学前提（我们之前讨论过了）并直接从分析交换

---

① 西美尔认为经济研究不是开始于可交换的物品，而是开始于可交换的社会经济角色："交换是一个社会学现象、一种个体交互生活的原初形式和职能；无论如何，它不是物的效用和稀缺性的质和量的属性的逻辑结果。"参见：西美尔. 精神哲学［M］. 莱比锡：敦克和洪堡出版社，1907：59。

行为开始，还表达了**商品交换的相等性**。对于大部分批判马克思的人来说，这些社会学的前提仍然是一本没有打开的书。他们没有看到，马克思价值理论的结论建立在分析商品经济的社会经济关系之上。对于他们来说，这个理论只不过是"纯粹的逻辑证明，来自交换本质的辩证演绎"。①

我们知道马克思在分析交换行为时，没有忽视一定的社会经济结构。他分析的是一定社会即资本主义商品社会的生产关系，以及在这个社会中交换的作用。如果说有人把价值理论建立在分析与一定的社会经济环境无关的交换行为上，那这个人是庞巴维克，而不是马克思。

庞巴维克认为，马克思从对交换活动的纯粹逻辑分析中得出了可交换物品的相等性，尽管这种观点是错误的，但是他正确地指出，马克思特别强调分析商品经济时交换活动的平等性。"我们再拿两种商品例如小麦和铁来说。不管二者的交换比例怎样，总是可以用一个等式来表示：一定量的小麦等于若干量的铁，如 1 夸特小麦 = a 英担铁。这个等式说明什么呢？它说明在两种不同的物里面，即在 1 夸特小麦和 a 英担铁里面，有一种等量的共同的东西。因而这二者都等于第三种东西，后者本身既不是第一种物，也不是第二种物。这样，二者中的每一个只要是交换价值，就必定能化为这第三种东西"。② 批评马克思的人认为，这一

---

① 庞巴维克. 卡尔·马克思和他的体系的终结 [M]. 1897：68.

② 马克思. 资本论：第一卷 [M]. 北京：人民出版社，2004：49 – 50.

段话是马克思价值理论的核心和唯一基础，他们抨击这一段话。庞巴维克说："我将随便做个评论。根据第一个假设'相等'必然表现在两个物品的交换中，我认为这种假设非常过时，如果它不是虚假的那也好不到哪去。直接地说，我认为这种观点是错误的。当实现平等和均衡的时候，不存在扰乱平衡的变化。在交换情况下，事情终止于商品所有者的变更，这就是存在产生变化的不平等和优势。"①

似乎没有必要提及庞巴维克的反对意见没有切题。马克思从来没有说，交换是在"严格的均衡"条件下进行的。马克思不止一次地指出，商品质上的"不相等"是劳动分工的必然结果，同时扮演着一个必要的交换刺激物的角色。庞巴维克的注意力转到了作为使用价值的商品的交换上，转到了商品效用的主观评价上，效用刺激着每个人之间的交换。因而他正确地强调了"不相等"这个事实。但是马克思感兴趣的是作为客观社会事实的交换活动，通过强调相等，马克思呈现了这个社会事实的本质特征。然而，他并没有提及任何怪诞的"严格均衡"状态。②

批评马克思价值理论的人通常认为，这个理论的重点在于明确了在劳动投入上量的相等性，这对于商品生产是必要的，劳动投入也是在交换活动中彼此相等化的。但是

① 庞巴维克. 卡尔·马克思和他的体系的终结［M］. 1897：68.
② "交换活动本身和由此得出的价格影响……所有随后的买卖行为，因为不是以不平等的形式施加影响，而是以平等的形式，即作为等价表现施加的"。参见：茨韦迪尼克. 价值理论中的主观主义［J］. 社会科学和社会政治文库：第三十八卷.1914：22－23。

马克思多次指出了他的价值理论的其他方面，指出了**质**的那一面，可以说是与上面提到劳动量相反的那一面。马克思感兴趣的不是商品作为使用价值而具有的质。他的注意力转向了交换活动作为一个社会经济现象而具有的质。只有在这些质和本质上是社会学的特征之上，人们才能理解交换活动的质。大部分批评马克思价值理论的人，完全忽视了马克思价值理论的这个方面。他们的观点和相反的观点一样是片面的，那种观点认为马克思研究的价值现象无论如何也和交换比例没有关系，即和价值的量没有关系。①

撇开商品量上的相等性问题不谈，我们必须指出在商品经济中，独立的私人经济单位之间的联系是在买卖的形式中实现的，是在交换活动中独立经济单位获得的价值相等化形式中实现的。交换活动是相等化的活动。**商品的这种相等化**反映了商品经济的基本社会特征：**商品生产者的平等**。我们谈的不是他们在拥有相等生产资料这个意义上的平等，我们谈的是他们作为相互独立的自发的商品生产者这个意义上的平等。在相互之间没有正式协议的时候，他们之中没有一个人能够单方面地直接影响别人。或者说，某个生产者作为独立的经济主体能够通过协议条款影响别人。没有非经济强制，没有个人劳动活动的组织性，不是建立在公共规则而是建立在民法和所谓的自由契约之上，这些就是当代社会经济结构的最显著特征。在这种环境下，

①　佩特里. 马克思价值理论的社会含义 [M]. 耶拿：1916：27 – 28.

私人经济单位之间基本的生产关系形式是交换形式，即交换价值的相等化。在交换中商品的相等是当代社会基本生产关系的物质表现：商品生产者是平等的、自发的、独立的经济主体。

我们认为《资本论》中这一段话对于理解刚才阐述的马克思理论是非常关键的："亚里士多德没有能从价值形式本身看出，在商品价值形式中，一切劳动都表现为等同的人类劳动，因而是同等意义的劳动，这是因为希腊社会是建立在奴隶劳动的基础上的，因而是以人们之间以及他们的劳动力之间的不平等为自然基础的。价值表现的秘密，即一切劳动由于而且只是由于都是一般人类劳动而具有的等同性和同等意义，只有在人类平等概念已经成为国民的牢固的成见的时候，才能揭示出来。而这只有在这样的社会里才有可能，在那里，商品形式成为劳动产品的一般形式，从而人们彼此作为商品占有者的关系成为占统治地位的社会关系。"① 自发的、独立的商品生产者之间的平等是物品相等的基础。这是商品经济的基本特征，它的"细胞结构"的基本特征。价值理论研究社会经济从分散走向生产统一体的形成过程，人们可以称这些分散的部分是独立的细胞。在《资本论》第一卷第一版的序言中，马克思不

---

① 马克思. 资本论：第一卷 [M]. 北京：人民出版社，2004：75。显而易见的是，我们在这里感兴趣的不是确定马克思是否准确理解了亚里士多德，或者马克思对亚里士多德的理解是否是一种"科学主观主义"类型，就像施勒茨诺夫所言。(施勒茨诺夫. 古希腊的经济世界观 [M]. 莫斯科，1919：244。)

无道理地说："对于资产阶级社会来说，劳动产品的商品形式，或者商品的价值形式，就是经济的细胞形式。"① 商品社会的细胞结构本身展现了平等的、形式上独立的、私人经济单位的整体性。

在前面关于亚里士多德的引文中，马克思强调在奴隶社会价值概念不可能从"价值形式本身"中得出，也即不能从商品相等性的物质表现中得出。人们只有从商品经济的特征中才能理解价值之谜。人们不该惊讶，忽视马克思价值理论社会特征的批判者在解释前面的引文时毫无洞察力。根据迪策尔的观点，马克思"受**平等**的道德原理指引"。这种"伦理基础展现在马克思的有关文本中，在那里马克思解释了亚里士多德价值理论的缺陷，指出希腊社会的基础是人们之间以及劳动力之间的不平等"。② 迪策尔不理解，马克思研究的不是平等的伦理假设，而是作为商品经济基本社会事实的商品生产者的平等。我们一再说，不是物质产品平等分配意义上的平等，而是独立的、自发的组织生产的经济单位之间的平等。

迪策尔把平等商品生产者组成的社会从一个事实转变成一个伦理假设，克罗齐看到，在平等原则中，一个理论上构想的社会类型，是马克思在理论思索的基础上想出来的，为的是比较和对照资本主义社会，这个社会建立在不

---

① 马克思. 资本论：第一卷 [M]. 北京：人民出版社，2004：8.

② 迪策尔. 社会经济理论 [M]. 莱比锡：C. F. 温特出版社，1895：273.

平等之上。对比的目的是要解释资本主义社会的特征。商品生产者的平等不是伦理理想，而是一个理论构想的尺度、一个标准，我们通过它衡量资本主义社会。克罗齐回想了这样的段落，马克思在那里说，价值的本质只有在人们的平等观念成为社会的普遍偏见时才能得到解释。① 克罗齐认为，马克思为了理解资本主义社会中的价值，采纳了一个类型、一个理论标准、一个不同的（具体的）价值，即它是由商品占有的，可以通过劳动增加，在这个社会中不存在资本主义社会的缺点，劳动力不是商品。由此，克罗齐在马克思价值理论逻辑属性的基础上得出了如下结论："马克思的价值理论不仅是逻辑的普遍化，而是一个作为典型设想出来的事实，即不只是一个逻辑概念。"②

迪策尔把由平等的商品生产者构成的社会变成了一个伦理假设，而克罗齐做了一个"想"出来的具体图像，这个图像对应资本主义社会，为的是更为清楚地解释这个社会。然而，在现实中，这种由平等商品生产者构成的社会只是一个抽象，是在普遍意义上商品经济或在特殊意义上资本主义经济的基本特征的普遍化。价值理论和它的平等商品生产者的社会前提，可以使我们分析资本主义社会的一个方面，**即把自发的商品生产者统一在一起的基本生产关系**。这种关系是基本的，因为它产生了尽管可变，但却是无可置疑的整体，即作为政治经济学研究主题的社会经

① 克罗齐. 历史唯物主义和卡尔·马克思的经济学 ［M］. 1902：62.
② 同上，第106页。

济。马克思清楚地表达了他的价值理论的特征："到这里，我们还只知道人与人之间的一种经济关系，即商品占有者之间的关系，在这种关系中，商品占有者只是由于让出自己的劳动产品，才占有别人的劳动产品。"① 价值理论并不描述与资本主义社会相对的某种想象的社会，它给出的是对资本主义某个方面的一般化说明。

最后，在资本主义社会，不同社会集团成员之间的生产关系并不局限在独立商品生产者之间的关系中。然而，在资本主义社会中，不同社会集团成员之间的关系是在平等的、自发的商品生产者的相互关系中实现的。资本家和工人通过生产关系而联系在一起。资本是这种关系的物质表现。但是他们是作为形式上平等的商品生产者相互联系并达成一致的。价值范畴是这种生产关系的物质表现，更准确地说，是生产关系中联系他们的那一面的表现。产业资本家和土地所有者、实业家和金融资本家，也作为相互平等的、自发的商品所有者达成一致。不同社会集团这个方面的生产关系表现在价值理论中。这也解释了作为一门科学政治经济学所具有的一个特征。政治经济学的基本概念建立在价值理论之上，乍看起来，它们显得是价值的逻辑衍生物。第一次接触马克思的理论体系可能使人们同意庞巴维克的观点，即马克思的体系是一个抽象概念的逻辑演绎，通过黑格尔的方法得来的纯粹内在的逻辑发展。借

---

① 马克思. 资本论：第一卷 [M]. 北京：人民出版社，2004：130.

助于不可思议的纯粹逻辑变形，价值转变成了货币，货币转变成了资本，资本转变成了增殖了的资本（即资本加剩余价值），剩余价值转变成了企业利润、利息和地租等。庞巴维克拆散了马克思的整个价值理论，认为马克思体系中更为成熟的部分是得自错误初始点的一个连贯的整体。"在马克思体系的中间部分，逻辑的发展和联系展现了令人印象深刻的严密性和内在一致性……然而初始点可能是错误的，不过体系的这些中间部分由于其非凡的逻辑一致性使马克思获得了作为一个一流思想家的恒久声誉。"① 庞巴维克正是一个倾向于从概念逻辑发展考虑问题的思想家，从中看出，他的话表达了很高的赞誉。但是实际上，马克思理论的力量与其说在于它的内在逻辑一致性还不如说在于这个事实，即这个理论完全浸透着来自现实的复杂丰富的社会经济内容，并且是通过抽象思维的力量阐述的。在马克思的著作中，一个概念转化为另一个概念，并非依靠内在逻辑推演的力量，而是通过与之相伴的整个社会经济条件系列。剧烈的历史革命（马克思在论述资本主义原始积累的那一章论述了这一点）对于货币转化为资本是必要的。

但是，在这里我们对问题的这一面不感兴趣。只有在一定的社会经济条件下，一个概念才会产生自另一个概念。事实是在马克思的理论中每个随后的概念都带着先前概念的印记。经济体系所有基本概念看起来似乎是价值概念的

---

① 庞巴维克. 卡尔·马克思和他的体系的终结 [M]. 1897：91 – 92.

逻辑变体。货币——作为一般等价物的价值。资本——创造剩余价值的价值。工资——劳动力的价值。利润、利息和地租是剩余价值的部分。初看起来，来自价值这个基本经济概念的逻辑衍生物似乎是不可解释的。但是这可以通过以下事实来解释，即在以上概念中（资本、利润、利息、地租等）表现的**资本主义社会生产关系**在**独立商品生产者之间的关系形式**中显现出来，并且它们是通过价值概念表现的。资本是价值的变体，因为资本家和工人之间的生产关系采取了平等商品生产者之间关系的形式，即自发的经济参与者。经济概念的体系来自生产关系的体系。作为一门科学政治经济学的逻辑结构表达了资本主义社会的社会结构。①

　　劳动价值理论给出了商品社会基本生产关系——平等商品生产者之间的生产关系——的理论表达。这解释了这

---

　　①　F. 奥本海默认为马克思"方法论上的失败"和他的根本错误在于这个事实，即他采纳了"在交换行为参加者之间存在社会平等的假设"，这是价值理论的基础，分析带有阶级不平等性的资本主义社会的起点。出于同情，他引用了杜冈-巴拉诺夫斯基的话："假设交换行为参加者之间存在社会平等，我们就抽掉了产生这种行为的内在社会结构。"（弗兰茨·奥本海默. 价值与资本利润［M］. 1916：176。）奥本海默谴责马克思在价值理论中忽视了资本主义社会的阶级不平等。利弗曼对于马克思的经济理论持有反对意见，即它"事前假设特定阶级的存在"。（利弗曼. 国民经济学的基础［M］. 1920：34。）本质上，利弗曼是正确的：马克思的经济理论事前假设资本主义社会存在阶级不平等。但是由于在资本主义社会中阶级之间的关系采取了独立商品生产者的关系形式，分析的起点是价值，它假定了交换活动参加者之间的社会平等性。马克思的价值理论克服了奥本海默和利弗曼的片面性。我们在《当代西方经济学家》1927 年版中详细批判了奥本海默和利弗曼的观点。

种理论的生命力，在经济科学的前沿领域，它经受住了经济观念不断变换的疾风骤雨，经受住了总是以新形式、新构思出现的针对它的所有攻击。马克思在 1868 年 7 月 11 日给库格曼的信中说到："理论的历史确实证明，对价值关系的理解**始终**是**一样**的，只是有的比较清楚，有的比较模糊，有的掺杂着较多的错觉，有的包含着较多的科学的明确性。"① 希法亭也提到了这种理论的生命力："经济理论，就马克思在《剩余价值理论》中给它划的范围来说，是对资本主义社会的一种解释，它立足于商品生产。在经济生活巨变中仍然保持不变的这种基础解释了这个事实，即经济理论反映了这样的发展，在保留之前发现的基本规律的同时进一步发展它们，但这不能完全取消规律。这意味着，理论的逻辑发展伴随着资本主义的现实发展。开始于配第和富兰克林对价值规律的首次阐述，结束于《资本论》第二和第三卷最细致的考察，经济理论的发展过程表现为一种逻辑的展开。"② 价值理论史发展的连续性解释了它在经济科学中的核心逻辑地位。这种逻辑地位只能通过作为平等和自发的经济当事人——独立的商品生产者之间的基本关系在资本主义社会生产关系体系中所扮演的独特角色来理解。

这也表明如下的企图是不正确的，即认为劳动价值理

---

① 马克思恩格斯全集：第三十二卷 [M]. 北京：人民出版社，1975：541.

② 希法亭. 马克思经济理论的前史 [J]. 新时代，1910 – 1911 (2).

论完全不适用于解释资本主义社会，它仅局限于一个想象的社会或先于资本主义社会存在的简单商品社会。克罗齐问道："为什么马克思在分析第二或第三类经济现象时（即利润和地租现象。——鲁宾注）还使用只适用于第一类的概念（即劳动价值——鲁宾注）？如果价值和劳动之间的对应关系只能在第一类简单社会中存在，为什么要坚持用第一类术语解释第二类现象？"① 类似的批判根植于对价值理论的片面理解，只用它解释简单商品经济中交换的数量比例，完全忽视了价值理论质的方面。如果相对于简单商品交换，资本主义交换量的比例规律有了变化，那么交换的质则在两种经济中是相同的。只有对质的分所才使理解和研究量的比例成为可能。"对社会一部分的征收和其他部分对生产资料的垄断显然改变了交换，因为社会成员之间的不平等只能在交换中显示出来。但是因为交奂行为是一种平等关系，不平等采取了平等的形式——不再是价值的相等，而是生产价格的相等。"② 希法亭应该延伸他的思想，把它转成生产关系的语言。

以商品的相等为起点的价值理论对于解释不平等的资本主义社会是必不可少的，因为资本家和工人之间的生产关系采取了形式上平等的独立的商品生产者的关系形式。所有把价值理论从资本主义经济理论中分离出去的企图都

---

① 克罗齐. 历史唯物主义和卡尔·马克思的经济学［M］. 1902：230.

② 希法亭. 金融资本：俄文版［M］. 1918：23.

是错误的，不管他们是把价值理论的应用范围限制在一个想象的社会中（克罗齐），还是限制在一个简单商品经济中，抑或把价值理论转变为一种纯粹的逻辑范畴（杜冈–巴拉诺夫斯基），还是在内在经济范畴中做出严格区分，即把价值从像资本这样的社会范畴中分离出来（司徒卢威）。（参见第六章）

第十一章
商品的相等和劳动的相等

　　作为自发的经济参与者，商品生产者的平等表现在交换形式中：交换本质上是等价物的交换，用于交换的商品的均等化。在国民经济中，交换的作用并不限于它的社会形式。在商品经济中，交换是再生产过程的一个必不可少的组成部分，它使劳动的合理分配和生产连续性成为可能。从它的形式上说，交换反映了商品经济的社会结构。从它的**内容**上说，交换是劳动过程、再生产过程的一个阶段。从形式上看，交换活动涉及**商品的均等化**。从生产过程的立场看，交换与**劳动的均等化**密切相关。

　　正如价值表现了所有劳动产品的等同性，劳动（价值实体）表现了在各种形式以及个体中劳动的等同性。劳动是"等同的"，但是这种劳动的等同包含什么？为了回答这个问题，我们必须区分等同劳动的三种类型：

　　（1）生理上等同的劳动；

　　（2）社会意义上等同化的劳动；

（3）抽象劳动。

我们在这里不研究第一种形式的劳动，我们要解释的是第二和第三种劳动之间的区别。

在一个有组织的经济中，人们之间的关系是相对简单和明了的。劳作取得了直接的社会形式，即存在某种社会组织或机构在社会个体成员之间分配劳动。每个个体的劳动作为带有具体物质属性的具体劳动直接加入社会经济之中。每个个体的劳动是社会的，正是由于它不同于共同体中其他成员的劳动，它相当于对别人劳动的一种物质补充。在它的具体形式中，劳作是直接的**社会**劳动，也是被分配的劳动。劳动的社会组织在于在不同的社会成员之间分配劳动。反过来，劳动分工建立在一些社会机构决策的基础之上。劳动同时是社会的和被分配的，这意味着在它的具体物质技术或有用形式中，劳动拥有这两种属性。

这种劳动也是**社会等同**的吗？

如果我们不考虑在性别和个体上极端不平等的集团，而是考察一个有劳动分工的大共同体（比如：南斯拉夫的大家庭共同体），那么我们可以看到等同化的过程必须或者说至少应当在共同体中发生。这样一个过程在更大的社会主义共同体中将更为必要。没有不同形式和不同个体的劳动的均等化，社会主义共同体的机构就无法决定为了生产某种物品而花费一天复杂劳动或两天简单劳动，花费个体 A一个月的劳动或个体 B 两个月的劳动，哪个更有效。但是在一个有组织的共同体中，劳动的这种等同化过程根本不同于发生在商品经济中的等同化过程。让我们设想某种社会主义共同体，劳动分工发生在共同体成员之间。一个既定的社会机构把不同个体之间的劳动等同化，因为没有这种等同化，一个较为广泛的社会计划就不可能实现。但是在这个共同体中，劳动的等同化过程是第二位的，是劳动的社会化和分配过程的补充。劳动首先是社会化的被分配的劳动。我们在这里也可以把社会等同化的劳动的质中派生、附加的特征包括进来。劳动的基本特征是社会性和被分配的，派生附加的特征则是作为社会等同化劳动这种属性。

现在让我们考察发生在我们共同体的劳动组织中的变化，如果我们不是把这种共同体视为有组织的实体，而是视为私人商品生产者的不同经济单位的统一体，即商品经济。

我们在有组织的共同体中发现的劳动的社会特征，也可以在商品经济中找到。在这里，我们也看到了**社会劳动、被分配的劳动、社会等同化的劳动**。但是，所有的这些社会化、等同化以及劳动分配过程采取了不同的形式。这些属性的结合完全不同。首先，在商品经济中没有社会劳动的直接组织者。劳动不是直接社会的劳动。

在商品经济中，独立个体的劳动和各个私人商品生产者的劳动，并不是直接由社会管理的。这样，在它的具体形式中，劳动并不直接加入社会经济中。劳动在商品经济中成为社会的劳动只是当它取得了社会等同化的劳动的形式的时候，也即每个商品生产者的劳动成为社会的劳动，只是因为他的产品和其他生产者的产品等同化了。于是特定个体的劳动和社会其他成员的劳动以及劳动的其他形式等同化了。在商品经济中，并没有其他属性决定劳动的社会特征。这里没有为了社会化和劳动分配而事先设计的计划。表明特定个体的劳动被包含在社会经济体系中的证据仅仅在于这种劳动产品和其他产品所进行的交换。

如果我们比较一下商品经济和社会主义共同体，可以发现社会劳动的属性和社会等同化劳动的属性似乎变换了位置。在社会主义共同体中，作为等同的或等同化的劳动的属性是生产过程的结果，是社会机构生产决策的结果，这样的机构把劳动社会化并加以分配。在商品经济中，只有在劳动与其他形式的劳动变得相等的意义上，只有劳动在社会上被等同化的意义上，劳动才成为社会的。社会的或社会意义上被等同化的劳动在商品经济的独特形式中可以被称为**抽象劳动**。

马克思的著作确证了我们的观点，我们可以做一些引用。

最引人注目之处是在《政治经济学批判》之中，马克思在那里说劳动"变成社会劳动"，因为它采取了"抽象一般性的形式"①，即与其他劳动形式等同化的形式。"抽象的和在这种形式中的社会劳动"——马克思经常用这些描述

---

① 马克思恩格斯全集：第三十一卷 [M]. 北京：人民出版社，1998：426.

表明在商品经济中劳动的社会形式。我们也可以引用《资本论》中的名言，在商品经济中，"独立的私人劳动的独特的社会性质在于，它们作为人类劳动而彼此相等"①。

于是在商品经济中，劳动社会属性的重心从其社会特征转移到了劳动作为等同的或在社会等同化的劳动这个特征上，并且等同化是通过劳动产品的等同化实现的。在马克思的价值理论中，劳动等同的概念发挥着核心作用：在商品经济中，劳动因为具有被等同的属性而成为社会的劳动。

在商品经济中，社会劳动以及被分配的劳动的特征在劳动的等同中有其根据。在商品经济中，劳动分配并不是与事前确定的需求相一致的有意识的分配，而是受生产均衡原则调节的。劳动在不同生产部门之间的分配是以这种方式实现的，即通过耗费相同数量的劳动，所有生产部门的商品生产者获得相同的价值。

我们可以看到，抽象劳动的第一种属性（即在商品经济的独特形式中已在社会意义上等同化了的劳动）包含这个事实：只有当它是等同的时候，它才成为社会的。它的第二种属性包含这个事实：劳动的等同化是通过物的等同化实现的。

在社会主义社会中，劳动的等同化过程和物（劳动产品）的等同化过程都是可能的，但却是相互分离的。当生

---

① 马克思. 资本论：第一卷 [M]. 北京：人民出版社，2004：91 - 92.

产和不同劳动形式的分配计划制订出来的时候，社会主义社会完成不同劳动形式的某种等同化，并同时从社会有用性的立场出发等同化物（劳动产品）。"诚然，就在这种情况下，社会也必须知道，每一种消费品的生产需要多少劳动。它必须按照生产资料来安排生产计划，这里特别是劳动力也要考虑在内。各种消费品的效用（它们被相互衡量并和制造它们所必需的劳动量相比较）最后决定这一计划。"① 当生产过程完成的时候，当产品在各个社会成员之间的分配完成的时候，为了分配的目的而对物做的某种等同化，对这些物的社会有意识的评价，可能是不可或缺的。② 显然，在物和生产中耗费的劳动精确成比例的均等化过程中，社会主义社会没有必要评估物。由社会政策目标指引的社会可能有意识地给予满足大众文化需要的物以较低的估价，而给予奢侈品较高的估价。但是即使社会主义社会按照耗费的劳动准确评价物品，对物等同化的决策也是和对劳动等同化的决策分开的。

然而在商品社会中就是另一回事了。**在这里没有对劳动进行等同化的独立的社会决策**。不同劳动形式的等同化只能**在物——劳动产品的形式中通过物的等同化**实现。在市场上，物在价值形式中的等同化影响劳动的社会分工，

---

① 马克思恩格斯文集：第九卷［M］. 北京：人民出版社，2009：327.

② 我们这里说的是社会主义经济的第一个阶段，社会仍然在各个成员之间调节产品的分配。

它影响生产参与者的劳动活动。在市场上商品的等同化和分配与在社会生产中劳动的等同化和分配密切相关。

马克思经常指出，在商品经济中，劳动的社会等同化只能在物质形式中并通过商品的等同化实现，"人们使他们的劳动产品彼此当作价值发生关系，不是因为在他们看来这些物只是同种的人类劳动的物质外壳。恰恰相反，他们在交换中使他们的各种产品作为价值彼此相等，也就使他们的各种劳动作为人类劳动而彼此相等。他们没有意识到这一点，但是他们这样做了。"① 劳动的社会等同化并不是独立存在的，它只能通过物的等同化实现。这意味着，劳动的社会等同只能通过物实现。"产品作为商品的交换，是劳动的交换以及每个人的劳动对其他人的劳动的依存性的一定形式。"② "人类劳动的等同性，取得了劳动产品的等同的价值对象性这种物的形式。"③ "把不同种劳动的相等这种社会性质，反映在这些在物质上不同的物即劳动产品具有共同的价值性质的形式中。"④

对于这些观点最为错误的解释是，物作为价值的等同

---

① 马克思. 资本论：第一卷 [M]. 北京：人民出版社，2004：91.

② 马克思. 剩余价值理论：第三卷 [M]. 北京：人民出版社，1975：139.

③ 马克思. 资本论：第一卷 [M]. 北京：人民出版社，2004：89。在德文第一版中，马克思没有说"价值实体"（即劳动），而是说"价值对象性"（Wertgegenständlichkeit），或者简单说价值（这就是这个术语在经马克思校订的《资本论》法译本中的用法）。在俄译本中，这个术语经常被错误地翻译为"价值实体"（即劳动）。

④ 马克思. 资本论：第一卷 [M]. 北京：人民出版社，2004：91.

只是表现了人类劳动的不同形式在生理学意义上的等同
（参见后面"抽象劳动"一章）。这种物质机械观念和马克
思是没有关系的。他说的是不同劳动类型等同时具有的社
会特征，说的是对于每一个建立在广泛的社会分工基础上
的经济体来说不可缺少的劳动的社会等同化过程。在商品
经济中，这个过程只有通过具有价值的劳动产品的等同化
才能实现。在物的等同化形式中，这种社会等同化过程的
"物质化"并不意味着作为生产要素的劳动的物质对象化，
即它在物（劳动产品）中的物质积累。

　　"每一个个人的劳动，只要表现为交换价值，就有相同
性这种社会性，而且也只有作为相同的劳动同所有其他个
人的劳动发生关系，才表现为交换价值。"① 在这些用词中，
马克思明确表达了在商品经济中，劳动的等同化过程和具
有价值的商品的等同化过程是相互联系、互为条件的。这
也解释了在商品经济的运行机制中，交换过程作为劳动价
值产品均等者所扮演的独特作用。劳动的等同化和分配过
程是与价值的等同化密切相关的。商品价值量的变化依赖
于耗费在商品上的社会必要劳动，并不是因为没有耗费在
商品上的劳动的等同，物的等同化就不可能（根据庞巴维
克的观点，这就是马克思理论的基础），而是因为在商品经
济中**劳动**在社会意义上的**等同**只能在**商品等同化**的形式中
实现。价值理论的关键不在于交换活动本身，不在于拥有

---

　　① 马克思恩格斯全集：第三十一卷 [M]．北京：人民出版社，
1998：424．

价值的**商品**的物质等同化，而在于在商品经济中**劳动**被等同化、被分配的方式。我们再次得出了这样的结论：马克思通过对商品经济中"劳动"的分析揭示了"价值"的属性。

这表明了如下观点，即马克思只是在交换行为在再生产过程中扮演独特角色的范围内，在它与这个过程密切相关的范围内才研究交换行为。马克思在与"劳动"，在与生产劳动的等同化和分配的关联中研究商品"价值"。马克思的价值理论并不研究物的每一个交换，而只研究发生在如下情况下的交换：（1）在**商品社会**中；（2）在自发的**商品生产者**之间的；（3）当它在一定的方式下与**生产**过程相关时，代表再生产过程的一个必经阶段。在生产中劳动交换与分配过程的相互关系驱使我们（为了理论分析的目的）关注劳动产品价值（与自然物相反，他们可能有价格。参见第五章），进而关心可以**再生产**的那些产品。如果自然物（比如土地）的交换是商品经济的正常现象，与生产过程相关，那么我们必须把它纳入政治经济学的研究范围。但是我们必须把对它的分析和对劳动产品价值现象的分析区别开来。不管土地价格如何影响生产过程，它们之间的联系不同于劳动产品价值和社会生产中劳动分配过程之间的职能的联系。土地价格，以及一般来说数量不能增加的物品价格，并不是劳动价值理论的例外，而是处在这个理论的边缘，处在其边界上——这种理论自己划定边界，作为一种社会学理论，它分析决定价值变动和在商品社会的生产过程中价值角色的规律。

因而，马克思没有分析物的每一个交换，而仅仅分析商品的等同化。借此劳动在社会意义上的等同化在商品经济中实现了。我们分析的是作为"劳动在社会意义上等同性"的表现的商品价值。我们必须把"劳动在社会意义上等同性"的概念和**劳动在个体形式中的均衡**概念联系起来。"劳动的等同性"对应生产劳动分配的特定状态，即理论上设想的均衡状态，在这里，劳动不再从一个生产部门转移到另一个生产部门。显然，如果由于经济的自发性，劳动的按比例分配经常被扭曲，那么劳动的转移将经常发生并且也是不可避免的。但是劳动的转移正是为了消除这种扭曲，消除对于平均值的偏离，这个平均值是理论上设想的各个生产部门的均衡状态。当刺激商品生产者从一个部门转向另一个部门的动力消失的时候，当不同生产部门获得相同的有利条件的时候，（理论上的）均衡状态就达到了。不同部门根据价值进行的劳动产品交换，不同类型的劳动在社会意义上的等同，对应社会生产的均衡状态。

从质的方面来考察，这种均衡规律对于简单商品经济和资本主义经济来说是不同的。这一不同可以由以下事实来解释，即在社会劳动的分配中客观均衡是通过竞争、通过劳动在不同生产部门之间的转移实现的，这种转移和商品生产者的主观动机相关。① 在社会生产过程中商品生产者的不同角色产生了在分配劳动时不同的均衡规律。在简单商品经济中，不同生产部门的商品生产者的相同有利条件是通过商品交换实现的，这种交换根据的是生产这些产品所需的必要劳动时间量。S. 弗兰克怀疑这个命题。他认为"不同经济部门相同的收入倾向假定了产品价格与生产者的耗费成比例，这样一定的收入将来自一定的生产耗费。然而，这种比例性并没有假定生产者耗费的社会劳动和他在交换产品时得到的劳动量相等"②。

然而，弗兰克没有问对于简单商品生产者来说生产耗费的内容是什么，如果它不是耗费在生产上的劳动的话。对于简单商品生产者来说，两个部门生产条件的不同表现为它们参与劳动的条件不同。在简单商品经济中，比如一个制鞋部门 10 小时的劳动交换另一个制衣部门 8 小时的劳

---

① 波特凯维茨做了这样的评论："价值规律就会悬在半空中，如果人们并不假定为市场而生产的生产者尽其所能用最少的花费获取最大的优势，如果人们并不假定他们也改变他们的职业。"（波特凯维茨. 马克思体系中的价值计算和价格计算 [J]. 社会科学和社会政治文库，1906，23（1）：39。）但是波特凯维茨错误地认为这个命题是希法亭解释马克思理论时的根本矛盾所在。希法亭并没有忽视竞争，也没有忽视需求和供给之间的关系，但是这种关系"是由市场价格调节的"，（希法亭. 庞巴维克对马克思的批判 [M]. 71。）希法亭明白，经济活动是通过经济参与者的动机实现的，但是他指出："只有建立经济关系等同性的趋势能够从经济参与者的动机中得出，这种动机反过来是由经济关系的本质决定的。"（金融资本：俄文版 [M]. 264。）这种趋势是解释资本主义商品经济现象的前提，但不是唯一的解释。"资本主义生产参与者的动机必须从既定生产方式中经济活动的社会职能那里得出"。

② S. 弗兰克. 马克思的价值理论和它的意义 [M]. 1900：137 - 138。

动，这必然导致（如果制鞋者和制衣者有相同的资质）两个生产部门获利上的不同，使劳动从制鞋部门转移到制衣部门。在商品经济中，假定劳动有完全的流动性，生产上每一个多少有点明显的差异就会产生一种趋势，使劳动从并不有利的生产部门转移到更为有利的生产部门。这种趋势会持续下去，直到并不有利的部门面临经济崩溃的直接威胁，并且由于产品在市场上不利的销售条件，已经不可能继续生产了。

从这些考虑出发，我们并不同意波格丹诺夫对价值理论的解释。"在有劳动分工的一个同质的社会中，每一个经济单位在交换物品时，必须获得与自己的产品等值的一定数量的产品（为了他自己的消费），这是为了把经济生产维持在先前的水平上。""如果每个经济单位得到的少了，它们就将衰弱、瓦解，不再能够发挥它们之前的社会角色。"①产品交换没有与耗费在产品生产上的劳动成比例，这意味着每个经济单位从社会中得到的劳动耗费少于其付出的。这导致了它们的瓦解以及生产的中断。这意味着，生产的正常运行只有当产品交换比例与劳动耗费等同时才是可能的。②

---

① 波格丹诺夫. 经济科学简明教程 [M]. 1920：63. 同样的推理也可在他的《政治经济学教程》（第二卷第2224页）中找到。

② 齐贝尔的著作中有这种观点的不成熟形式。"不是基于等量劳动的交换才导致一些经济力量被其他力量所吞没。这在任何情况下都不可能持续下去。然而，只有长时期才是科学要分析的。"（齐贝尔. 李嘉图的价值和资本理论 [M]. 1871：88。）

这种对劳动价值理论的解释建立在"力量"之上，有原创性也很诱人。但是，由于下列原因，它并不令人满意：（1）它完全忽视了剩余产品，并且这种假设对于分析商品经济来说也是没有必要的，不符合现实；（2）如果接受这个前提，那么比例与劳动成本的产品交换规律将被视为在不同经济单位之间的所有交易行为中都有效，即使并不存在商品经济的基础，人类得到了一个适用于所有历史时期的公式，抽去了商品经济的属性；（3）波格丹诺夫的观点假设既定的经济必须得到对于生产的继续来说必要的一定数量的实物产品，即他心里想的是物质产品的量，而不是价值量。波格丹诺夫描述了绝对界限，超出这个界限，一个经济单位和另一个经济单位之间的物质交换将有损于前者，剥夺它继续生产的能力。然而，在分析商品经济时，不同部门的产品生产者所拥有的**相对**生产优势发挥着决定性作用，同时也决定了劳动从较为不利的部门到较为有利的部门的转移。在简单商品生产条件下，不同部门相同的生产优势以商品交换比例与在生产中**劳动的数量**为前提。

在资本主义社会，商品生产者不是耗费他的劳动而是耗费他的资本，相同优势原则有了不同的表达式：**等量资本**取得等量利润。利润率调节着资本在不同生产部门之间的分配，资本的这种分配进而指挥着劳动在这些部门之间的分配。市场上价格的波动与通过资本分配而进行的劳动分配相关。价格的波动是通过市场价格由劳动价值决定的。很多马克思理论的批评者有意从中发现马克思价值理论破产的秘密。① 他们忽视了这个事实，即理论不仅分析量的方面，更主要的是分析价值现象质的（社会的）方面，"**物化**"或者说劳动关系的**拜物教**；在产品**价值**中表现出来的**生产关系**；参与经济的**商品生产者**之间的平等，不同生产部门在**分配劳动**时价值的作用——马克思的批评者没有充分考察这些现象，而马克思的价值理论阐明了它们。这些现象都同样涉及简单商品经济和资本主义经济。但是价值量的方面也是马克思感兴趣的，如果它与价值作为劳动分配调节者的职能相关的话。物品交换上量的比例表达了社会劳动按比例分配的规律。劳动价值和市场价格是相同的劳动分配规律在简单商品生产条件下和在资本主义社会条

---

① 比如，哈尼西说："在这些解释（《资本论》第三卷——鲁宾注）之后劳动价值是什么？它是一个随意构建的概念，并不是经济现实的交换价值。它不是作为我们分析出发点的事实，不是我们要解释的事实。"（哈尼西. 马克思的剩余价值理论 [M]. 1915：22。）哈尼西的观点在马克思主义的批评者中很典型，这样的批评是随着《资本论》第三卷的出版而引起的。更为尖锐的批评者没有重视《资本论》第一卷和第三卷表面上的"矛盾"，或者至少他们并不认为这是本质上的。（熊彼特. 学说和方法史的时代 [M] //社会经济学原理：第一卷. 1914：82；奥本海默. 价值和资本利润 [M]. 耶拿：费舍尔出版社，1916：172 - 173。）他们严厉地批评了马克思价值理论的基本前提。另外，坚持马克思的价值理论和他的生产价格理论之间存在矛盾的批评者认识到价值理论的逻辑不可能受到挑战。"事实上，对于马克思价值理论中应用的推理可能举出形式上的反对意见，在现实中它们被列举了出来。但是毫无疑问，这些反对意见没有达到它们的目的。"（海曼. 价值问题的方法 [J]. 社会科学和社会政治文库，1913，37（3）：775。）"从价值理论上反驳马克思"的不可能性甚至得到了迪策尔的肯定，他在危机理论中看到了马克思体系的要害。（迪策尔. 价值理论的理论价值 [M]. 莱比锡：代杰尔特出版社，1912：31。）

件下的不同表现。① 劳动的均衡和分配是价值的基础，是在简单商品经济中和在资本主义经济中价值变化的基础。这是马克思"劳动"价值理论的意义。

在第九至十一章中，我们研究了联结劳动和价值的机制：在第九章中，价值主要是作为社会生产的调节者；在第十章中，价值是作为人们之间生产关系的表现；在本章中，价值是作为抽象劳动的表现。现在，我们转向对价值概念更为详细的分析。

---

① 参见第十八章"价值和生产价格"。

第十二章
价值的内容和形式

　　与马克思的交换价值概念相对，为了理解马克思著作中产品"价值"概念的意义，我们必须首先考察马克思是如何研究"价值"概念的。众所周知，产品价值，例如 1 夸特小麦的价值，只能在市场上用一定的具体产品形式表现出来，为了交换这种产品可能需要 20 磅鞋油、2 阿尔申丝绸、0.5 盎司黄金，等等。于是产品"价值"只能表现在"交换价值"中，或者更准确地说，表现在不同的交换价值中。可是，为什么马克思不把他的分析限制在产品交换价值之中，特别是限制在产品交换量的比例之中？为什么马克思认为在交换价值旁边建构价值概念是必要的，并且它也不同于交换价值？

　　在《政治经济学批判》（以下简称《批判》）中，马克思并没有明确区分交换价值和价值。在《批判》中，马克思的分析从使用价值开始，然后转向交换价值，从那里又直接转向了价值（他仍然称之为交换价值）。在马克思的著作中这种转向是平滑的、难以察觉的，好似平淡无奇。

但是这种转向在《资本论》中就很不同了，把《批判》和《资本论》的前两页做个比较是很有意思的。

两部著作的前两页完美地一致。两部著作的阐释都从使用价值开始，然后转向交换价值。两部著作都包含这样的陈述，即交换价值是产品交换的量的相互关系或比例。但是在这之后，两部著作就不同了。如果说在《批判》中，马克思不知不觉地从交换价值转向了价值，那么在《资本论》中则相反，他在某个地方停了下来，似乎预见到了反对者的意见。在做了两部著作都有的陈述之后，马克思指出："交换价值好像是一种偶然的、纯粹相对的东西，也就是说，商品固有的、内在的交换价值似乎是一个形容语的矛盾。现在我们进一步考察这个问题。"①

人们可以看到，马克思在这里考虑到了反对者，他们想表明除了相对交换价值之外没有东西了，价值概念在政治经济学中是完全多余的。马克思暗指的反对者是谁呢？

他就是塞缪尔·贝利，他认为在政治经济学中价值概念完全是不必要的，人们必须把研究和分析限制在不同物品得以交换的每个比例之中。相较于他对李嘉图的机智批判，贝利在肤浅性上更为成功。他企图破坏劳动价值理论的基础。他认为谈论桌子的价值是错误的。我们只能说这张桌子曾经交换了 3 把椅子，在另一个时间交换了 2 镑咖

---

① 马克思. 资本论：第一卷［M］. 北京：人民出版社，2004：49.

啡，等等；价值的量完全是相对的，它在不同的例子中总是变化的。价值概念不同于在交换行为中既定产品的相对价值概念，而贝利则得出结论来否定了这一点。让我们设想下面这种情况：1 张桌子的价值等于 3 把椅子。一年之后，这把桌子可以交换 6 把椅子。我们认为我们是正确的，如果我们说尽管桌子的交换价值改变了，它的价值仍然没有变化，只是椅子的价值降低了，降低到之前的一半。贝利认为这种说法是没有意义的，因为桌子和椅子的交换关系变了，椅子和桌子的关系也变了，桌子的价值只在于这一点。

为了反驳贝利的理论，马克思认为有必要（在《资本论》中）阐述这种观念，即如果不把交换价值概念化为某种共同因素即价值，交换价值就是不可理解的。在《资本论》第一章第一节中马克思致力于为从交换价值到价值，从价值到它们的共同基础——即劳动——的转向奠定基础。第二节是第一节的完成，因为它详细分析了劳动概念。我们可以说，马克思从交换价值领域表现出的差异性转向了作为交换价值基础的共同因素，即价值（在最后的分析中是劳动）。马克思在这里表明贝利把分析限制在交换价值领域是不正确的。在第三节中，马克思从事于相反的进程，解释了既定产品的价值表现在不同的交换价值之中的方式。马克思先前分析到了共同因素，现在他从共同因素转向了对差异性的分析。先前他反对贝利的观念，现在他发展了李嘉图的理论。李嘉图的理论没有解释价值到交换价值的转变。为了反驳贝利的理论，马克思必须进一步发展李嘉图的理论。

其实，李嘉图理论的片面性很大程度上助长了贝利企图表明没有价值而只有交换价值的做法。李嘉图没能展示价值如何表现在一定的价值形式之中。于是，马克思有两项任务：（1）他必须表明交换价值的背后必然是价值；（2）他必须证明对价值的分析必然导向对价值表现不同形式的分析，导向对交换价值的分析。

马克思是如何从交换价值转向价值的呢？

马克思的批评者和评论者通常认为他的中心论点包含在《资本论》德文版第一卷第 3 页小麦和铁的著名比较之中。马克思认为如果小麦和铁彼此相等，那么必然有在量上等于这两者的共同物。两者必然等于第三种东西，这正是它们的价值。人们通常认为这是马克思的主要观点。对马克思理论的批判几乎都直接反对这种论点。很不幸，反驳马克思观点的每一部著作都认为马克思企图通过纯粹的抽象推理证明价值概念的必然性。

但是他们都忽视了下面这种情况。马克思研究小麦和铁相等的那个段落只不过是从先前的段落中推导出的，他说："某种一定量的商品，例如 1 夸特小麦，同 x 量鞋油或 y 量绸缎或 z 量金等等交换，总之，按各种极不相同的比例同别的商品交换。因此，小麦有许多种交换价值，而不是只有一种。既然 x 量鞋油、y 量绸缎、z 量金等等都是一夸特小麦的交换价值，那么，x 量鞋油、y 量绸缎、z 量金等等就必定是能够互相代替的或同样大的交换价值。由此可见，第一，同一种商品的各种有效的交换价值表示一个等同的东西。第二，交换价值只能是可以与它相区别的某种内容的表现方式，'表现形式'。"①

从这个段落中可以看出，马克思不是考察一种商品和另一种商品等同化的个案。马克思的论证是从商品经济众所周知的事实出发的，即所有的商品都能彼此相等，既定商品可以和其他无数商品相等。或者说，马克思推理的出发点是商品经济的具体结构，而不是纯粹从逻辑方法上比较两种商品。

马克思从商品之间的多重相等关系开始分析，从每个商品与很多其他商品等价开始分析。但是，这个前提本身对于马克思所做出的结论来说仍然是不充分的。在这些结论的基础之上，存在一个不言而喻的假设，马克思在其他地方阐述了这一点。

另一个前提在于：我们假设1夸特小麦与其他任何商品的交换被包含在某些规则之下，交换行为的这些规则应归因于它们对生产过程的依赖。我们反对这种假设，即1夸特小麦可以交换任意数量的铁、咖啡等。我们不能同意这样的假设，即在交换行为中，每次达成的交换比例是完全偶然的。相反，我们确信既定商品与任何其他商品交换的可能性源于建立在生产过程之上的某些规则。这样，马克思

① 马克思. 资本论：第一卷 [M]. 北京：人民出版社，2004：49.

的整个论证采取了如下形式。

马克思说：让我们假设不是铁和小麦两个商品的偶然交换，而是商品经济中现实发生的交换。于是我们看到，每个物品可以和其他物品相等。或者说，我们看到了既定商品与其他所有商品之间的无数交换比例。但是这些交换比例不是偶然的，它们是有规则的，它们的规则是由包含在生产过程中的原因决定的，进而我们得出了这样的结论：1 夸特小麦的价值有时表现在两镑咖啡之中，有时表现在 **3** 把椅子之中，等等。然而 1 夸特小麦的价值在这些情况下是不变的。如果我们假设在每个交换比例之中，1 夸特小麦有另外的价值（这是从贝利的表述中得出的），那我们就得承认在价格构成的现象中只有完全的混乱，在产品交换的壮阔现象中只有完全的混乱，但劳动形式的全部关联正是在其中实现的。

上述的推理使马克思得出了这样的结论：尽管产品的价值必然表现在交换价值之中，他也必须把价值分析定为交换价值分析的基础并且独立于后者。"研究的进程会使我们再把交换价值当作价值的必然的表现方式或表现形式来考察，但现在，我们应该首先不管这种形式来考察价值。"① 与这一点相一致，在《资本论》第一章第一节和第二节中，马克思为了转到交换价值而分析价值。价值和交换价值的差别驱使我们询问：与交换价值相对的价值是什么？

---

① 马克思. 资本论：第一卷 [M]. 北京：人民出版社，2004：51.

如果我们采纳广为流行的观点，那么很不幸，我们要说价值通常被视为生产既定商品的必要劳动。然而，既定商品的交换价值被看作第一个商品所交换的另一种商品。如果生产 1 张桌子用了 3 小时劳动，换得 **3** 把椅子，人们通常就会说 1 张桌子的价值等于 3 小时劳动，表现在不同于桌子本身的另一种产品——3 把椅子之中。3 把椅子构成了 1 张桌子的交换价值。

这种常见的定义一般说来没有分清价值是由劳动**决定**的还是价值就**是**劳动本身。显然，从马克思的理论观点看，准确的表达是交换价值是由劳动决定的。但是我们必须追问：劳动决定的价值是什么？对于这个问题，我们在常见的解释中常常找不到合理的答案。

这就是为什么读者常常形成这样的观念，即商品的价值只不过是生产产品的必要劳动。人们获得的劳动和价值完全等同的印象是错误的。

这样的观念在反马克思主义的作品中广泛传播。人们也许会说反马克思主义作品中的很多误解依据的是错误的印象，即按照马克思的观点，劳动就是价值。

错误的印象常常是由于没能理解马克思著作中的术语和意思。比如：马克思有一个广为人知的论述，即价值是"凝结了的"或"结晶了的"劳动。这个论述的意思常常被解释为劳动就是价值。这个错误也是由俄语动词"表现"（predstavlyat）的双重意义造成的。价值"表现"劳动——这就是我们如何翻译德语动词"表现（darstellen）"的。但是这个俄语的表述不仅可以被理解为价值是劳动的一种表现或表达（这符合马克思的理论），也可以被理解为价值就是劳动，这种在批判马克思的作品中已深入人心的印象当然是完全错误的。劳动不可能和价值同一。劳动只是价值的实体，为了从这个词的完全意义上理解价值，作为价值实体的劳动必须和社会的"价值形式"放在一起研究。

马克思从**价值形式**（Wertform）、**价值实体**（Wertsubstanz）、**价值量**（Wertgrösse）方面分析了价值。"决定性的重要之点是要发现**价值形式**、价值**实体**和价值**量**之间的内在必然联系。"① 分析时这三个方面的关系隐而不显，因为马克思是分别加以分析的。在《资本论》德文第一版中，马克思多次指出，我们的主题是分析同一个对象——价值的不同方面。"我们现在知道了价值的**实体**。这就是**劳动**。我们知道了价值的**量的尺度**。这就是**劳动时间**。价值的**形式**——正是它使**价值**成为**交换**价值——有待分析。"② "以上还只是确定价值实体和价值量，现在我们来分析**价值形式**。"③ 在《资本论》第一卷第二版中，这些表述被去掉了，但是第一章被分成了几个独立的部分：第一节的标题是"价值实体和价值量"；第三节的标题是"价值形式或交换价值"；至于第二节，它关注的是劳动的二重性，且只是作

---

① 马克思恩格斯全集：第四十二卷［M］. 北京：人民出版社，2016：55.
② 同上，第27页。
③ 同上，第34页。

为第一节的补充，即补充价值实体理论。

不考虑量的方面或价值量，只考虑质的方面，我们可以说价值就是从"实体"（内容）和"价值形式"[①] 被考察的。从这两个方面分析价值的责任，意味着有责任在分析中运用发生的（辩证的）方法。这种方法包含分析和综合。[②] 一方面，马克思把作为劳动产品完成形式的价值作为分析的起点。通过分析，他发现了包含在既定形式中的内容（实体），即劳动。在这里，马克思跟随的是古典经济学家特别是李嘉图所奠定的路线，而贝利是反对这样做的。但是另一方面，由于李嘉图在分析中局限于从形式（价值）到内容（劳动）的还原，马克思想表明为什么这个内容获得了一定的社会形式。马克思不仅从形式到内容，而且从内容到形式进行了分析。他使"价值形式"成为研究的主题，即作为劳动产品社会形式的价值——古典经济学家认为这种形式是理所当然的，并没有解释它。

一方面，马克思谴责贝利局限于分析交换价值的量而忽视了价值。另一方面，马克思看到古典学派忽视了"价值形式"，纵然它们分析了价值本身（即价值内容，它依赖于劳动）。"政治经济学曾经分析了价值和价值量（虽然不充分），揭示了**这些形式**所掩盖的内容。但它甚至从来也没

---

①　在这里以及后面，"价值形式"并不意味着价值在其发展中获得的不同形式（比如，偶然的、扩大的以及一般的价值形式），而是指作为劳动产品社会形式的价值本身。或者说，我们在这里不考虑不同的"价值形式"，而考虑"作为形式的价值"。

②　参见第四章结尾。

有提出过这样的问题：为什么这一内容采取这种形式呢？为什么劳动表现为价值，用劳动时间计算的劳动量表现为劳动产品的价值量呢？"① 古典经济学家发现了价值下面的劳动；马克思表明人们之间的劳动关系及社会劳动在商品经济中必然采取劳动产品价值的物质形式。古典学家指出了价值的内容，指出了耗费在产品生产上的劳动。马克思主要研究了"价值形式"，即作为人们之间劳动关系及社会（抽象）劳动物质表现的价值。②

在马克思的价值理论中，"价值形式"③ 扮演着重要作用。然而，它却没能吸引批评者（除了希法亭）的注意。马克思自己在不同的段落中附带地提过"价值形式"。《资本论》第一章第三节的标题是"价值形式或交换价值"。但是马克思没有停留在对价值形式的解释中，而是迅速转向了不同的变体，转向了每个"价值形式"：偶然的、扩大的、一般的以及货币形式。这些不同的"价值形式"包含在马克思理论每次通俗的表述中，却使"价值形式"本身

---

① 马克思. 资本论：第一卷 [M]. 北京：人民出版社，2004：98.

② 我们不考虑马克思是否正确理解了古典学者这个有争议的问题。我们认为对于李嘉图来说，当马克思说李嘉图考察了价值量并且部分上考察了价值内容而忽视了价值形式时，马克思是正确的。更为详细的分析，参见：马克思价值理论的基本特征和它与李嘉图理论的区别 [M] //罗岑贝格. 李嘉图和马克思的价值理论，莫斯科：莫斯科工人出版社，1924。

③ 布尔加科夫在他很早的一篇令人感兴趣的文章中注意到，对于理解马克思的理论来说，价值形式是很重要的（劳动价值是什么 [M] //法和社会科学论文库：第五卷、第六卷. 1896：234；政治经济学的一些基本概念 [J]. 科学研究，1892（2）：337）。

黯然失色。马克思在上述提及的段落中更为详尽地阐述了"价值形式":"古典政治经济学的根本缺点之一,就是它从来没有从商品的分析,特别是商品价值的分析中,发现那种正是**使价值成为交换价值的价值形式**。恰恰是古典政治经济学的最优秀的代表人物,像亚·斯密和李嘉图,把价值形式看成一种完全无关紧要的东西或在商品本性之外存在的东西。这不仅仅因为价值量的分析把他们的注意力完全吸引住了。还有更深刻的原因。**劳动产品的价值形式是资产阶级生产方式的最抽象的、但也是最一般的形式,这就使资产阶级生产方式成为一种特殊的社会生产类型,因而同时具有历史的特征**。因此,如果把资产阶级生产方式误认为是社会生产的永恒的自然形式,那就必然会忽略价值形式的**特殊性**,从而忽略商品形式及其进一步发展——货币形式、资本形式等等的特殊性。"①(粗体是鲁宾加。)

于是**"价值形式"成为商品经济的最一般形式**,它是在社会发展的一定水平上生产过程所获得的社会形式的特征。自从政治经济学分析了生产在历史上的短暂社会形式——资本主义商品生产,"价值形式"就成了马克思价值理论的基石之一。从上面引用的文字可以看出,"价值形式"和"商品形式"紧密相关,即和当代经济的基本特征相关,在这里劳动产品是由自发的私人生产者生产的,生

---

① 马克思. 资本论:第一卷 [M]. 北京:人民出版社,2004:98–99.

产者之间的劳动联系仅仅是通过商品交换引起的。在这种经济的"商品"形式中，生产商品所需的社会必要劳动并不直接表现在劳动单位中，而是间接表现在"价值形式"中，表现在交换既定商品的另一种商品中。劳动产品转变成了商品，它有使用价值和社会性的"价值形式"。于是社会劳动被"物化"了，它获得了"价值形式"，即附加在物上的属性形式，并且看起来似乎是属于物本身的。这种"物化"劳动（不是社会劳动本身）正是价值表现的东西。这也正是当我们说价值已经在自身中包含社会性的"价值形式"时所想到的意思。

但是，与交换价值相对，包含在价值概念中的"价值形式"是什么呢？

我将只提及《资本论》第一版中对于价值形式的一处最清晰的定义："商品的**社会形式**和**价值形式**，或**可以交换的形式**，都是这一回事。"① 正如我们看到的，价值形式被称为可以交换的形式或劳动产品的社会形式，这在于它可以交换任何其他商品，如果这种可交换性是由生产既定商品的必要劳动量决定的。以这样的方式，当我们从交换价值过渡到价值时，我们没有抽象掉劳动产品的社会形式。我们仅仅抽象掉了商品价值表现于其中的具体产品，但我们仍然想到了劳动产品的社会形式，它按照一定的比例交换其他任何产品的能力。

---

① 马克思恩格斯全集：第四十二卷 [M]. 北京：人民出版社，2016：49.

我们的结论可以表述如下：马克思把"价值形式"和交换价值分开来进行分析。为了把劳动产品的社会形式包括在价值概念之中，我们必须把劳动产品的社会形式分为两种形式——Wertform（价值形式）和 Tauschwert（交换价值）。第一种形式指的是没有具体化在一定的物中，而是表现商品某种抽象属性的社会形式。为了在价值概念中纳入劳动产品社会形式的属性，并进而表明不能把价值概念和劳动概念等同——对马克思理论的流行阐述采纳了这种等同性，我们必须证明价值不仅必须从价值实体（即劳动）方面分析，还必须从"价值形式"方面分析。为了把价值形式纳入价值概念本身之内，我们必须把它和交换价值区别开，马克思把后者和价值分开研究。这样，我们把产品的社会形式分为两部分——没有获得具体形式（即价值形式）的社会形式和已经获得具体形式及独立形式（即交换价值）的形式。

在研究了"价值形式"之后，我们必须转向研究价值内容或价值实体。所有马克思主义者都同意劳动是价值的内容。但问题是此处考虑的劳动是什么种类的劳动。我们都知道，"劳动"这个词背后可能隐藏着极为不同的形式。到底什么种类的劳动构成了价值的内容呢？

一般社会意义上等同的劳动可以存在于社会劳动分工的不同形式之中，而抽象劳动只存在于商品经济之中。在做出这个区分之后，我们必须探寻这个问题：马克思所理解的价值实体或价值内容是**一般社会意义上的等同劳动**

（即一般社会劳动）还是**抽象的普遍劳动**？或者说，当我们谈及作为价值内容的劳动时，我们是把包含在抽象劳动概念之下的所有特征都纳入劳动概念之中，还是把在社会意义上的等同劳动纳入其中而不把在商品经济中描述劳动的社会组织的属性纳入进来？作为价值"内容"的劳动概念和创造价值的"抽象"劳动概念是一致的吗？初看起来，人们可以在马克思的著作中发现支持关于价值内容的两种理解的论述。我们可以发现一些论述，它们似乎表明作为价值内容的劳动是比抽象劳动更为贫乏的东西，也即没有在商品经济下属于它的那些社会属性的劳动。

支持这种解答的论述是什么？

马克思所谈的价值内容常常涉及获得了价值的社会形式但也可以采取其他社会形式的东西，内容可以被理解为能够采取不同社会形式的东西。社会意义上的等同劳动正具有这种能力，但抽象劳动没有（即已经获得了一定社会形式的劳动）。社会意义上等同的劳动可以采取商品经济中的劳动形式，也可采取诸如社会主义经济中的劳动形式。或者说，在一定的情况下，我们抽象地采纳劳动在社会意义上的等同化，不考虑由这种或那种形式引起的内容（即劳动）的变形。

人们可以在马克思的著作中发现这种意义上的价值内容概念吗？对于这个问题我们可以做出肯定的回答。例如：我们记得马克思说过："交换价值是表示消耗在物上的劳动的一定社会形式。"① 显然，劳动在这里被看作可以采取这种或那种社会形式的抽象内容。在 1868 年 7 月 11 日给库格曼的著名信件中，马克思认为在商品经济中劳动的社会分工表现在价值形式之中，他也再次把在社会上分配的劳动视为可以采取这种或那种社会形式的内容。在商品拜物教理论那一节的第二段，马克思直接说："价值规定性的内容"不仅可以在商品经济中发现，也可以在父权制家庭或封建庄园中发现。在这里我们也看到，劳动被看作可以采取不同社会形式的内容。

然而，人们也可以从马克思的著作中发现支持相反观点的论述，根据这些论述，我们必须把抽象劳动视为价值的内容。首先，我们在马克思的著作中发现一些论述直接指明了这一点，比如："它们就同时和作为它们**共同社会实体**的抽象人类劳动发生关系。"② （粗体是鲁宾加。） 这个论述看起来毫无疑问地表明了这个事实，即抽象劳动不仅是价值的创造者，也是价值的实体和内容。我们也在方法论的基础之上得到了同样的结论。社会意义上等同化了的劳动在商品经济中获得了抽象劳动的形式，只有从这种抽象劳动之中才能得出作为劳动产品社会形式的价值的必然性。由此我们得出，在我们的图式中抽象劳动的概念直接先于价值概念。人们可以说，抽象劳动这个概念必须作为基础，

---

① 马克思. 资本论：第一卷 [M]. 北京：人民出版社，2004：100.
② 马克思恩格斯全集：第四十二卷 [M]. 北京：人民出版社，2016：48.

作为价值的内容和实体。人们不能忘记在内容和形式的关系问题上，马克思采纳了黑格尔的观点，而不是康德的观点。康德认为形式是外在于内容的东西，是从外部附加给内容的东西。从黑格尔哲学的立场看，内容本身不是形式从外部附加于其上的东西，而是通过发展，内容自身产生了已经潜在于内容之中的形式。形式必然从内容自身中产生。这是黑格尔和马克思方法论的基本前提，这种前提和康德的方法论相反。从这种观点出发，价值形式必然由价值实体产生。因而，在商品经济独特的各种社会属性中，我们必须把抽象劳动视为价值实体。最后，如果我们把抽象劳动视为价值的内容，我们就实现了马克思整个图式的重要简化。在这种情况下，作为价值内容的劳动和创造价值的劳动没有区别。

我们遇到了一个矛盾：马克思有时把社会（或社会意义上等同的）劳动作为价值内容，有时把抽象劳动作为价值内容。

我们如何克服这个矛盾？这个矛盾会消失，如果我们记得辩证法包含我们先前使用过的两种分析方法：从形式到内容的分析方法和从内容到形式的分析方法。如果我们从作为先前既定的社会形式的价值开始分析，如果我们询问这种形式的内容是什么，那么显然这个形式一般说来仅仅表现了社会劳动已被耗费这个事实。价值被视为一种形式，它表现了劳动社会等同化这个事实，并且这个事实不仅存在于商品经济中，也存在于其他经济中。通过从完成形式到内容的分析，我们发现了作为价值内容的社会意义上的等同化劳动。但是我们也将得到另一个结论，如果我们不是把完成形式而是把内容本身（即劳动）作为出发点，那么形式（即价值）必然是从内容中得出的。为了从作为内容的劳动过渡到作为形式的价值，我们必须把在商品经济中属于劳动概念的社会形式纳入劳动概念之中，也即我们现在必须把抽象的普遍劳动看作价值的内容。可能的情况就是，我们在马克思著作中发现的在价值内容规定性上的矛盾可以依据两种不同的方法得到合理解释。

由于我们分别分析了价值的形式和内容，现在我们必须研究它们之间的关系。在劳动和价值之间存在什么关系呢？对这个问题的一般回答是：价值是充分而准确地表现价值内容（即劳动）的形式。为了阐明这种观念，我们回到先前的例子中：1 张桌子交换 3 把椅子。我们说这个交换过程是由确定的规则决定的，并且依赖于劳动生产率的发展和变化。但是交换价值是劳动产品的社会形式，它不仅表现了劳动变化，而且也掩盖和遮蔽了这些变化。它掩盖它们，仅仅由于交换价值以两种商品——桌子和椅子——之间的价值关系为前提。因为两种物品交换比例上的变化并不告诉我们是耗费在桌子上的劳动量还是耗费在椅子上的劳动量变化了。如果经过一定的时间，1 张桌子可交换 6 把椅子，那么桌子的交换价值就变化了。然而桌子本身的价值可能没变。为了从纯粹形式上分析产品社会形式的变化对耗费在生产上的劳动量的依赖性，马克思必须把情况分为两部分，就是说我们必须分别分析决定桌子"绝对"价值的原因和决定椅子"绝对"价值的原因；同样的交换行为（即现在 1 张桌子交换 6 把椅子而不是 3 把）既可能由在桌子的生产上发挥作用的原因引起，也可能由在椅子的生产上起作用的原因引起。为了分别考察每个因果链条的影响，马克思必须把桌子交换价值的变化分为两部分，并假设这些变化只是由桌子方面的原因造成的，也即由生产桌子所必须的劳动生产率的变化造成的。或者说，马克思必须假设椅子以及桌子能够交换的其他商品保持它们先前的价值。只有在这种假设下，价值才是在**质**和**量**上充分而准确地表现劳动的形式。

　　至此，我们已经从质的方面考察了价值的实体和形式之间的联系。现在我们必须从量的方面考察这种联系，故我们从实体和形式过渡到价值的第三个方面——价值的**量**。马克思不仅从质的方面（作为价值实体的劳动），而且也从量的方面（劳动量）研究了社会劳动。以同样的方式，马克思从质的方面（作为形式或价值形式）考察了价值，也从量的方面（价值量）考察了价值。从质的方面看，"实体"和"价值形式"之间的相互关系表示社会抽象劳动和它的"物化"形式——即价值——之间的相互关系。在这里，马克思的价值理论直接指向他的商品拜物教理论。从**量的**方面看，我们关心的是抽象的社会必要劳动量和产品价值量之间的关系，它的变化是市场价格有规则变化的基础。价值量的变化依据的是抽象社会必要劳动量的变化，但是由于劳动的二重性，抽象社会必要劳动量的变化是由具体劳动量的变化造成的，也即由在一定的劳动生产率水平上生产的物质技术过程的发展造成的。因而，整个价值体系建立在自发的对不同类型的劳动产品的计算和比较的庞大体系之上，它是由作为整个社会抽象劳动组成部分的不同个体完成的。这个体系隐而不显，不可能从事物的表面看到。相应地，**整个社会抽象劳动的体系**是由**物质生产力**的发展启动的，后者是一般社会发展的最终因素。因而马克思的价值理论和他的历史唯物主义理论相关。

在马克思的理论中，我们发现了一方是价值内容和价值形式，另一方是价值的质和量，这两方面不可分割。在一个段落中，马克思指出配第混淆了价值的两种定义："作为社会劳动形式的价值"和"由等量劳动时间决定的价值量，在这里，劳动被看成价值的源泉"。① 马克思的伟大之处正是在于他综合了价值的这些定义。"作为人们之间生产关系物质表现的价值"和"由劳动量或劳动时间决定的价值量"，这两个定义在马克思的著作中是不可分割的。古典经济学家主要关心价值概念量的方面。马克思在对价值质的分析基础上考察了这一方面。相对于古典经济学家的理论，正是价值形式理论或"作为社会劳动形式的价值"表现了马克思价值理论中最特别的部分。在资产阶级科学家中，人们常常发现这种概念，即相比于古典经济学家，马

---

① 马克思．剩余价值理论：第一卷［M］．北京：人民出版社，1975：386．

克思著作的特点在于他把劳动视为价值的"源泉"或"实体"。从我们引用的马克思的有关论述看，把劳动视为价值源泉的观点也可以在其他经济学家那里找到，他们的兴趣主要在于和价值相关的量上的现象，特别是，我们发现亚当·斯密和李嘉图把劳动视为价值的源泉。但是，要想从这些作家的著作中发现"作为社会劳动形式的价值"理论是徒劳的。

在马克思之前，古典经济学家和他们的门徒的注意力或者投向了价值**内容**，主要是它的量的方面（劳动量）；或者投向了**相对交换**价值，即交换量上的比例。价值理论的这两个极端都得到了分析：劳动生产率和技术的发展是价值变化的内在原因，商品价值的相对变化发生在市场上。但是直接的联系被忽视了："价值形式"这种作为形式的价值的特征在于生产关系的物化和社会劳动向劳动产品属性的转化。这解释了马克思为什么责备他的前辈，这初看起来是矛盾的。他责备贝利考察了交换比例，即交换价值，而忽视了价值。马克思看到了古典学家们的缺陷，他们考察了价值、价值量和价值内容而没有考察"价值形式"。正如我们指出的，马克思的前辈主要从量的方面（劳动和劳动量）关注价值的**内容**，以及以同样的方式关注交换价值量的方面。他们忽视了劳动和价值的**质的**方面，忽视了商品经济独具特色的属性。分析"价值形式"正是把社会学特征和特点给予价值概念。这种"价值形式"把两个链条的端点——劳动生产率的发展和市场现象连在了一起。没有价值形式，这两个端点就是分离的，每一个都成了一个片面的理论。我们从技术方面得到劳动耗费，它独立于物质生产过程的社会形式（作为逻辑范畴的劳动价值）和市场上价格的相对变化。价格理论解释价格波动，并且这种理论独立于劳动过程领域，独立于社会经济的基本事实，独立于生产力的发展。

没有价值形式就没有价值，马克思准确地理解到，没有充实的劳动内容，这种社会形式就仍然是空洞的。古典经济学家忽视了价值形式，马克思提醒我们另一个危险，即以牺牲劳动内容为代价过分强调社会价值形式。"于是，与此相对立的，出现了复兴的重商主义体系（加尼耳等人），这一体系在价值中只看到社会形式，或者更确切地说，只看到这种社会形式的没有实体的外观。"① 在另一个地方，马克思说"加尼耳反对李嘉图和大多数政治经济学家时说，虽然他们的体系和一切资产阶级的体系一样，以交换价值为基础，可是他们在考察劳动时，却把交换置之不顾；这个意见是完全正确的"。② 加尼耳是正确的，他强调交换的意义，即人们之间表现在"价值形式"中的劳动

---

① 马克思. 资本论：第一卷 [M]. 北京：人民出版社，2004：99。在德文原版中，马克思只是说"substanzlosen Schein"。译者没有充分重视形式和内容（实体）之间的区别，认为有必要加入"独立"这个词，而马克思没有添上这个词。司徒卢威把"substanzlosen"翻译成"没有内容"，这准确翻译了马克思的概念，他在价值"实体"中看到了与形式相对的内容。

② 马克思. 剩余价值理论：第一卷 [M]. 北京：人民出版社，1975：202.

活动的一定社会形式。但是他通过牺牲生产劳动过程而夸大了交换的意义。"加尼耳同重商学派一道认为，**价值量**本身是**交换的产物**，其实，产品通过交换得到的只不过是价值形式或**商品**形式。"① 劳动内容补充了价值形式，价值量依赖于抽象劳动量。反过来，劳动通过它的物质技术或者说具体方面而和物质生产过程密切相关，这种劳动也通过它的社会的或者说抽象的方面而和价值体系密切相关。

从它的内容（即劳动）和社会形式方面分析价值形式的结果，就是得到了这样的好处：我们直接打破了价值和劳动之间广为人知的同一性，进而更精确地定义了价值概念和劳动概念之间的关系，也更精确地定义了价值和交换价值之间的关系。之前，价值被简单地视为劳动，没有获得确定的社会特征，价值一方面等同于劳动；另一方面又和交换价值隔着万丈深渊。在价值概念上，经济学家不断重复着相同劳动。从这种价值概念出发，他们不可能转到交换价值概念。现在，当我们从内容和形式方面考虑价值时，我们使价值和先于它的概念即抽象劳动（在最终的分析中，和物质生产过程）这个内容相连。另外，通过价值形式，我们已经把价值和紧随它的概念——交换价值联系在了一起。事实上，一旦我们确定价值并不一般地表现劳动，而是表现产品中有"可交换性形式"的劳动，那么必

---

① 马克思．剩余价值理论：第一卷［M］．北京：人民出版社，1975：203．

须直接从价值过渡到交换价值。以这种方式，价值概念就是一方面和劳动概念不可分；另一方面和交换价值概念不可分。

第十三章
社会劳动

我们得出了这样的结论：在商品经济中，劳动的等同化是通过劳动产品的等同化实现的。在商品经济中，劳动社会等同化的单个行为是不存在的。这也解释了为什么以这种方式提问题是错误的，即通过既定的衡量单位比较劳动，把不同的劳动形式事前等同化，然后按照已经被衡量和等同化的劳动，符合比例地交换劳动产品。这种想法忽视了资本主义商品经济自发而无序的特征。从这种观点出发，经济学家常常认为经济理论的任务就是发现价值的**尺度**，它使在市场交换的**实践**中比较和衡量不同商品的量成为**可能**。对于他们来说，似乎劳动价值理论强调的正是作为这种价值实践尺度的劳动。这也是为什么他们批判的目的在于证明劳动不能作为一个合适的价值尺度，因为缺少准确且固定的劳动单位，而正是根据这种单位才能在强度、质量、有害性等方面比较各不相同的劳动形式。

前面提到的这些经济学家无法使自己摆脱错误的观念，

这种观念在政治经济学中为自己修建了一个巢穴，它给了价值理论一个不属于它的任务，即发现价值的实践尺度。在现实中，价值理论有完全不同的任务，它是理论上的而非实践上的。我们没有必要寻找使市场上的劳动产品等同化成为**可能**的价值实践的尺度。这种等同化就发生在**现实**的每天的市场交换过程中。在这个过程中，价值尺度自发起作用，这一尺度即是对于等同化来说不可或缺的货币。市场交换不需要经济学家构想的任何类型的尺度。价值理论的任务是完全不同的，它的任务是从理论上理解和解释商品等同化的过程。这个过程在市场上有规则地进行，和生产过程中社会劳动的等同化和分配紧密相连。这个任务也可以说是发现这些过程和它们的变化规律之间的**因果关系**。**对不同商品和不同劳动形式的等同化现实实现过程的因果分析**，而非发现比较它们的实践尺度——这是价值理论的任务。

斯密从根本上混淆了价值尺度和交换价值规律，这对政治经济学造成了巨大危害，并持续到今天。李嘉图的伟大成就在于他没有考虑寻找价值实践尺度这个问题，而是把价值理论置于对市场价格变化——它取决于劳动生产率的变化——因果分析的基础之上。① 在这种意义上，他的继任者是马克思。马克思尖锐地批判了把劳动视为"不变的价值尺度"的观点。"'不变的价值尺度'的问题，实际上

---

① 鲁宾. 经济思想史 [M]. 2版. 1928，第二十二、二十八章。

只是为探索价值本身的概念……所作的错误表达"。① "贝利的著作有一些贡献，因为他通过自己的反驳，揭露了表现为货币——一种与其他商品并列的商品——的'价值尺度'同价值的内在尺度和实体的混淆。"② 价值理论并不是要寻找价值"外在的尺度"，而是它的"原因"："价值本身的发生和内在性质"。③ 商品价值变化的原因分析依据的是劳动生产率的变化——从**质和量的**视角对这些事件的分析就是马克思所称的对价值"**实体**"和"**内在尺度**"的研究。在这里，"内在尺度"并不是指作为衡量单位的"量"，而是指"与某种实在或某种质相关的量"。④ 马克思认为劳动是内在的价值尺度，这种观点只能从生产产品的必要劳动量的变化造成了产品价值量的变化这种意义上来理解。于是，和很多其他术语一样，马克思把"内在尺度"这个术语从哲学转换到了政治经济学。但是转换并不是很成功，因为在肤浅地阅读时，这个术语使读者主要想到的是等同化的尺度而非对项目量变原因的分析。这种不是很成功的术语加上对《资本论》前几页中马克思推理的错误解释，甚至使马克思主义者将价值理论引入了一个无关的问题，即发

---

① 马克思．剩余价值理论：第三卷［M］．北京：人民出版社，1975：144 – 145.

② 同上，第148页。

③ 同上，第168页。

④ 鲍威尔．政治经济学基本问题［M］．1922：47。这是黑格尔广为人知的对度的定义。库诺．新哲学史：第八卷［M］．海德堡：温特出版社，1902：490；黑格尔．著作集：第八卷［M］．莱比锡：迈纳出版社，1923：340。

现价值的实践尺度。

在商品经济中，劳动的等同化并不是通过测量某种事前确定的单位而建立起来的，而是通过在交换中商品的等同化实现的。由于交换过程，产品和商品生产者的劳动经历实质性变化。我们在这里说的并不是自然物质上的变化。连衣裙的销售并不导致连衣裙本身任何自然形式上的变化，也不会导致裁缝劳动形式上的变化，也不会导致已然完成的具体劳动过程总体形式上的变化。但是产品的销售改变了它的价值形式与它的社会职能或形式。销售间接影响商品生产者的劳动活动。它把他们的劳动置于和同一行业中其他商品生产者的劳动的一定关系之中，即它改变了劳动的社会职能。劳动产品在交换过程中经历的变化具有如下特征：（1）产品获得了直接交换其他任何社会劳动产品的能力，即它展现了它作为一个社会产品的特性；（2）产品以这样一种形式获得了社会特征，即它与一定的产品（金）相等，而这种一定的产品拥有直接交换**其他所有**产品的能力；（3）所有产品通过与金（货币）比较而实现的等同化也包含不同劳动形式的等同化，这些劳动有不同的**资格水平**，例如培训时间上的不同；（4）在不同的技术条件下，即不同**个体**的劳动耗费量不同，既定种类和质量的产品等同化产生了。

通过交换过程，产品所经历的这些变化也伴随着商品生产者劳动方面的类似变化：（1）独立的**私人**商品生产者的劳动展现了**社会**劳动的特征；（2）劳动的**具体**形式和其他劳动的具体形式等同了。劳动多方面的等同化也包括：（3）在**性质上**不同的劳动形式的等同化；（4）不同**个体**劳动耗费的等同化，它们耗费在了既定类型和质量的劳动样品的产生上。通过交换过程，**私人**劳动在**社会**劳动形式中获得了额外特性，**具体**劳动在**抽象**劳动形式中获得了额外特征，**复杂**劳动还原为**简单**劳动，**个体**劳动还原为**社会必要**劳动。或者说，商品生产者的劳动在生产过程中直接采取私人的、具体的、一定质量的（即有不同的资格水平，在一定的情况下它们等于无）个体劳动形式，这些劳动在交换过程中获得了社会属性，而这些过程把劳动塑造成社会的、抽象的、简单的社会必要劳动。① 我们并不研究劳动转变的四个独立过程，像某些分析家提的问题那样，这些是劳动的同一个等同化过程的不同方面，这个过程又是通过劳动产品—作为价值—等同化过程实现的。等同化价值商品的统一活动抛开并取消了私人的、具体的、一定质量的个体劳动的属性。所有这些方面如此紧密地相互关联，以至在《政治经济学批判》中马克思还是没有在它们之间做出足够明确的区分，他抹掉了抽象的、简单的劳动和社会必要的劳动之间的界限。另外，在《资本论》中，马克思清楚严密地完善了这些定义，读者必须理解它们之间的

---

① 在商品生产中，也即在事先为交换而进行的生产中，劳动在直接生产过程中已经获得了上述社会属性，尽管只是作为"潜伏的"或"潜在的"属性，它必然还需在交换过程中实现出来。因而劳动拥有双重属性，它直接显现为私人的、具体的、复杂的劳动，同时又作为潜在的、社会的、抽象的、简单的社会必要劳动。（参见下一章。）

紧密关系，它们表现了劳动分配过程中劳动等同化的不同方面。这个过程预设了：（1）所有劳动过程之间的相互关联（社会劳动）；（2）生产或者说劳动个体领域的等同化（抽象劳动）；（3）带有不同性质的劳动形式的等同化（简单劳动）；（4）在一个既定的生产领域中应用到每个企业的劳动的等同化（社会必要劳动）。

在创造价值的劳动（前面提及过）的四个定义中，抽象劳动概念是核心。这可以由这个事实解释，即在商品经济中，正如我们后面将表明的，劳动只有以抽象劳动形式才成为社会的。进一步说，复杂劳动转化为简单劳动只是具体劳动转化为抽象劳动这个更大过程的一部分。最后，个体劳动转化为社会必要劳动只是具体劳动转化为抽象劳动这同一个过程的量的方面。正是由于这一点，抽象劳动概念才成为马克思价值理论的核心概念。

正如我们一再指出的，商品经济的特征在于，一方面是形式上独立的各个商品生产者，另一方面是他们劳动活动中的物质联系。然而，独立商品生产者的私人劳动以什么方式被纳入到了社会劳动的机制中并对它的运行做出反应？**私人**劳动如何变成**社会**劳动？独立分散的私人经济单位的全体如何成为相对统一的社会经济，使有规则地重复的现象成为政治经济学研究的对象？这是政治经济学的基本问题非常可能的问题，也是资本主义商品经济存在的条件。

在一个有组织的经济社会中，私人劳动在其具体形式上就是直接有组织的，并且是由社会机构指挥的。它表现为社会总劳动的一部分，表现为社会劳动。在商品经济中，自发的商品生产者的劳动建立在私有产权之上，起初表现为私人劳动。"出发点不是作为共同劳动的个人劳动，相反的是私人的特殊劳动，这种劳动只有在交换过程中扬弃了自己原有性质后才证明为一般社会劳动。因此，一般社会劳动不是现成的前提，而是变成的结果。"① 商品生产者的劳动不是作为耗费在生产过程中的具体劳动展现了它的社会特征，而只是作为通过交换过程必须和其他劳动形式等同化的劳动才展现了它的社会特征。

然而，劳动的社会特征如何表现在交换中？如果连衣裙是裁缝私人劳动的产品，那么人们可以说连衣裙的销售或者说它和金的交换使裁缝的私人劳动和其他形式的私人劳动等同化了，也即和金的生产者的劳动等同化了。某人的**私人**劳动和他人的**私人**劳动之间的等同化如何首先取得**社会**特性？这只有以这种方式才是可能的，即金的生产者的私人劳动已经和其他的具体劳动形式等同化了，也即他的产品——金能够直接和任何其他商品交换，于是，他扮演着一般等价物或者说货币的角色。裁缝的劳动由于和金的生产者的劳动等同化了，因而和所有的具体劳动形式等同化并联系在一起。作为和它们等同的劳动形式而和它们等同化，裁缝劳动从具体劳动转变为一般劳动或者说**抽象**

---

① 马克思恩格斯全集：第三十一卷 [M]. 北京：人民出版社，1998：438.

劳动。通过在社会总劳动的统一体系中与其他劳动**联系**在一起，裁缝劳动从私人劳动转变为**社会**劳动。所有具体劳动形式的全面等同化（通过货币）以及向抽象劳动的转变立即在它们中创造了一种社会联系，把私人劳动转变为社会劳动。"在交换价值中，个人的劳动时间直接表现为**一般劳动时间**，而个别劳动的这种**一般性**直接表现为个别劳动的**社会性**。"① 只有作为一个"**一般的量**"，劳动才成为一个"**社会的量**"。② 马克思经常说，"**一般**的劳动和这种形式的**社会劳动**"。在《资本论》第一章中马克思列出了等价形式的三个特征：（1）使用价值成为价值得以表现的形式；（2）具体劳动成为抽象劳动的表现形式；（3）社会劳动获得直接社会劳动的形式。③ 马克思从以物质形式发生在市场表面中的现象开始分析，从使用价值和交换价值的对立开始。他试图从具体劳动和抽象劳动的对立中解释上述对立。沿着他对劳动组织社会形式的分析，他转向了他的经济理论的核心问题——私人劳动和社会劳动的对立。在商品经济中，**私人**劳动到**社会**劳动的转变和**具体**劳动到**抽象**劳动的转变是一致的。每个商品生产者之间劳动活动的社会联系通过所有具体劳动形式的等同化实现，这种等同化是在所有劳动价值产品的等同化形式中完成的。相反地，不同

---

① 马克思恩格斯全集：第三十一卷 [M]. 北京：人民出版社，1998：424.

② 同上，第425页。

③ 马克思. 资本论：第一卷 [M]. 北京：人民出版社，2004：71 – 75.

劳动形式的等同化和对它们具体属性的抽象，是把私人经济单位的总体转变为统一的社会经济的唯一社会关系。这解释了马克思在他的理论中给予抽象劳动概念特别关注的原因。

第十四章
抽象劳动

　　抽象劳动理论是马克思价值理论的核心之一。根据马克思的观点，抽象劳动"创造"价值。马克思极为重视具体劳动和抽象劳动之间的不同。"商品中包含的劳动的这种二重性，是首先由我批判地证明了的。这一点是理解政治经济学的枢纽，因此，在这里要较详细地加以说明。"① 在出版《资本论》第一卷之后，马克思在给恩格斯的信中说："我的书最好的地方是：（1）在**第一**章就着重指出了按不同情况表现为使用价值或交换价值的**劳动的二重性**（这是对事实的**全部理解的基础**）；（2）研究**剩余价值**时，**撇开了它的特殊形态**——利润、利息、地租等等。"②

　　当我们看到马克思给予抽象劳动理论极端重要的地位

---

　　① 马克思. 资本论：第一卷［M］. 北京：人民出版社，2004：54－55.

　　② 马克思恩格斯全集：第三十一卷［M］. 北京：人民出版社1972：331.

时，我们必然好奇为什么这个理论在马克思三义作品中几乎得不到注意。一些作家完全忽视了这个问题。例如：波格丹诺夫把抽象劳动作为"抽象的简单劳动"，撇开了具体劳动和抽象劳动的问题，他把自己限制在简单劳动和复杂劳动这个问题上。① 包括卡尔·迪尔在内的很多马克思主义批评者也倾向于用简单劳动置换抽象劳动。② 在马克思价值理论广为流行的表述中，作家们以他们自己的语言改述了马克思在《资本论》第一章第二节中对"体现在商品中的劳动的二重性"的定义。考茨基写道："一方面，劳动表现为一般人类劳动力的生产耗费；另一方面，表现为获得既定产品的特殊人类活动。劳动的第一个方面在人们从事的生产活动中形成了共同要素；第二个方面在活动的性质上各不相同。"③ 这种普遍接受的定义简单地说就是：具体劳动是人类力量在一定形式上的耗费（制衣、纺线等），抽象劳动是独立于既定形式的人类力量的耗费。在这种定义下，抽象劳动概念是一个生理学概念，缺乏所有社会和历史要素。抽象劳动概念独立于这种或那种社会生产形式而存在于整个历史时期中。

　　如果甚至连马克思主义者也常常在生理耗费意义上定义抽象劳动，那么我们也不需对这种观念在反马克思主义

---

① 波格丹诺夫，斯捷潘诺夫．政治经济学教程：第二卷［M］．18.

② 迪尔．大卫·李嘉图《国民经济学和赋税原理》的社会科学解说：第一卷［M］．莱比锡：迈纳出版社，1921：102－104.

③ 考茨基．马克思的经济学说［M］．伦敦：布莱克出版社，1925：16.

作品中广泛传播感到惊讶。例如，根据司徒卢威的观点：
"从重农主义者到他们的英国继承者，马克思接受了机械自
然主义观点，这在他把劳动作为价值实体的理论中表现得
很明显。这种理论是所有**客观的**价值理论的王冠。它直接
把价值物质化，把价值转变为经济货物的经济实体，类似
于物理物质，后者是物理存在物的实体。这里的经济实体
是物质的，因为马克思在纯粹物理意义上理解创造价值的
劳动，把它看作神经和肌肉力量的抽象耗费，独立于这种
耗费的具体目的，而后者有无限的变化。马克思的抽象劳
动是一个生理概念，一个理想概念，在最后的分析中是一
个可以简化为机械运动的概念。"（司徒卢威为《资本论》
第一卷俄文版写的前言，1906 年，第 28 页。）根据司徒卢
威的观点，抽象劳动对于马克思来说是一个生理概念，这
就是为什么抽象劳动创造的价值是物质性的东西。其他马
克思的批评者也赞同这个解释。格莱西认为根据马克思的
观点，"价值是所有商品共同具有的东西，是它们可交换性
的条件，代表了**抽象人类劳动的物化**"。[①] 格莱西把他的批
判性研究对应于马克思价值理论的这个方面："**完全不可能
从生理上把人类劳动还原为简单劳动**……因为人类劳动总
是有意识地进行并受其制约，我们不能把劳动还原为肌肉
和神经的运动，因为在这种还原中，总有某种剩余物不受
这种分析左右。"[②] "之前从经验上说明**抽象劳动**是**一般人类**

---

① 格莱西. 经济活动的条件 [M]. 1890：18.
② 同上，第 49—50 页。

劳动，有其独特性质，这样的尝试是不成功的；把劳动还
原为神经和肌肉力量也是不可能的。"① 格莱西认为劳动不
能还原为生理意义上的力量耗费，因为劳动总是包含有意
识因素，它不可能以任何方式与马克思根据对商品经济属
性的分析而创造的"抽象劳动"概念相关。格莱西的这些
观点似乎很有说服力以至马克思价值理论的批评者一再重
复它们。② 我们在布赫的著作中看到了自然主义抽象劳动概
念更加令人震惊的版本：劳动在其抽象形式上被看作"潜
能到机械运动的转化过程"。③ 他的注意力不是直接指向在
生理意义上耗费的力量的量，而是指向劳动获得的机械量。
但是问题的理论基础是纯粹自然主义的，完全忽视了劳动
过程的社会方面，即政治经济学直接主题所对应的方面。

　　只有少数分析家明白，抽象劳动的特征并不以任何方
式与不同劳动耗费的生理等同化一致。"劳动的一般特性并
不是一个仅仅包含生理内容的自然科学概念。作为权利持
有人活动的表达，私人劳动是一般抽象的，因而也是社会
的。"④ 但是对于佩特里来说，马克思的价值理论并不表现
价值规律（Wertgesetz），而是表现价值研究（Wertbetracht-
ung），佩特里的一般观念不是要解释"对象中的真实过

---

　　① 格莱西 . 经济活动的条件［M］. 1890：50.

　　② 迪尔 . 大卫·李嘉图《国民经济学和赋税原理》的社会科学解
说：第一卷［M］. 莱比锡：迈纳出版社，1921：104.

　　③ 布赫 . 劳动强度、商品价值和价格［M］//政治经济学要义：第
一部分 . 莱比锡：敦克和鸿博特出版社，1896：149.

　　④ 佩特里 . 马克思价值理论的社会含义［M］. 耶鲁，1916：23－24.

程"，而是要解释"知识的主观条件"。① 这使他根本不可能
准确阐述抽象劳动问题。②

尼日丹诺夫在其著作中也试图把社会特征引入抽象劳
动概念。根据他的观点，抽象劳动概念并不表示劳动耗费
生理上的等同，而是表示在生产中不同劳动形式等同化的
社会过程。这是"一个重要且不可或缺的社会过程，它是
通过每个有意识的社会经济组织实现的……这个把不同劳
动形式还原为抽象劳动的社会过程是在商品社会中无意识
地完成的"。③ 当把抽象劳动视为每个经济中劳动等同化过
程的表现时，尼日丹诺夫忽视了在商品经济中劳动等同化
取得的独特形式；它在这里不是直接通过生产过程实现的，
而是通过交换。抽象劳动概念表现了劳动等同化的特殊**历
史**形式。它不仅是一个社会的概念，也是一个历史的概念。

我们可以看到，大部分作家以一种简单的方式理解抽
象劳动，即生理意义上的劳动。这是由于他们没有完整地
运用马克思的抽象劳动理论。为了做到这一点，他们必须
仔细分析马克思的商品拜物教理论那一部分（指《资本论》
第一卷第一章第四节——译者注），尤其是《政治经济学批
判》，马克思在那里最全面地阐发了这个理论。与之相反，

---

① 佩特里. 马克思价值理论的社会含义［M］. 耶拿，1916：50.
② 下述文章对于佩特里的著作给出了杰出的分析和批判，即希法亭
发表在《格伦贝格社会主义和工人运动史文库》上的文章，也可参见我们
的《当代西方经济学家》1927 年版。
③ 尼日丹诺夫. 拜物教之前马克思的价值和利润理论［J］. 科学研
究，1898（8）：1393.

这些作家倾向于把他们自己限制在逐字重复马克思在《资本论》第一卷第一章第二节论述抽象劳动的几个句子中。

在上述提到的这一节中，马克思似乎在事实上为在生理意义上解释抽象劳动奠定了基础。"如果把生产活动的特定性质撇开，从而把劳动的有用性质撇开，劳动就只剩下一点：它是人类劳动力的耗费。尽管缝和织是不同质的生产活动，但二者都是人的脑、肌肉、神经、手等等的生产耗费，从这个意义上说，二者都是人类劳动。"[1] 作为结论，马克思更明确地强调了这一点："一切劳动，一方面是人类劳动力在生理学意义上的耗费；就相同的或抽象的人类劳动这个属性来说，它形成商品价值。一切劳动，另一方面是人类劳动力在特殊的有一定目的的形式上的耗费；就具体的有用的劳动这个属性来说，它生产使用价值。"[2] 马克思的支持者和反对者都在这个引文中找到了证据，而在生理意义上理解抽象劳动。支持者重复这个定义而没有批判性地分析它。反对者带来了一系列反对意见，他们有时把这些作为反驳劳动价值理论的起点。两者都没有注意到，对抽象劳动的这种简单化理解（如上文展现的）初看起来是建立在对马克思原文的解读之上，但不可能以任何方式与马克思的整个价值理论保持一致，也不可能与《资本论》中一系列的段落保持一致。

马克思不厌其烦地重复到，价值是一种社会现象，价

① 　马克思. 资本论：第一卷 [M]. 北京：人民出版社，2004：57.
② 　同上，第60页。

值对象性（Wertgegenstandlichkeit）有"纯粹的社会现实性"①，并不包含一个物质原子。我们从这里知道创造价值的抽象劳动必须被视为一种社会范畴，在它里面找不到一个物质原子。下面两个中的一个是可能的：如果抽象劳动是人类力量在生理形式上的耗费，那么价值也就具有物化特征；或者，如果价值是一种社会现象，那么抽象劳动必须被视为和一定的社会生产形式相关的社会现象。在抽象劳动的生理意义概念和创造价值的劳动的历史特征之间做出调和是不可能的。生理意义上的力量耗费本身，对于所有时代来说是相同的，人们也许会说，这种力量在所有时代都创造价值。我们到达了对价值理论最粗糙的解释，它和马克思的理论截然相反。

只有一种方式可以摆脱这些困境：由于在马克思的著作中价值概念有其社会历史特征（这正是马克思的贡献，也是他理论的独特之处），那么我们必须在相同的基础之上构建抽象劳动——它创造了价值——概念。如果我们不是停留在马克思在其著作的前几页中所给出的初步定义，而是进一步探寻他的思想发展，我们将在马克思的著作中为抽象劳动的社会学理论找到足够证据。

为了准确理解马克思的抽象劳动理论，我们一刻也不能忘记马克思使抽象劳动概念和价值概念处于不可分割的联系之中。抽象劳动"创造"价值，它是价值的"内容"

---

① 马克思恩格斯全集：第四十三卷 ［M］. 北京：人民出版社，2016：39.

和"实体"。马克思的任务（正如我们一再强调的）不是把价值分析地还原为抽象劳动，而是辩证地从抽象劳动中得出价值。这是不可能的，如果抽象劳动只是被理解为生理意义上的劳动。因而这并非偶然，即那些坚持在生理意义上解释抽象劳动的作家被驱使得出和马克思理论根本对立的结论，也即认为抽象劳动本身并不创造价值。马克思众所周知的观点是抽象劳动创造价值且表现在价值中，任何坚持这一点的人必须放弃生理意义上的抽象劳动概念。但是这并不是说，我们否认这个明显的事实，即在每个社会经济形式中人们的劳动活动是通过生理意义上的力量耗费完成的。如果没有人们生理意义上的力量耗费，也就不可能谈论抽象劳动。在这种意义上，生理意义上的劳动是抽象劳动的前提条件。但是生理意义上的能量耗费也只是一个前提条件，而不是我们研究的对象。

在每种社会经济形式中，人类劳动同时是物质技术上的劳动和生理意义上的劳动。劳动在这样的意义上拥有第一种性质，即劳动服从于特定的技术规划，指向为了满足人类需要而必需的产品生产；拥有第二种性质的劳动是这样的，即它表示生理意义上的能量耗费，这种力量是在人体组织中积累起来的，也必须有规律地得到补偿。如果劳动不创造有使用价值的产品，或者它不伴随着有人类机体的力量耗费，人类经济生活的整个画卷将完全不同于它在现实中所是的那样。与社会经济组织相分离的劳动是物质技术上的劳动，是所有经济活动的生物学预设。经济研究的这种预设不可能成为研究的对象。生理意义上的力量耗费本身不是抽象劳动，不创造价值。

到目前为止，我们在它的粗略形式中考察了抽象劳动的生理学版本。这种粗略形式的支持者认为产品价值是由在一定生理力量耗费意义上的抽象劳动创造的。但是这种生理意义上的解释还有更为精致的表达，它大致是：价值产品的等同是通过所有人类劳动在生理意义上的力量耗费形式的等同实现的。在这里劳动不再简单地被视为一定数量的机体力量耗费，而是基于和所有其他劳动形式在生理意义上的同质化。人体组织不再仅仅被视为一般机体力量的来源，而是被看作能够在任意具体形式上提供劳动的源泉。一般生理意义上的劳动概念转变成了生理意义上等同或同质的劳动概念。

然而，这种生理意义上的同质劳动不是研究的对象，而是经济研究的前提假设。在现实中，如果作为生理意义上力量耗费的劳动是任何人类经济的生物学假设前提，那么劳动在生理意义上的同质性是任何社会劳动分工的生物学假设前提。人类劳动的物理同质性是人们从一种劳动形式转向另一种劳动形式的必备前提，是社会劳动再分配过程可能性的必备前提。如果人天生是蜜蜂或蚂蚁，具有一定的活动本能，事先就把他们的活动能力限制为一种运动形式，那么劳动分工就是一个生物学事实，而不是一种社会事实。如果社会劳动是在这个或那个生产领域中完成的，每个个体必须能够从一种劳动形式过渡到另一种劳动形式。

因而，劳动生理意义上的等同是一般劳动社会等同化和分配的必要条件。只有在人类劳动生理等同和同质的基础之上，也就是在人类劳动活动多样性和灵活性的基础之上，不同活动形式的转换才是可能的。劳动分工的社会体系的起源，特别是商品生产体系的起源，只有在这个基础之上才是可能的。因而我们在谈论抽象劳动时，以社会等同化了的劳动为前提，而劳动的社会等同化又以劳动生理意义上的同质为前提。没有这一点，作为一个社会过程的社会劳动分工就不能以任何形式实现。

人类劳动生理意义上的同质是一个生物学前提，而不是社会劳动分工发展的原因。（这个前提是人类长期发展的结果，特别是劳动工具和某些人体器官如手和脑发展的结果）。发展的水平和社会劳动分工的形式是由纯粹社会的原因决定的，它们转而决定劳动活动多样化的程度，这种多样化是人体组织潜在地具备的，在作为社会成员的人的劳动操作的多样化中现实地表现出来。在一个严格的等级体系中，人类劳动生理意义上的同质不可能明显地表现出来。在一个建立在劳动分工之上的小共同体中，劳动生理意义上的同质在一小圈子人中表现了出来，人类劳动的特征不可能被表现出来。商品生产的特征有交换的广泛发展，个人在各种劳动之间的大规模转换，个人在从事具体劳动形式时没有什么不同，只有在这种商品生产的基础之上，才有可能发展出作为一般人类劳动形式的劳动操作同质性特征。人类劳动生理意义上的同质是劳动社会分工的必要前提假设，但是只有在一定的社会发展水平上，在一定的社会经济形式上，个体劳动才有一般人类劳动表现形式的特征。人的一般概念和人类劳动的一般概念建立在商品经济的基础之上，这不是夸张的说法。当马克思说一般人类劳动的特征表现在抽象劳动之中时，上述正是马克思想要指明的。

我们得出的结论是，一般生理意义上的劳动或生理意义上等同的劳动，即便它们是抽象劳动的前提，它们本身也不是抽象劳动。表现在价值等同性中的等同劳动必须被视为社会等同化的劳动。由于劳动产品的价值的职能是社会的，而非自然的，所以创造这种价值的劳动不是生理上的，而是"社会实体"。马克思在《工资、价格和利润》中简洁明了地表达了这一点："既然商品的**交换价值**不过是这些东西的**社会职能**，与它们的**自然属性**毫不相关，那么我们首先要问，所有商品共同的**社会实体**是什么呢？这就是劳动。要生产一个商品，必须在这个商品上投入或耗费一定量的劳动。我说的不仅是**劳动**，而且是**社会劳动**。"① 就这种劳动是等同的来说，这里考虑的是社会等同的或者说社会等同化的劳动。

于是我们必然不能局限在等同的劳动的特征上，而是必须区分三种类型的等同劳动，正如我们在第十一章提及的：

---

① 马克思恩格斯文集：第三卷 [M]. 北京：人民出版社，2009：47.

（1）**生理上等同的劳动**；（2）**社会等同化的劳动**；（3）**抽象或者说一般抽象劳动**，也即在商品经济中获得独特形式的社会等同化劳动。

尽管抽象劳动是商品经济的独特属性，社会等同化的劳动却能够在诸如社会主义共同体中发现。抽象劳动不仅和生理意义上的等同劳动不一致，也不可能和社会等同化劳动同一（参见第十一章）。所有抽象劳动是社会的和社会等同化的劳动，但是并不是所有的社会等同化的劳动都可以成为抽象劳动。社会等同化的劳动在商品经济中采取了抽象劳动的形式，马克思准确地说明了两个必要条件：（1）不同劳动的等同和不同个人的等同表现了"独立的私人劳动的特独的社会性质"[①]，也即劳动只有作为等同的劳动才能成为社会劳动；（2）劳动的这种等同化发生在**物质**形式之中，也即"采取劳动产品的价值性质的形式"[②]。没有这些条件，劳动就是生理意义上的等同。它也能够被社会等同化，但它不是一般的抽象劳动。

如果某些作家错误地混淆了抽象劳动和生理上等同的劳动，其他一些作家犯了一个尽管不算笨拙但也同样不可接受的错误：他们混淆了抽象劳动和社会等同化的劳动。他们的推理可以简述如下：正如我们看到的，社会主义共同

[①]　马克思. 资本论：第一卷［M］. 北京：人民出版社，2004：91.

[②]　马克思. 资本论：第一卷［M］. 北京：人民出版社，2004：92。"彼此独立的私人劳动的独特的社会性质在于它们作为人类劳动而彼此相等，并且采取劳动产品的价值性质的形式"（《资本论》第一卷第91—92页）。

体为了劳动的核算和分配而把不同形式的劳动和个体等同化，也即它把所有劳动还原为一般单位，而这种单位必然是抽象的，于是劳动获得了抽象劳动的特征。① 如果这些作家坚持认为他们把社会等同化劳动叫作"抽象的"是正确的，我们可以承认他们这样做的权利：每个作家都有权利用他选择的任何术语称呼一种现象，尽管这种术语可能非常有害，会造成科学中的巨大混乱。但是我们的争论不在于叙说社会等同化劳动的术语，而在于其他事物。我们面对的问题是如何理解"抽象劳动"。根据马克思的理论，它创造了价值并表现在价值之中。我们必须重申，马克思不仅想要把价值在分析的基础上还原为劳动，而且想在分析的基础上从劳动得出价值。显然，从这种观点出发，这种创造价值的劳动既不是生理意义上的等同劳动也不是社会等同化的劳动。马克思研究的抽象劳动不仅是社会等同化的劳动而且也是在商品经济这个独特形式中社会等同化的劳动。在马克思的体系中，抽象劳动概念和商品经济的基本特征不可分割。为了证明这一点，我们必须详细解释马克思对于抽象劳动特征的看法。

马克思是从商品开始分析的，他区分了商品的两个方面——物质技术的方面和社会的方面（也即使用价值和价值）。与之类似，马克思于对象化在商品的劳动中也区分了

①　一个类似的观点参见：达仕科夫斯基. 抽象劳动和马克思的经济范畴［J］. 在马克思主义的旗帜下，1926（6）。达仕科夫斯基也混淆了抽象劳动和生理意义上的劳动。

两个方面，具体劳动和抽象劳动就是对象化在商品中的同一劳动的两个方面（物质技术的方面和社会的方面）。这种劳动的社会方面创造价值并表现在价值之中时，它才是抽象劳动。

我们从马克思对具体劳动的定义开始分析。"劳动作为使用价值的创造者，作为有用劳动，是**不以一切社会形式为转移**的人类生存条件，是人和自然之间的物质变换即人类生活得以实现的永恒的自然必然性。"①（粗体是鲁宾加。）显然，抽象劳动和具体劳动相对。抽象劳动和一定的"社会形式"相关，表现了在生产过程中人们之间的一定关系。具体劳动指的是**物质技术属性**意义上的劳动。抽象劳动包括人类劳动组织**社会形式**的含义。这不是劳动原生的、特有的定义，而是从物质技术和社会这两点对劳动进行的分析。抽象劳动概念表现了资本主义商品经济中劳动社会组织的特征。②

为了准确理解具体劳动和抽象劳动之间的对立，人们必须从马克思在私人劳动和社会劳动之间做出的区别开始分析，我们之前已经考察过这个方面。

①　马克思. 资本论：第一卷 [M]. 北京：人民出版社，2004：56.
②　马克思. 资本论：第一卷 [M]. 北京：人民出版社，2004：229。"我们看到，以前我们分析商品时所得出的创造使用价值的劳动和创造价值的同一个劳动之间的区别，现在表现为生产过程的不同方面的区别了"（《资本论》第一卷第229页），也即在生产过程中技术方面和社会方面的区别。参见：佩特里. 马克思价值理论的社会含义 [M]. 耶拿，1916：22。

　　劳动是社会的，如果劳动被视作同质社会劳动总体的组成部分，或者如马克思经常说的，如果劳动是在"和社会总劳动相关"的意义上说的，在一个体量很大的社会主义共同体中，共同体成员的劳动在其具体形式上（例如制鞋者的劳动）就直接包含在统一的社会运行机制之中，并且和一定数量的社会劳动单位等同化了（如果我们指的是社会主义经济的早期阶段，那时个体劳动仍然是由社会计算的——对这个主题更详细的说明参见本章结尾）。在这种情况下，具体形式上的劳动直接就是社会劳动。而在商品经济中就不一样。在那里，生产者的具体劳动并非直接就是社会劳动，而是**私人**劳动，也即私人商品生产者、生产资料的私人所有者与经济活动自发组织者的劳动。这种私人劳动只有通过和其他劳动形式的等同化，通过他们产品的等同化才能成为社会劳动（参见第十一章）。或者说，具体劳动并不能成为社会劳动，因为它有具体劳动的形式，具体劳动生产具体使用价值，例如鞋子，除非鞋子作为价值和一定的货币额相等（通过货币而和所有其他价值产品相等）。于是物质化在鞋子中的劳动和所有其他劳动形式等同，进而脱去了它的具体形式，成为没有个性的劳动，成为社会同质劳动整体中的一粒子。类似地，只有当劳动的具体产品（例如鞋子）脱去了它的具体形式，并和一定数量的抽象货币单位等同的时候，产品才展现出它作为价值的特征，所以，只有当包含在产品中的私人具体劳动脱去了它的具体形式，并和所有其他劳动形式按比例等同化的时候，也即和没有个性的、同质的、抽象的劳动以及"一般的劳动"等同化的时候，私人具体劳动才展现出它作为社会劳动的特征。一方面，**私人**劳动向**社会**劳动的转变只有通过**具体**劳动向**抽象**劳动的转变才能实现。另一方面，具体劳动向抽象劳动的转变已经表明它被纳入了同质社会劳动的整体之中，也即纳入了向社会劳动的转变之中。抽象劳动是社会劳动或者说一般社会等同化劳动的变体。在商品经济所具有的特殊形式中，抽象劳动也是社会的或社会等同化的劳动。抽象劳动不仅是社会等同化的劳动，即抽去了具体形式、没有个性的同质劳动；它也是这样一种劳动，即只有作为没有个性的同质劳动，它才成为社会劳动。抽象劳动概念假设了去**个性化过程，或者说劳动的等同化是一个统一过程，劳动借此被"社会化了"**，也即被包含在社会劳动的总体之中。劳动的这种等同化可能在交换活动**之前**在直接生产过程中发生，但也只是发生在头脑中的预测。在现实中，它是通过交换活动，通过劳动产品和一定的货币相等化（即便它是头脑中的预测）而发生的。如果这种相等化先于交换，那么它必须已经在现实交换过程中实现了。

我们所描绘的劳动的角色正是在商品经济中劳动所具有的特征，如果把商品社会和其他的经济形式做对比，这一点会非常明显。"我们就中世纪的徭役和实物租来看。在这里，**成为社会纽带的，是个人一定的、自然形式的劳动，**

是劳动的特殊性①，而不是劳动的一般性②。最后，我们看一下一切文明民族的历史初期自然发生的共同劳动。这里，劳动的社会性显然不是通过个人劳动采取一般性这种抽象形式，或者个人产品采取一般等价物的形式。成为生产前提的公社，使个人劳动不能成为私人劳动，使个人产品不能成为私人产品；相反，它使个人劳动直接表现为社会机体的一个肢体的机能。表现在交换价值中的劳动是以分散的个人劳动为前提的。**这种劳动要通过它采取与自身直接对立的形式，即抽象一般性的形式，才变成社会劳动。"③**（粗体是鲁宾加。）马克思在《资本论》中重申了同样的观点。他认为在中世纪的社会："劳动的自然形式，劳动的特殊性是劳动的直接社会形式，而不是像在商品生产基础上那样，劳动的一般性是劳动的直接社会形式。"④ 以同样的方式，在父权制农民家庭的农业生产中，"生产这些产品的种种不同的劳动，如耕、牧、纺、织、缝等等，在其自然形式上就是社会职能"。⑤

在父权制家庭或封建庄园中，劳动在其自然形式上就具有直接的社会特征；与之相反，在商品社会中，独立的

① 马克思说的是"特殊"，即劳动的具体特征。翻译者常常混淆"特殊"和"私人"。

② 在《政治经济学批判》中，马克思称抽象劳动为"一般的"，正如我们之前提及的。

③ 马克思恩格斯全集：第三十一卷 [M]. 北京：人民出版社，1998：425－426.

④ 马克思. 资本论：第一卷 [M]. 北京：人民出版社，2004：95.

⑤ 同上，第96页。

私人经济单位之间唯一的社会关系是通过多方面的交换和
各种具体劳动形式的产品的等同化而实现的，也即通过抽
去它们的具体属性，通过具体劳动向抽象劳动的转变实现
的。人力在生理意义上的耗费不是创造价值的抽象劳动，
尽管这是它的前提。**抽去劳动的具体形式，各个商品生产
者之间的基本社会关系**就是抽象劳动的特征。抽象劳动概
念假设了在商品经济中一定的社会劳动组织形式：就生产
过程表达了具体劳动活动的全体来说，每个商品生产者并
不直接在生产过程中相互联系；这种联系是通过交换过程
实现，即通过抽去具体属性实现的。抽象劳动并不是一个
生理范畴，而是一个**社会历史**范畴。抽象劳动不同于具体
劳动，不仅在于它的消极方面（抽去了劳动的具体形式），
而且也在于它的积极方面（在劳动产品多方面的交换中所
有劳动形式等同化）。"对象化在商品价值中的劳动，不仅
消极地表现为被抽去了实在劳动的一切具体形式和有用属
性的劳动。它自身的积极的性质也清楚地表现出来了。这
就是把一切实在劳动化为它们共有的人类劳动的性质，化
为人类劳动力的耗费。"① 在其他段落中，马克思强调具体
劳动形式转化为抽象劳动是在确定的交换过程中实现的。
不过，在直接生产过程中，这种转化具有预期的或者说理
想的特征，因为生产是为了交换而进行的（见下文的论
述）。在马克思的价值理论中，具体劳动转化为抽象劳动不

---

① 马克思. 资本论：第一卷 [M]. 北京：人民出版社，2004：83.

是为了发现某种一般的度量单位而进行的抽象理论活动。这种转化是一个真实的社会事件。这个社会事件的理论表达，即不同劳动形式的**社会等同化**而非**生理意义上的等同**，是抽象劳动范畴。忽视抽象劳动这种积极的社会本质致使人们把抽象劳动解释为生理意义上劳动耗费的核算，也即抽去了具体劳动独特形式后的纯粹消极属性。

抽象劳动产生并发展到了这种程度：交换成为生产过程的社会形式，生产过程成为商品生产。没有作为生产社会形式的交换，也就没有抽象劳动。就市场和交换领域不断扩大这个方面来说，就个体经济单位被纳入交换这个方面来说，就这些单位成为统一的社会经济随后组成世界经济来说，我们所称的抽象劳动的特征被强化了。于是马克思说："只有对外贸易，只有市场发展为世界市场，才使货币发展为世界货币，**抽象**劳动发展为社会劳动。抽象财富、价值、货币，从而**抽象**劳动的发展程度怎样，要看具体劳动发展为包括世界市场的各种不同劳动方式的总体的程度怎样。"① 当交换限制在国境之内时，抽象劳动还没有以它最发达的形式存在。当国际贸易联结并统一了所有国家时，当国内劳动产品由于被运到了世界市场上并和各国产业的劳动产品等同化而失去了它的独特具体属性时，劳动的抽象特征便获得了它的完全形式。抽象劳动概念远非生理意义上的劳动耗费概念，不涉及劳动活动质的属性或劳动组

---

① 马克思. 剩余价值理论：第三卷 [M]. 北京：人民出版社，1975：278.

织的社会形式。

在基于交换的生产中，生产者不关心产品的使用价值，而只关心它的价值。产品不是作为具体劳动的结果令他感兴趣，而是作为抽象劳动的结果令他感兴趣，即在于它们脱去了它们内在的有用形式，转变成了货币，通过货币转变成了无数不同的使用价值。从价值的观点看，如果劳动在商品经济中有充分的流动性的话，对于一个生产者来说一个职业不如另一个职业有利，他就会从前一种劳动跳到后一种劳动。交换使生产者对于他的具体劳动漠不关心（显然是在这个趋势之中，交互的影响打断并削弱了它）。"对任何种类劳动的同样看待，适合于这样一种社会形式，在这种社会形式中，个人很容易从一种劳动转到另一种劳动，一定种类的劳动对他们说来是偶然的，因而是无差别的。这里，劳动不仅在范畴上，而且在现实中都成了创造财富的一般手段，它不再是同具有某种特殊性的个人结合在一起的规定了。在资产阶级社会的最现代的存在形式——美国，这种情况最为发达。所以，在这里，'劳动''一般劳动'，直截了当的劳动这个范畴的抽象，这个现代经济学的起点，才成为实际上真实的东西。所以，这个被现代经济学提到首位的、表现出一种古老而适用于一切社会形式的关系的最简单的抽象，只有作为最现代的社会的范畴，才在这种抽象中表现为实际上真实的东西……劳动这个例子令人信服地表明，哪怕是最抽象的范畴，虽然正是由于它们的抽象而适用于一切时代，但是就这个抽象的规定性本身来说，同样是历史条件的产物，而且只有对于这些条件并在这些条件之内才具有充分的适用性。"① 我们大段引用马克思的著作，是因为马克思在这里非常确定地表明不可能把"抽象劳动"或"一般劳动"定义为生理意义上的劳动。乍一看，"一般劳动"存在于所有社会形式之中，但实际上，它是商品经济历史条件的产物，只在这种经济中"拥有全部意义"。如果抽象劳动通过交换，通过不同劳动形式的产品的等同化而实现了，抽象劳动就成了一种社会关系："在这个世界中，劳动的一般的人类的性质形成劳动的独特的社会性质。"② 只有抽去了具体属性的劳动的这种社会性质才使劳动成为能够创造价值的抽象劳动。在价值中，"个体劳动的一般性质"显现为"社会性质"——马克思在《政治经济学批判》中一再强调这一点。

价值能够从劳动中辩证地得出，在这种意义上，我们必须把劳动理解为这种劳动，即它是在商品经济中以一定的社会形式组织的。当我们说生理意义上的等同甚至是一般社会等同化劳动时，这种劳动并不创造价值。通过把任务限制在纯粹分析价值到劳动的转化，人们可以研究另一个较少具体性的劳动概念。如果我们从作为既定劳动产品社会形式的价值出发（这不需要特别的说明），如果我们探寻这种价值能够转化为什么劳动，我们的简洁回答是：转

---

① 马克思恩格斯全集：第三十卷 [M]. 北京：人民出版社，1995：46.

② 马克思. 资本论：第一卷 [M]. 北京：人民出版社，2004：84.

化为等同的劳动。或者说，如果价值能够辩证地从抽象劳动中得出，后者通过具体的社会形式被区别出来，那么，从价值到劳动的转化就可以限制在一般社会等同化劳动的性质的定义中①，甚至是生理上等同的劳动的性质的定义之中。可能正是这一点解释了以上事实，即在《资本论》第一卷第一章第二节中，马克思通过分析的方法把价值化为劳动，强调劳动在生理上等同这个特征，而没有重视在商品经济中劳动组织的社会形式。② 另外，无论在什么地方，马克思都要从抽象劳动中辩证地得出价值，他着重指出在商品经济中劳动作为抽象劳动的社会形式。

---

① 参见第十二章，在引文中马克思把社会等同化劳动视为价值实体。

② 在《资本论》第一版中，马克思总结了具体劳动和抽象劳动的不同："从以上的论述可以看出，在商品中不是包含着两种不同的劳动，而是**同一**劳动看它是同作为它的**产品**的商品**使用价值**相联系，还是同作为它的单纯**对象化**表现的**商品价值**相联系"。（马克思恩格斯全集：第四十二卷［M］. 北京：人民出版社，2016：34。）价值并不是劳动产品，而是人们劳动活动的物化、拜物化表现。很不幸，在第二版中马克思替换了这个强调社会劳动社会性质的总结，取而代之的是第一章第二节中一个著名的结论性陈述，这个陈述使很多评论者在生理学意义上理解抽象劳动："一切劳动……是人类劳动力在生理学意义上的耗费"。（马克思. 资本论：第一卷［M］. 北京：人民出版社，2004：60。）似乎马克思知道他在《资本论》第二版中表述的抽象劳动主要特征是不准确的。一个明显的证据是，在《资本论》（1875）第一卷法文版中，马克思感到有必要完善这个特征：在第18页，马克思同时给出了抽象劳动的两种定义——首先他重复了上述引用的《资本论》第一版中的定义，然后是第二版中的定义。不能忽视的是，作为一个一般规则，马克思在《资本论》法文版中简化，有时是缩短了他的阐释。由于这一点，他感到有必要补充和完善抽象劳动的特征规定，进而似乎承认第二版中抽象劳动的定义是不准确的。

由于我们已经解释了抽象劳动的社会性质以及它和交换过程的关系，我们必须回答反对这种抽象劳动观念的批评者。某些批评者认为我们的观念可能导致这样的结论，即抽象劳动仅仅源自交换活动，进而推出价值也仅仅源自交换。然而，根据马克思的观点，价值和抽象劳动必须已经存在于生产过程之中。这里涉及一个非常重要且意义深远的生产和交换之间关系的问题。我们应该如何解决这个问题呢？一方面，价值和抽象劳动必须已经存在于交换过程之中；另一方面，马克思在几个段落中说到抽象劳动以交换过程为前提。

我们可以举几个例子。根据马克思的观点，富兰克林把劳动视为抽象的，但是没有认识到它是抽象的一般社会劳动，来自个体劳动的全面异化。富兰克林的主要错误在于，他没有想到抽象劳动来自个体劳动的异化。

这种情况没有涉及马克思著作中另一处的说法。在随后的《资本论》中，马克思更为准确地强调，在商品经济中，只有交换把具体劳动转化为抽象劳动。

我们可以研究一下我们之前引用的那个著名段落："人们使他们的劳动产品彼此当作价值发生关系，不是因为在他们看来这些物只是同种的人类劳动的物质外壳。恰恰相反，他们在交换中使他们的各种产品作为价值彼此相等，也就使他们的各种劳动作为人类劳动而彼此相等。"① 在

---

① 马克思．资本论：第一卷 [M]．北京：人民出版社，2004：91.

《资本论》第一版中这一段有完全不同的意思："如果说人们使他们的产品彼此**当作价值**发生关系，是因为这些物**只是**同种人类劳动的**物质外壳**。"① 为了避免人们把他的话解释为人们事前有意识地把劳动作为抽象劳动相互等同化，马克思在第二版中完全更改了这句话的意思，他强调的意思是，劳动作为抽象劳动的等同化只能通过交换劳动产品而实现。这是第二版对第一版内容上一个非常重要的更改。

但是正如我们提到的，马克思并没有把自己局限在《资本论》第一卷第二版中。他在随后的《资本论》法文版中也做了更正。他在那里认为，他已经做出了德文第二版中没能包括进来的更正。在这个意义上，相比于《资本论》德文第一版，马克思赋予法文版独立的科学价值。

在《资本论》第二版中，马克思看到了那个著名的说法："完全不同的劳动所以能够相等，只是因为它们的实际差别已被抽去，它们已被化成它们作为人类劳动力的耗费、作为抽象的人类劳动所具有的共同性质。"② 在法文版这句话的末尾，马克思加了个逗号并补充说，"只有交换才能完成这一还原，使极其不同的劳动产品相互处于同等的条件下"③。这个添加是非常重要的，表明马克思根本不赞同对抽象劳动做生理学的解释。我们如何把马克思的这些说法和他

① 马克思恩格斯全集：第四十二卷［M］. 北京：人民出版社，2016：58.

② 马克思. 资本论：第一卷［M］. 北京：人民出版社，2004：91.

③ 马克思恩格斯全集：第四十三卷［M］. 北京：人民出版社，2016：67.

的基本观点——价值是在生产中创造的——调和起来呢？

调和这些观点并不难。

问题是，在研究交换和生产的关系问题时，两种交换概念没有被完全区分开。我们必须区分作为再生产过程社会形式的交换和作为这个再生产过程独特阶段的交换，后一种交换和直接生产阶段相交错。

初看起来，交换似乎是与再生产过程无关的阶段，我们看到的是先有直接生产过程再有交换阶段。在这里，交换独立于生产，且是它的对立面。但是交换不仅是与再生产过程分离的阶段，它还把自己的特征印在了整个再生产过程之中。交换是社会生产过程的一个特殊社会形式，生产建立在私人交换之上——马克思经常用这些词表明商品经济的特征。从这种观点看，"产品作为商品的交换……是社会劳动或者说社会生产的一定形式"。① 如果我们关注这个事实，即交换是生产过程的社会形式，这种形式把自己的特点印在了生产过程之中，那么马克思的很多论述就会完全清楚明白了。马克思经常说抽象劳动只是交换的结果，这表示抽象劳动是生产过程中既定社会形式的结果。生产过程取得商品的生产形式，即建立在交换之上的生产，在这种意义上，劳动取得抽象劳动的形式，劳动产品取得价值形式。

于是交换主要是生产过程的形式，或者说社会劳动的

---

① 马克思．剩余价值理论：第三卷 ［M］．北京：人民出版社，1975：139.

形式。因为交换事实上是生产过程的主导形式，它就把自己的特点印在了直接生产阶段上。或者说，由于一个人的生产是发生在他参加交换活动之后，参加下一次交换活动之前，直接生产过程就取得了一定的社会属性，这种属性对应于基于交换的商品经济的组织形式。尽管在某个时间商品生产者还在他的工作场所，并没有和其他社会成员交换产品，但他依然感觉到了市场上来自购买者、竞争者等方面的压力，归根结底是来自所有社会成员方面的压力。直接在交换中实现的这种经济关系和生产关系甚至在既定的具体交换活动结束之后还施加着它们的影响。这些活动在个体和它的劳动产品上留下了明显的社会印记。在直接生产过程中，生产者已经表现为**商品生产者**，他的劳动具有**抽象**劳动的特征，他的产品具有**价值**的特征。

然而，有必要注意到下述错误。很多作者认为，由于直接生产过程已经具有了一定的社会属性，这意味着在直接生产阶段，这些社会属性逐步塑造了劳动产品和劳动，并且这些属性在交换阶段也塑造着它们。这种假设是错误的，因为尽管两个阶段（生产阶段和交换阶段）紧密相关，但这并不意味着生产阶段已经成为交换阶段。两个阶段有一定的相似性，但也有不同之处。或者说，我们认为，当交换成为社会劳动的主导形式并且人们专门为交换而生产的时候，应当考虑在直接生产阶段劳动产品作为价值所具有的特征。但是劳动产品作为价值所具有的这种特征还不是它在现实中与货币交换时取得的特征，按照马克思的说

法，也就还不是当它的"观念"价值化为"现实"价值时
所具有的特征，还不是当商品的社会形式被货币的社会形
式所取代时而具有的特征。

这对于劳动也适用。我们知道在商品生产者的生产活
动中，他们要考虑直接生产过程期间的市场和需求状况。
他们生产产品只是为了交换货币，为了把他们的私人具体
劳动转化为社会抽象劳动。但是把个体劳动纳入整个社会
运行机制中去只是预备性的、臆想性的，它还需要在交换
过程中经受艰苦的证明，这种证明对于商品生产者来说可
能是积极的也可能是消极的。于是正如马克思说的，在生
产阶段商品生产者的劳动活动是直接的私人的具体劳动，
它间接地、潜在地是社会劳动。

于是当我们阅读马克思的著作，特别是他对交换如何
影响价值和抽象劳动的论述时，必须经常自问，马克思在
这种情况下——作为生产过程形式的交换或作为和生产阶
段相对的独立交换阶段——指的到底是什么。马克思研究
的是作为生产过程形式的交换，在这种意义上，马克思清
楚、明白地表明，没有交换，也就没有抽象劳动，没有价
值。劳动仅仅随着交换的发展才获得抽象劳动的特征。当
马克思说交换是相对于生产的一个独立阶段时，他的意思
是甚至在交换过程之前，劳动和劳动产品就拥有了一定的
社会特征，但这些特征只有在交换过程之中才能实现。在
直接生产过程之中，劳动还不是完全意义上的抽象劳动，
它还必须成为（werden）抽象劳动。我们在马克思的著作

中可以发现很多类似的论述。我们从《政治经济学批判》中引用两段："事实上，只有当这些特殊使用价值按照它们包含的劳动时间的长短的比例实际上彼此交换的时候，表现在这些使用价值上的个人劳动，才变成一般劳动，并且以这个一般劳动的形式变成社会劳动。社会劳动时间可以说只是潜伏在这些商品中，只是在它们的交换过程中才显露出来。"① 在另外一处，马克思说，"商品作为二重存在而互相对立着，实际上作为使用价值，观念上作为交换价值。现在，它们彼此把自己所包含的劳动的二重形式表现出来了，因为特殊的实在劳动作为它们的使用价值而实际存在着，而一般的抽象劳动时间则在它们的价格上取得想象的存在。"②

　　马克思认为，商品和货币并不会由于每件商品必须转化为货币而失去它们之间的差异：一个在现实中是另一个想象上所是的，而这另一个在想象中是第一个现实中所是的。所有这些论述表明我们绝不能只在字面上考虑问题。我们不认为，由于在直接的商品生产过程之中生产者通过生产关系直接和其他生产者相互联系，于是他们的产品和劳动已经具有了直接的社会特征。现实并不是这样的，商品生产者的劳动是私人的和具体的，但是它在一般抽象的社会劳动形式中取得附加的"想象"或"潜伏"的社会属性。马克思总是嘲笑乌托邦主义者，他们幻想着取消货币，相信这

---

　　① 马克思恩格斯全集：第三十一卷 [M]．北京：人民出版社，1998：438．

　　② 同上，第463页。

个教条，"商品中的私人特殊劳动直接就是社会劳动"①。

现在我们必须回答这个问题：抽象劳动作为纯粹的"社会实体"是否有量的规定性，也即是否有一定的量？显然，从马克思的理论观点看，抽象劳动有一定的量。正是由于这一点劳动产品不仅获得了价值这种社会形式，而且有一定量的价值。为了理解抽象劳动在量上进行界定的可能性，我们必须再次比较抽象劳动和社会主义共同体中的社会等同化劳动。让我们设想，社会主义共同体中的机构把不同类型和不同个人的劳动等同化。比如：一天的简单劳动是一个单位，一天的复杂劳动是三个单位；有经验的工人 A 劳动一天等于没有经验的工人 B 劳动两天。依照这些一般的原则，社会核算机构知道工人 A 在生产过程之中花费 20 个劳动单位，工人 B 花费 10 个劳动单位。这是否意味着 A 的工作时间在现实中是 B 的两倍？答案是完全不是。这种计算更不表示 A 在生理意义上的耗费是 B 的两倍。从他们工作的实际时长看，A 在劳动过程中于生理意义上的耗费可能比 B 少。然而，A 耗费的"社会劳动"量要比 B 耗费的多。这种劳动表现的是纯粹的"社会实体"。这种劳动单位是由社会机构计算并等同化的同质的社会劳动单位。同时，这种社会劳动有完全确定的量，但（人们不能忽视这一点）这种量的特征纯粹是社会的。A 耗费的 20 个劳动单位并不表示一定数量的工作时间，也不是实际上在生理

———————

① 马克思恩格斯全集：第三十一卷［M］. 北京：人民出版社，1998：480.

意义上耗费的力量之和，而是一定数量的社会劳动单位，**即社会量**。抽象劳动正是这种类型的社会量。在自发的商品经济中，抽象劳动扮演着社会等同化劳动在有意识地组织起来的社会主义经济中所扮演的角色。马克思一再提醒我们，抽象劳动是"社会实体"，它的量是"社会量"。

只有通过对抽象劳动的这种社会学解释，我们才能理解马克思的核心命题，即抽象劳动"创造"价值或者说在价值形式中获得表现。抽象劳动的生理学观念很容易导向价值的自然主义观念，导向和马克思的理论完全矛盾的观念。根据马克思的观点，抽象劳动和价值是由相同的社会性质区别开来的，表现了纯粹社会的量。抽象劳动意味着"劳动的社会规定性"，意味着价值，意味着劳动产品的社会属性。抽象劳动以人们之间一定的生产关系为前提，它创造价值，而不是物质技术或生理意义上的劳动创造价值。① 抽

---

① 这就是为什么斯托茨曼错了。他认为："如果所有经济事件的意义和特征源自于它们的'社会职能'，为什么这不适用于劳动，为什么劳动没有在它的社会职能中获得它的特征，也即在当前经济秩序中属于它的职能之中，而这种秩序是需要解释的?"（斯托茨曼．国民经济的目的 [M]．1906：533。）事实是，马克思并不认为创造价值的劳动是生产的技术要素，他是从劳动组织的社会形式考虑问题的。根据马克思的观点，劳动的社会形式不是在真空中：它和生产的物质过程紧密相关。只有通过完全曲解在马克思体系中劳动具有的社会形式，才有可能认为"对于马克思来说，劳动只是生产的技术要素"（普罗科波维奇．通向对马克思的批判 [M]．1901：16），或者认为"马克思用劳动解释价值的根本错误在于他忽视了不同劳动形式（作为生产要素——鲁宾注）有不同的评价"（盖希尔．要素价格学说的基础 [J]．国家社会期刊，1899（03）：447）。甚至马歇尔也认为马克思的错误在于他忽视了"劳动的质"（马歇尔．经济学 [M]．1910：503）。问题是我们是对劳动的社会属性还是技术属性感兴趣。马克思感兴趣的是在商品经济中劳动的社会形式或社会性质，这种形式表现在抽去不同劳动形式技术属性的活动之中。

象劳动和价值之间的关系不能视为物理原因和物理结果之间的关系。劳动在商品经济中拥有特殊的形式，即抽象劳动，而价值则是社会劳动的物质表现。这意味着价值是"凝结的"劳动，"人类劳动力耗费的单纯凝结"，劳动的"社会实体的结晶"①。从这些论述中可以看出，马克思总是批判和谴责价值理论的"自然主义"建构。但是这些论述只有和马克思的商品拜物教理论、社会关系"物化"理论相对照才能得到合理解释。马克思的首要公设是人们之间的社会生产关系表现在物质形式之中。由此可知，社会（即抽象）劳动表现在价值形式之中。于是价值是"物化的""物质化的"劳动，它同时也是**人们之间生产关系**的表现。如果人们考察生理上的劳动，价值的两种定义是相互矛盾的；但是如果人们考察**社会**劳动，它们则是相互补充的。抽象劳动具有社会的而非物质技术的或生理的性质。价值是劳动产品的社会属性（或社会形式），正如抽象劳动是"社会实体"，而这种实体则是这种价值的基础。正如它创造的价值一样，抽象劳动不仅有质的一面也有量的一面。它有一定的量，在相同的意义上，社会主义共同体中的机构核算的社会劳动也有确定的量。

为了解决抽象劳动量的规定性这个问题，我们必须说明一个可能引起的误解。初看起来，如果抽象劳动是通过劳动产品的等同化而实现的劳动社会等同化的结果，那么

---

① 马克思. 资本论：第一卷 [M]. 北京：人民出版社，2004：51.

两种劳动耗费等同或不等同的唯一标准就是在交换过程中等同或不等同的事实。从这种观点出发，在通过交换实现的劳动社会等同化过程之前，我们不可能谈论两种劳动耗费是等同还是不等同。另外，如果在交换过程中这些劳动耗费已经在社会意义上被等同化了，我们就必须把它们视为等同的，即使它们在直接生产过程之中并不等同（例如：在劳动小时数上）。

这种假设导致了错误的结论。它使我们不能正确地说明在交换过程中相等的劳动量或者不相等的劳动量（例如：复杂劳动的产品交换简单劳动的产品，或者在资本主义经济中通过市场价格而进行的产品交换）是在社会意义上被等同化的。我们将不得不承认在交换过程中劳动的社会等同化独立于直接生产过程中劳动在量上的特性（例如：时长、强度、获得某种技能所需的培训时间等），于是社会等同化缺乏任何规律性，因为它只是由市场的自发性决定的。

显然，之前阐述的抽象劳动理论和刚刚提到的错误观点没有共同之处。我们要再次回到社会主义共同体的例子之中。社会主义共同体中的机构确认工人 A 对 20 个小时社会劳动的权利，工人 B 对 10 个小时社会劳动的权利。这些计算是由社会主义共同体中的机构完成的。另外，这些计算依据的是生产的物质技术过程之中劳动的独特属性（例如：时长、强度、产品的量等）。如果社会主义共同体中的机构只采用一个决定性的标准，用工人在生理上耗费的量（我们假设心理生理学的研究能够确定这种量）来决定每个工人在量上的配额，那么我们要说劳动社会等同化的基础是劳动的这些属性，它们是在生理的意义上而非物质技术的意义上形成的。但是这不会改变问题。在两种情况下，我们可以说两种劳动耗费的社会等同化活动是在那些外在于等同化活动的特性的基础上实现的。但是由此并不能在任何意义上得出，建立在生理等同性基础之上的两种劳动耗费的社会等同性是和它们的生理等同性同一的。虽然我们假设社会劳动的两个量（20 个小时社会劳动和 10 个小时社会劳动）的数量表达和生理力量的两个量（20 个生理力量单位和 10 个生理力量单位）的数量表达完全一致，但是在社会劳动的性质和生理力量的耗费之间，在劳动的社会等同化和它的生理等同性之间仍然有本质区别。在这样的情况下更是如此，即社会等同化不是由一种而是由所有因素调节，而这些因素又是从物质技术方面或生理方面塑造劳动的。在这种情况下，社会意义上的等同劳动不仅在量上不同于生理上的等同劳动，而且第一种劳动的量的规定性只有作为劳动社会等同化的结果才能得到解释。劳动社会等同化发生在生产过程之中，不分析这种生产过程的社会形式，社会劳动的质和量的性质就无法理解。

这正是发生在商品经济中的情况。两个抽象劳动量的相等意味着它们作为社会劳动的构成部分是相等的——这种相等只有在劳动的社会等同化过程中通过劳动产品的等同化才能建立起来。于是我们确信，在商品经济中，两种劳动耗费的**社会**等同性或它们在**抽象**劳动形式中的等同性是通过交换过程建立起来的。但是这不能阻止我们查明一系列量上的因素，它们在物质技术和生理方面把劳动区别出来，它们发生在交换活动之前并且独立于交换活动，影响抽象劳动量的规定性。在这些因素中，最重要的有：（1）**劳动耗费的长度**，或者说**劳动时间量**；（2）劳动**强度**；（3）劳动**技能**；（4）单位时间内生产的**产品数量**。我们简要地考察一下这些因素。

马克思认为工人耗费的劳动**时间量**是决定劳动量的规定性的基本因素。这种根据劳动时间规定劳动量的方法是马克思社会学方法的独特之处。如果我们在心理生理学实验室中研究劳动在量上的规定性，我们就必须把耗费的一定数量的生理能量看作一个劳动单位。但是当我们研究在个人之间以及在生产部门之间社会总劳动的分配时——这种分配在社会主义共同体中是有意识完成的，在商品经济中是自发完成的——不同的**劳动**量表现为不同的**劳动时间**量，因为马克思总是用劳动时间代替劳动，把劳动时间视为物质化在产品中的实体。进而马克思把劳动时间或"劳动的外延量"看作劳动的基本尺度。① 另外，马克思还加入了劳动的**强度**，"劳动的内涵量"（即"一定时间内耗费一定量的劳动"）作为第二位的补充因素②。例如：一个小时高强度的劳动被认为等于一个半小时的正常劳动。或者说，高强度的劳动等于更长时间的劳动。强度被转化为劳动时

---

① 马克思. 资本论：第一卷 ［M］. 北京：人民出版社，2004：593.
② 同上，第 594 页。

间单位或者说强度是作为长度计算的。把劳动强度转化为劳动时间清楚地表明在什么意义上马克思把劳动的生理属性置于社会属性之下，这种社会属性在劳动的社会分配过程中扮演着决定性作用。

相对于劳动时间，劳动强度的次要角色在马克思随后的研究中表现得更为明显。根据马克思的观点，劳动强度的性质决定抽象劳动的量，仅仅当既定劳动耗费相比于平均值多少有些不同之时。但是"如果一切产业部门的劳动强度都同时相等地提高，新的提高了的强度就成为普通的社会的正常强度，因而不再被算作外延量"①。或者说，如果在某个国家，每天的生产耗费 100 万个工作日（八小时制），那么每天创造的价值总额也保持不变，即便在半个世纪的时间内平均劳动强度提高了 1.5 倍，耗费的生理力量也增加了。马克思的推理表明，人们不能混淆生理上的劳动和抽象劳动，生理力量的大小不能作为决定抽象劳动量和价值额的基本因素。马克思认为劳动时间是劳动的尺度，劳动的强度只起次要的补充作用。

---

① 马克思. 资本论：第一卷 [M]. 北京：人民出版社，2004：600。马克思在《剩余价值理论》第三卷（340 页）中更为明确地表达了这个观点："如果劳动的这种强化推广到一切劳动部门，那么商品的价值就必然按照它所花费的劳动时间的减少而下降。"如果劳动强度普遍提高了，生产既定产品花费 12 个小时而不是之前的 15 个小时，那么按照马克思的观点，产品的价值就下降了（因为它是由劳动时间即花费的小时数决定的），生产产品耗费的生理力量没有变（即 12 个小时耗费的量与之前 15 个小时耗费的量一样），于是从对劳动价值的生理解释看，产品的价值必然没有变化。

我们将在下一章详细讨论复杂劳动问题。在这里我们仅仅指出，马克思确信他把劳动时间作为劳动尺度的一般观点，并把一天的复杂劳动化为若干天的简单劳动，也即转化为劳动时间。

到现在我们已经考察了不同生产部门中劳动量的等同化。如果我们研究在同一个生产部门内劳动的不同耗费（更准确地说是在相同种类和质量的产品生产中耗费的劳动），它们的等同化服从这个原则：如果两种劳动生产了**相同的产品数量**，那么它们就被认为是等同的，尽管事实上这些劳动耗费可能在劳动时间的长度、强度等方面非常不同。一个工人是更为熟练的或者拥有更好的生产资料，而另一个工人则是不熟练的或者拥有较差的生产资料，那么前者的一个工作日在社会意义上就等同于后者的两个工作日，尽管前者在生理力量的耗费上可能比后者还要少。在这里，决定抽象劳动量和社会必要劳动量的决定性因素，在任何意义上也不表现为生理力量的耗费量。还是在这里，马克思把工人的熟练劳动或依靠更好的生产资料的劳动转化为了社会必要劳动时间，即马克思把劳动和一定的**劳动时间**量等同化了。

我们看到，抽象劳动在量上的特征**从因果性上说受制于**一系列因素，这些因素在直接生产过程中的物质技术和生理方面塑造着劳动，并且先于交换过程，独立于交换过程。但是，如果独立于交换过程的两种劳动耗费在劳动时间、强度、技能和技术生产力方面不相同，那么在商品经济中两种劳动耗费的**社会等同化**只能通过交换来实现。**社会等同的抽象**劳动在质和量上不同于从物质技术和生理方面考察的劳动。

第十五章
复杂劳动

在交换过程之中，不同具体劳动形式的产品被等同化了，进而劳动也被等同化了。如果在商品经济中其他条件保持不变，具体劳动形式上的差异性是没有什么作用的：制鞋者一小时的劳动产品等于裁缝一小时的劳动产品。然而，不同的劳动形式发生在不同的条件之下；劳动在强度、对健康的危害性、培训时间等方面各不相同；交换过程消除了劳动形式上的差异性，同时它也消除了不同的条件，把质的差异化为量的同一。由于这些不同的条件，制鞋者一天的劳动产品可能交换一个不熟练的建筑工人或挖掘工人两天的劳动产品，也可能交换一个珠宝工人半天的劳动产品。在市场上，不同劳动时长生产的产品作为价值被等同化了。初看起来，这种观念和马克思理论的基本前提是矛盾的。根据马克思的理论，劳动产品的价值比例于生产产品所耗费的劳动时间。让我们考察这个矛盾是如何解决的。

在上面提到的劳动的不同条件之中，最重要的是既定劳动形式的强度、培训时间和既定劳动形式所需的准备工作，或者说既定的职业要求。劳动强度问题不是一个特别的理论问题，我们将附带地考察它。我们的主要精力将放在复杂劳动这个问题上。

首先，我们将定义**复杂**劳动和**简单**劳动。简单劳动是"每个没有任何**专长**的普通人的有机体平均具有的简单劳动力的耗费"①。（粗体是鲁宾加。）与简单劳动相对，我们将把复杂劳动定义为这样一种劳动，它需要特别的培训，即"更长或更专业的培训，比工人的平均水平更重要的一般教育"②。不能认为简单的平均劳动是一种在不同的人之间都一样并且在历史的发展进程中没有变化的量。简单平均劳动在不同的国家和不同的文化时期有不同的性质，但是它在每个社会的一定发展阶段中是既定的③。英格兰任何一个普通工人能够完成的劳动对于俄国工人来说则需要做某些准备工作。普通俄国工人现在能够完成的劳动对于100年前的俄国工人来说则超出了平均复杂程度。

复杂劳动和简单劳动的差异表现在：（1）复杂劳动生产的**产品**有更高的**价值**；（2）拥有复杂劳动的**劳动力**有更高的**价值**，也即雇佣工人有更高的工资。一方面，复杂劳动工人一天的劳动产品价值是简单劳动工人一天的劳动产

---

① 马克思.资本论：第一卷［M］.北京：人民出版社，2004：58.
② 鲍威尔.复杂劳动和资本主义［J］.新时代，1906，1（20）.
③ 马克思.资本论：第一卷［M］.北京：人民出版社，2004：58.

品价值的两倍。另一方面，复杂劳动工人从企业主那里得到的工资要比简单劳动工人所得的工资更多。第一个方面是商品经济本身具有的一个属性，它把人们之间的关系塑造为商品生产者之间的关系。第二个方面是资本主义经济才有的属性，它把人们之间的关系塑造为资本家和工人之间的关系。由于价值理论研究的是商品经济本身具有的属性，我们仅仅研究商品的价值而不研究劳动力的价值，我们在这一章将仅仅考察复杂劳动生产的产品的价值，而不管掌握复杂劳动的劳动力的价值。

复杂劳动的概念必须和另外两个经常与之混淆的概念——才能和强度准确区别开来。我们所说的复杂劳动是指在某种劳动**形式**、职业或专业中所需的**平均**技能（培训）水平。这种平均技能必须和**同一个**职业或专业中单个生产者的**个人**技能区别开来。平均来说，珠宝工人的劳动需要较高的技能水平，但是不同的珠宝工人在他们的工作中表现出不同的经验水平、培训状况和熟练程度，他们在劳动才能上各不相同①。如果制鞋者平均每天生产一双鞋，一个接受过较好培训的制鞋者生产了两双，那么很自然那个掌握了复杂劳动的制鞋者（做两双鞋的那个）一天的劳动产品的价值将是掌握平均水平的制鞋者（做一双鞋的那个）一天的劳动产品的价值的两倍。这是很明显的，因为正如我们将在下一章详细说明的，价值不是由个人而是由社会

① 马克思. 资本论：第一卷［M］. 北京：人民出版社，2004：51 - 52，229 - 230.

必要劳动决定的。两个制鞋者在才能或熟练程度上的不同可以通过他们在相同的时间内所产生的产品数量而准确地测量出来（假设劳动工具相同，其他条件也一样）。于是劳动才能或熟练程度的概念被纳入到了社会必要劳动理论之中，没有表现出特别的理论困难。复杂劳动问题是更难的问题。它涉及的是**不同**行业中的两个生产者在相同的时间内生产的不同产品的价值，两个生产者的产品是无法相互比较的。那些把复杂劳动转化为才能的分析家只不过是回避了这个问题。鲍丁认为复杂劳动的产品价值较高是由于复杂劳动生产了更多数量的产品①。奥本海默认为马克思强调的是"获得的"资格，它来自"长时间的教育和培训"，而没有考虑"天赋"资格。但是在我们看来，奥本海默把某个生产者的个人才能包括到了"天赋"资格之中，它和社会必要劳动相关，但和复杂劳动没有关系②。

其他的分析家试图把复杂劳动转化为更高**强度**的劳动。劳动的强度或紧张度是由单位时间内耗费的劳动量决定的。正如我们能够观察到同一个行业中的两个生产者有不同的劳动强度，我们也能观察到不同的行业有着不同的平均劳动强度③。

---

① 鲍丁. 近期批判语境下的卡尔·马克思理论体系 [M]. 芝加哥：查尔斯·科尔出版社，1907.

② 奥本海默. 价值和资本利润 [M]. 耶拿：费舍尔出版社，1922：63，65－66. 对奥本海默观点的详细批判参见 1927 年出版的《当代西方经济学》.

③ 马克思. 资本论：第一卷 [M]. 北京：人民出版社，2004：471，599，546－647.

在相同的时间内由不同的劳动强度生产的产品有不同的价值，因为抽象劳动量不仅是由耗费的劳动时间决定，也是由劳动强度决定的。（参见上一章结尾。）

正如前面提到的，某些分析家试图通过在复杂劳动中发现高强度或高紧张度劳动来解决复杂劳动问题。"复杂劳动比简单劳动创造更多的价值，仅仅由于它比简单劳动强度更大。"李卜克内西如此说①。首先，复杂劳动更高的强度表现在脑力的更大消耗上，表现在更高的"注意力、心智努力和脑力消耗"上。让我们假设，制鞋者每单位体力消耗 1/4 单位脑力，而珠宝工人则消耗 $1\frac{1}{2}$ 脑力。在这个例子中，制鞋者 1 小时的劳动代表了 $1\frac{1}{4}$ 单位力量耗费（体力和脑力），珠宝工人 1 小时劳动代表了 $2\frac{1}{2}$ 单位力量耗费，也即珠宝工人创造了两倍的价值。李卜克内西自己也意识到了这个假设的"猜想"特征②。我们认为这个假设不仅是没有根据的，而且也被事实证伪。我们考虑到这种复杂劳动形式是由于培训而创造了更高价值的商品，但是在强度方面，它们并没有超过较简单的劳动形式的强度。我们必须解释与劳动强度**无关**的复杂劳动为什么创造了更高价值的产品。③

----

① 李卜克内西．英国价值理论史［M］．耶拿：费舍尔出版社，1902：22。这本书的作者是威廉·李卜克内西的儿子，卡尔·李卜克内西的哥哥。在此书俄文版的引言中有我们对李卜克内西观点的详细批判。

② 李卜克内西．英国价值理论史［M］．1902：103．

③ 在鲁缅采夫的《政治经济学批判》俄译本中，复杂劳动被称为"高强度劳动"。这个术语不应使读者费解，因为它不是马克思的术语。在原版中，马克思称它是"潜力较大的劳动"。

　　我们面临如下问题：为什么两个行业中在相同的劳动时间之内不同的平均资格水平（培训时间）创造了价值不同的商品？马克思的文本可能指出了解决这个问题的两种方法。第一种方法可以在波格丹诺夫的著作中找到。他认为复杂劳动力"能够正常地发挥作用，只是由于工人更重要、更多样的需要被满足了，也即由于他消费了更多数量的不同产品。于是复杂劳动力有**更高的劳动价值**，耗费了社会更多的劳动量。**这就是为什么**这个劳动力给了社会一种更复杂的，即'多倍的'活劳动"①。如果复杂劳动的劳动者吸收的消费品，进而吸收的社会资源是简单劳动的劳动者的五倍，那么前者一个小时的劳动创造的价值将是后者的五倍。

　　首先，我们认为波格丹诺夫的观点在方法论上是不可接受的。本质上说，波格丹诺夫从**复杂劳动力**的高价值得出复杂劳动的产品的高价值。他用**劳动力**的价值解释**商品**的价值。然而，马克思的分析路线正相反。当马克思在价值理论中解释复杂劳动生产的商品价值的时候，他分析人们之间作为商品生产者的关系或者说简单商品经济。在这个阶段，一般的劳动力的价值与特殊的复杂劳动力的价值对于马克思来说还不存在②。在马克思的著作中，商品的价

　　① 波格丹诺夫，斯捷潘诺夫.政治经济学教程：第二卷［M］. 19.
　　② 马克思.资本论：第一卷［M］.北京：人民出版社，2004：58。马克思偏离了他通常的方法，倾向于把复杂劳动的产品价值视为独立于复杂劳动力的价值。

值是由抽象劳动决定的，后者本身表示一种社会的量，没有价值。然而，在波格丹诺夫的著作中，劳动或劳动时间决定价值，并且也有价值。商品的价值是由物化在其中的劳动时间决定的，劳动时间的价值是由维持劳动力的必要消费品的价值决定的①。于是我们陷入了波格丹诺夫试图走出来的恶性循环，我们认为他的论证没有说服力②。

与这些方法论上的缺陷无关，我们必须注意到波格丹诺夫仅仅指出了复杂劳动的产品价值不能逾越的最小绝对界限。不管在什么情况下，价值必须足够使复杂劳动力维持在先前的水平上，以致它不会被迫降低质量（陷入较低的资格水平）。但是正如我们已经指出的，除了最小**绝对**界限，不同劳动形式的**相对**优势在商品经济中发挥着决定性作用③。我们假设，某种类型的复杂劳动的产品价值完全足够维持生产者的复杂劳动力，但却不足以使某个行业中的劳动比其他行业更有优势，其他行业仅需要较短的培训时间。在这些条件下，这个行业中劳动将会溢出。这将持续下去，直到这个行业的产品价值提高到这样一个水平，即它在生产条件中建立一个相对的平衡，建立不同劳动形式之间的一种均衡状态。在分析复杂劳动问题时，我们的出发点不是既定劳动形式的消耗和生产率之间的均衡，而是**不同劳动形式之间的均衡**。于是马克思到达了马克思价值

①　恩格斯．反杜林论［M］．1907：160.
②　波格丹诺夫，斯捷潘诺夫．政治经济学教程：第二卷［M］．20.
③　参见在第十一章中我们对波格丹诺夫的相关反驳。

理论的基本出发点，我们研究的是在社会经济的不同行业之中社会劳动的分配。

我们之前阐述了这种观点，即不同劳动形式的产品在其价值上的交换对应于两个生产部门之间的均衡状态。这个一般见解完全可以应用到两种劳动形式的产品被交换，劳动形式有不同的资格水平的场合。复杂劳动的产品价值超过了简单劳动（或一般缺少复杂性的劳动）的产品价值，超出的价值量补偿了生产条件上的差距，并在这些劳动形式之间建立起了均衡。珠宝工人1小时的劳动产品在市场上等于制鞋者2小时的劳动产品，因为两个生产部门的劳动分配上的均衡正是建立在既定的交换比例之上，也是建立在劳动从一个部门到另一个部门的流动停止的地方。复杂劳动问题被还原为分析**不同劳动形式之间的均衡条件，而劳动形式的不同在于资格要求不同**。这个问题还没有解决，但是它被准确提出了。我们还没有回答这个问题，但是已经勾画了指引我们达到目标的方法、路线。

很多马克思主义分析家采取了这种路线①。他们主要关心的不仅是复杂劳动的产品生产中直接耗费的劳动的结果，也是那个行业中对劳动者进行**培训**所必需的劳动的结果。后一种劳动也进入产品价值，使产品相应地更贵。"对于劳

---

① 希法亭. 庞巴维克对马克思的批判［M］. 德意志. 复杂劳动和资本主义［M］. 维也纳：施特恩出版社，1904；鲍威尔. 政治经济学基本问题［M］. 1922. 波兹尼亚科夫. 复杂劳动和马克思的价值理论：第2版［M］.

动在复杂劳动产品上给予的，社会也为复杂劳动创造的价值支付了等价物，由于这部分价值已经直接被社会消费了"①，没有花费在培训复杂劳动力上。这些劳动过程包括师傅或老师的劳动，它是为了培训某个行业的劳动者而花费的，同时也包括学员自己在培训期间的劳动。对于老师的劳动是否进入复杂劳动的产品价值之中这个问题，鲍威尔非常正确地把不同生产部门的均衡条件作为推理的出发点。他得出了这个结论："直接生产过程中的劳动所创造的价值，和从老师转移给复杂劳动力的价值，老师在培训过程中创造的价值也是产品价值的决定性因素，虽然复杂劳动是在简单商品生产阶段生产了这种产品。"②

于是，为了培训某个行业的生产者而花费的劳动进入了复杂劳动的产品价值之中。但是在资格要求和劳动复杂性上更高的行业中，劳动者的培训通常是从很多最能够胜任的学员中有选择地进行的。在三个学习工程的人中，可能只有一人毕业并实现了目标。于是，三个学员的劳动耗费，以及相应增加的教师的劳动耗费，对于培养这个工程师来说是必需的。于是，只有1/3的学员达到了目标，步入了某个行业，如果行业的产品价值能够补偿不可避免的（某种程度上是浪费的）劳动耗费的话。若其他条件保持不变，某些行业的培训耗费了大量竞争者的劳动，而有的行业则没有这些麻烦，那么前者一个小时的平均产品价值将

① 希法亭. 庞巴维克对马克思的批判［M］.
② 鲍威尔. 政治经济学基本问题［M］. 131–132.

比后者的更大。① 这种情况提高了高度复杂劳动的产品价值。②

正如我们看到的，复杂劳动向简单劳动的还原是不同劳动形式客观的社会等同化的结果，在资本主义社会中这种还原是通过商品在市场上的等同化实现的。我们没有必

---

① 亚当·斯密已经有了这种观念，柳比莫夫又特别强调了这一点（政治经济学教程［M］. 1923：72-78）。很不幸，柳比莫夫混淆了什么决定高度复杂行业（例如：工程师、艺术家等）的产品**平均**价值和什么决定单个**非可再生产**的物品（拉斐尔的绘画）的价格这两个问题。当他研究可大规模再生产的物品时（例如：工程师的劳动可以被视为生产同质的、可再生产的产品的劳动——除一部分例外），我们可以用既定行业的全部生产价值除以同质产品数量而得到单位产品价值。但是这对于独特的、非可再生产的物品来说是不可能的。成百上千的失败画家所浪费的劳动支出通过拉斐尔绘画的价格得以补偿或者成百上千的不成功的画家所浪费的劳动支出通过萨尔瓦多·罗萨的绘画价格得以补偿，这种情况无论如何也不可能从画家 1 个小时的**平均**产品价值等于简单劳动 5 个小时的产品价值这个事实中得出（画家每小时的劳动加入了画家为了培训而花费的 1 个小时劳动和三个失败的画家在培训上花费的 3 个小时劳动）。柳比莫夫把高度复杂劳动的产品价值归入价值理论，这是正确的。但是他不能否认不可再生产的物品的单个价格中有垄断成分这个事实。马斯洛夫犯了相反的错误，他把垄断因素纳入了高度复杂劳动的平均产品价值之中［参见他的《资本主义》（1914 年版第 191—192 页）］。
马克思的目的不是要把**不可再生产**产品的价格归入价值理论。他没有这样做，只是由于价值规律必须准确解释人类**生产**活动的规律。马克思在价值理论中没有研究"不能由劳动再生产的东西（如：古董，某些名家的艺术品等等）"的价值。（马克思. 资本论：第三卷［M］. 北京：人民出版社，2004：714。）
② 在资本主义社会，培训支出的利益有时要加上；在有些情况下，这被称为投资资本。参见：马斯洛夫. 资本主义［M］. 191。鲍威尔. 政治经济学基本问题［M］. 142。然而，这里发生的不是新价值的生产，而是已有价值的再分配。

要重复亚当·斯密的错误,他把"社会过程在不等劳动间强制实行的客观的均等化,误认为是个人劳动的主观的权利平等"①。珠宝工人 1 个小时的劳动产品不能交换制鞋工人 2 个小时的劳动产品,因为珠宝工人主观上认为他的劳动是制鞋工人的两倍。相反,生产者主观的有意识的评价是由不同商品的客观等同化过程实现的,是由不同劳动形式在市场上的等同化实现的。最后,珠宝工人提前计算到他的劳动产品价值将是制鞋工人劳动产品价值的两倍,这也刺激了珠宝工人。他有意识地预计到在市场上将发生什么,这只是由于他依靠并一般化了先前的经验。这里发生的情况和马克思在解释高利润率时所描述的情况类似,资本主义经济中那些有特殊危险性、有难度等的部门获得了高额利润。"在平均价格和与之相适应的市场价格确立一段时期之后,各个资本家**意识到**,在这种平均化中**某些差别**会互相抵消,因此,他们会立即把这些差别包括在他们的互相计算中。"② 按照同样的方式,珠宝工人在交换活动中提前就考虑到了他的较高技能。这种较高技能"被作为永远有效的补偿理由加入计算"③。但是这种计算只是社会交换过程的结果,大量商品生产者联合行动的结果。如果我们把一个劳动者并不复杂的劳动(挖)视为简单劳动,如果我

---

①　马克思恩格斯全集:第三十一卷 [M]. 北京:人民出版社,1998:453 – 454.

②　马克思. 资本论:第三卷 [M]. 北京:人民出版社,2004:232.

③　同上。

们把 1 个小时这种劳动视为 1 个单位，那么珠宝工人 1 个小时的劳动可能等于 4 个单位，这不是由于珠宝工人计算并给予他的劳动 4 个单位价值，而是由于他的劳动在市场上等于 4 个单位简单劳动。复杂劳动向简单劳动的还原是一个真实的过程，它是通过交换过程实现的，并在最后的分析中可以转化为在社会劳动分配过程中**不同劳动形式的等同化**问题，而不是转化为对不同劳动形式的不同评价，也不是转化为不同**劳动价值**的定义。① 由于不同劳动形式的等同化在资本主义经济中是通过劳动价值产品的等同化实现的，复杂劳动向简单劳动的还原只能通过劳动产品的等同化实现。"一个商品可能是最复杂的劳动的产品，但是它的价值使它与简单劳动的产品相等，因而本身只表示一定量的简单劳动。"② "绝大部分商品的价值表现在货币中，也即表现在一定的金或银中。因此，这些价值所表现的不同的劳动形式按比例还原为一定量的相同形式简单劳动，即生产金或银的劳动。"③ 为了使劳动产品的等同化活动成为可能，而假设复杂劳动向简单劳动的还原必然先于交换，这忽视了马克思价值理论的基础。

正如我们看到的，为了解释复杂劳动产品的高价值，我们不能否认劳动价值理论，我们只能正确地把这种理论

---

① 正如奥本海默和其他人所说的。参见：奥本海默. 价值和资本利润 [M]. 2 版. 1922：69 - 70。

② 马克思. 资本论：第一卷 [M]. 北京：人民出版社，2004：58.

③ 马克思. 资本论：第一卷 [M]. 俄文版，1923：170.

视为这样一种理论——它分析资本主义商品经济中社会劳动的分配和均衡规律。从这种观点出发，我们就能够评价马克思批评者的观点①，他们把复杂劳动问题作为主要攻击目标，认为它是马克思理论中最薄弱的部分。这些批评者的反对意见可以归结为两个命题：（1）不管马克思主义者如何解释复杂劳动产品高价值的**原因**，不等劳动量生产的产品作为等价物被交换仍然是交换的**事实**，这与劳动价值理论相矛盾；（2）马克思没能说明我们可以事前把复杂劳动单位（例如：珠宝工人 1 个小时的劳动）和一定数量简单劳动单位等同化的准则或**标准**。

　　第一个反对意见建立在错误的印象上，即商品的相等仅仅依赖于生产中必要劳动耗费在生理上的相等。依据这种对劳动价值理论的解释，人们不能否认从生理学的观点看珠宝工人 1 小时的劳动和制鞋工人 4 小时的劳动代表了不等量的劳动。所有把 1 个小时复杂劳动表示为生理上的高强度劳动并在力量的意义上使其等于几小时简单劳动的企图看起来是没有希望的，在方法论上也是错误的。事实上，复杂劳动是高强度的、多倍的、潜伏的劳动，它不是生理意义上而是社会意义上的高强度劳动。劳动价值理论肯定的不是劳动**生理上的等同**而是劳动的**社会等同性**。这种社会等同性离不开在物质技术和生理方面规定劳动的因素（参见上一章结尾）。在市场上，产品不是交换相等的劳动

---

① 参考庞巴维克的《卡尔·马克思和他体系的终结》，1897 年版。

而是交换数量相等化的劳动。我们的任务是分析在劳动的社会分配过程之中不同劳动形式的社会等同化规律。如果这些规律解释了珠宝工人 1 个小时的劳动和另一个工人并不复杂的 4 个小时劳动等同化的原因，那么我们的问题就解决了，而不用考虑这些社会等同化了的劳动量在生理上是相等还是不相等。

马克思批评者的第二个反对意见给了经济理论一个毫不相干的任务：发现一种使比较不同种类的劳动在操作上成为可能的价值标准。然而，价值理论并不涉及分析或研究等同化的**操作标准**，它探寻的是在资本主义商品社会中实际发生的不同劳动形式的**客观**等同化过程的**原因**。^① 在资本主义社会，这个过程是自发进行的，它不是有组织的。不同劳动形式的等同化不是直接发生的，而是通过劳动产品在市场上的等同化而确立起来的，它是大量的商品生产者相互冲突的行为的结果。在这些条件下，"社会是唯一有能力计算价格水平的会计师，社会为此目的而使用的方法是竞争的方法。"^② 那些让简单劳动扮演实践标准的角色并使简单劳动成为劳动等同化单位的马克思批评者，本质上把一个有组织的经济植入了资本主义社会。在一个有组织的经济中，不同的劳动形式直接等同化，无须市场交换或竞争，无须价值物品在市场上的等同化。

在摒弃这种混淆理论的观点和实践的观点，并坚持一

---

① 参见第十三章"社会劳动"。

② 希法亭. 庞巴维克对马克思的批判［M］. 1923：28.

种理论观点的时候，我们认为价值理论以一种非常彻底的方式解释了高度复杂劳动的高价值的**原因**和它们的**变化**。如果培训时间缩短，或一般来说如果在某个行业中培训所需的必要劳动耗费减少了，这个行业的产品价值也就降低了。这解释了经济生活中的很多事件。例如，从 19 世纪下半叶开始，售货员的劳动产品价值和他们劳动力的价值都明显下降了，原因在于"随着科学和国民教育的进步，基础教育、商业知识和语言知识等等，会越来越迅速地、容易地、普遍地、便宜地再生产出来"①。

我们在这一章也像在上一章一样把不同社会生产部门之间的均衡状态和不同劳动形式的均衡状态作为我们的出发点。但是正如我们知道的，资本主义商品经济是一个体系，均衡在其中不断被打破，均衡只是以趋势的形式表现出来，某些反作用因素打破或延缓了均衡。在复杂劳动方面，在不同劳动形式之间建立均衡的趋势是微弱的，由于在某个行业中长期的资历要求或高昂的培训成本阻碍了劳动从这个行业流向其他较为容易的行业。当我们把理论图式应用到鲜活的现实中去的时候，这些障碍的延期影响必须被考虑进去。承认进入较高行业存在困难使这些行业具有了某些垄断形式。另外，"少数低级的、因而始终是人员充斥和工资微薄的劳动部门"② 是敞开的。通常来说，进入需要较高技能行业的困难以及这个行业中的筛选活动，把

---

① 马克思. 资本论：第三卷 [M]. 北京：人民出版社，2004：335.
② 马克思. 资本论：第一卷 [M]. 北京：人民出版社，2004：507.

很多不合格的竞争者抛到了较为低级的行业中，进而增加了这些行业中的过剩人口。① 另外，资本主义生产过程不断提高的技术和组织复杂性强化了对复杂劳动新形式的需求，不成比例地提高了这种劳动力的工资和产品的价格。这是对为获得资历而花费的时间（可能长，也可能短）的补偿。这种补偿在劳动资历的动态变化过程中提高了。但是正如市场价格偏离价值不是否认，而是使价值规律的实现成为可能，"对资历的补偿"意味着不同劳动形式之间还没有建立起均衡，进而导致复杂劳动的增加，并导致在社会经济均衡方向上生产力的分配。

---

① 参考马斯洛夫的《资本主义》，第192页。

第十六章
社会必要劳动

　　在之前几章中，我们主要聚焦于分析创造价值的劳动的**质的**方面，现在我们转而更为直接地分析劳动的**量的**方面。

　　众所周知，当马克思确认商品价值量的变化依赖于生产商品所耗费的劳动量的变化时，他所设想的不是在某种商品的生产中某个生产者实际耗费的个体劳动，而是在**既有的生产力发展水平**上生产产品所需的**平均**必要劳动量。"社会必要劳动时间是在现有的社会正常的生产条件下，在社会平均的劳动熟练程度和劳动强度下制造某种使用价值所需要的劳动时间。例如：在英国使用蒸汽织布机以后，把一定量的纱织成布所需要的劳动可能比过去少一半。实际上，英国的手工织布工人把纱织成布仍旧要用以前那样多的劳动时间，但这时他一小时的个人劳动的产品只代表半小时的社会劳动，因此价值也降到了它以前的一半。"①

社会必要劳动时间的量是由生产力的发展水平决定的，后者在宽泛的意义上指生产的物质和人力要素的总和。社会必要劳动时间不仅取决于"生产条件"的变化，也即物质技术和组织要素的变化，也取决于劳动力的变化、"劳动熟练程度和劳动强度"的变化。

在第一个分析阶段，马克思假设某种产品的所有样品是在相同的、正常的、平均的条件下生产出来的。从量上说，耗费在每个样品上的个体劳动和社会必要劳动相符，个别价值和社会或市场价值相符。在这里，还没有考虑个体劳动和社会劳动的区别、个别价值和社会（市场）价值的区别。因而马克思在这些段落中只是谈论"价值"，而不是"市场价值"（《资本论》第一卷中没有提及市场价值）。

在随后的分析中，马克思假设某种商品的不同样本是在不同的技术条件下生产的。在这里**个别**和**社会（市场）**价值的对立出现了。或者说，价值概念得到了进一步发展，被更为准确地定义为社会或市场价值。以同样的方式，**社会必要**劳动时间和**个体**劳动时间相对，后者在同一个生产部门的企业中各不相同。于是我们把商品经济的性质表示为**相同的价格**适用于在市场上进行交换的某种类型和质量的所有商品。它独立于生产商品的个体技术条件，独立于不同企业在其生产中耗费的个体劳动量。一个建立在商品

---

① 马克思. 资本论：第一卷 [M]. 北京：人民出版社，2004：52.

经济之上的社会并不直接调节人们的劳动活动，而是通过劳动产品的价值，通过商品进行调节。市场不考虑在个体经济单位中单个商品生产者劳动活动的属性和偏移。"单个商品是当作该种商品的平均样本"①。单个商品不是根据个体价值而是根据社会平均价值出售的，马克思在《资本论》第三卷中称后者是**市场价值**。

同一个生产部门中的企业可以根据它们的技术发展水平排列，从生产力最高的排列到生产力最低的。不管每个企业或企业组（为了简化，我们依照马克思的方法把企业分为三类：生产力高的、平均的和低的）的单个产品价值有什么不同，它们的产品在市场上总是按照相同的价格出售，这在最后的分析中（通过偏离和振荡）是由平均价值或市场价值决定的："个别价值低于市场价值的商品，就会实现一个额外剩余价值或超额利润，而其个别价值高于市场价值的商品，却不能实现它们所包含的剩余价值的一部分。"② 市场价值和个别价值的差别为拥有不同劳动生产率水平的企业创造了不同的有利条件，并且也是资本主义社会中**技术进步**的主要推动力。每个资本主义企业都试图利用最新的技术进步，相对于平均市场价值降低个别价值，取得获取剩余利润的可能性。落后技术的企业试图降低它们产品的个别价值，如果可能的话降低到市场价值水平；

---

① 马克思. 资本论：第一卷 [M]. 北京：人民出版社，2004：52.
② 马克思. 资本论：第三卷 [M]. 北京：人民出版社，2004：199.

不然的话，它们就要遭受来自生产水平更高的企业的竞争威胁，面临破产的危险。大规模生产战胜小规模生产，技术进步的强化，更大、技术更先进企业的生产集中化，是在市场上根据平均市场价值而非个别价值进行的商品销售的结果。

如果我们设定在某个生产部门（部门被定义为有不同生产水平的全体企业）中一定的生产力发展水平，那么市场价值是一个确定的量。但认为它是事先既定的或事先确立起来的，认为它是根据既定的技术计算出来的，则是错误的。正如我们指出的，不同企业的技术条件是不同的。市场价值是一个量，它是大量的卖者市场竞争的结果。作为卖者的商品生产者在不同的生产条件下生产拥有不同个别价值的商品并把它们带到市场上。正如在第十三章已经指出的，个体劳动向社会必要劳动的转化是通过把私人的具体劳动转化为社会抽象劳动的那个交换过程实现的："不同的个别价值，必须平均化为一个社会价值，即上述市场价值，为此就需要在同种商品的生产者之间有一种竞争，并且需要有一个可供他们共同出售自己商品的市场。"① 市场价值是某个生产部门中不同生产者之间市场竞争的结果（在这里我们考虑的是市场的正常条件，它假设供求平衡，既定生产部门和其他部门之间存在均衡。关于这一点参见后面的内容）。类似地，决定市场价值的社会必要劳动是不

---

① 马克思. 资本论：第三卷 [M]. 北京：人民出版社，2004：201.

同企业之间**不同生产水平**的结果。市场把某个部门的生产者聚合在一起并把它们放到相同的市场交换条件之下，只是在这个意义上，社会必要劳动决定商品价值。依靠市场的扩张和独立的商品生产者从属于市场力量，被创造出来的市场价值对于既定种类和质量的所有商品而言是相同的。以同样的方式，社会必要劳动获得了重要意义。市场价值是通过同一个生产部门中不同生产者之间的竞争而确立起来的。但在发达的资本主义社会也存在投入在不同生产部门中的资本的竞争。资本从一个部门向另一个部门的转移，即"不同部门的资本的竞争，才能形成那种使不同部门之间的利润率平均化的生产价格"。① 市场价值获得了市场价格的形式。

　　如果市场价值只是拥有不同生产水平的企业之间社会竞争过程的结果，那么我们必须问哪个企业组决定这个市场价值，或者说哪个量代表决定市场价值的平均社会必要劳动。"一方面，应看作一个部门所生产的商品的平均价值，另一方面，又应看作是在这个部门的平均条件下生产的并构成该部门的产品很大数量的那种商品的个别价值。"② 如果我们做个简化的假设，即假设对于**某个生产部门**的**所有**商品来说，市场价值等于个别价值（尽管它不同于个别样品的个别价值），那么商品的市场价值将等于这个行业中

---

① 马克思. 资本论：第三卷 [M]. 北京：人民出版社，2004：201.
② 同上，第 199 页。

所有商品的个别价值之和除以商品量。但是在随后的分析中，我们必须假设在整个生产部门后面，市场价值之和可能偏离个别价值之和（例如：在农业中），两个总和的一致仅仅存在于所有生产部门的总和之中或者说存在于**整个**社会经济之中。在这种情况下，市场价值将不再准确地等于个别价值之和除以那种商品的数量。在这种情况下，市场价值量的规定服从如下规律：按照马克思的观点，在正常条件下市场价值逼近既定生产部门中**大部分**商品的个别价值。如果大部分商品是在平均劳动生产率下生产的，只有一小部分商品是在最差的条件下生产的，那么市场价值将由拥有平均生产率的企业调节，也即市场价值接近这种企业所生产的产品的个别价值。这就是通常的情况。"在较坏条件下生产的那部分商品，无论同中间的商品相比，还是同另一端的商品（也即在最好条件下生产的——鲁宾注）相比，都构成一个相当大的量，那么，市场价值或社会价值就由在较坏条件下生产的大量商品来调节"①，也即接近这些商品的个别价值（只有在例如农业中才会完全一致）。最后，如果在最好的条件下生产的商品支配着市场，那么它们将对市场价值施加决定性影响。或者说，**社会必要劳动**可能接近有**平均**生产率的劳动（多数情况下是如此）或有**较高**生产率的劳动或有**较低**生产率的劳动。必要的条件只是有较高（或较低）生产率的劳动供给了市场大部分商

---

① 马克思. 资本论：第三卷 [M]. 北京：人民出版社，2004：204.

品，以便成为那个生产部门中的平均（不是在平均生产率的意义上而是在最流行的生产率的意义上）劳动。①

　　根据我们已经展示的马克思的推理，他假设了一个正常的生产过程，假设商品的供给和有效需求是相符的，也即买者根据正常的市场价值购买了某种种类的所有商品。正如我们看到的，市场价值是由拥有较高、平均或较低生产率的劳动决定的；所有这些劳动形式可以代表**社会必要劳动**，而这要看既定生产部门的技术结构，这个部门中拥有不同生产率水平的企业的相互影响。但是，在正常的供求条件下，这些决定市场价值的不同情况，必须和供求的差异严格区分开来。市场价格可能高于（需求过剩）或低

---

　　①　迪尔不准确地声称马克思只是把在拥有平均生产率的企业中耗费的劳动视为社会必要劳动。但是，如果在某个生产部门中大部分产品是在最差的条件下生产的，生产率低下的劳动将决定市场价值。"在这里，作为供给的确定性条件的结果，社会必要劳动不是决定性因素，而是一个更重要的量"（迪尔. 马克思经济学体系中价值和价格的关系 [M]. 耶拿，1898：23 - 24）。这种观点仅仅涉及供给和需求的差异，这种差异使价格偏离市场价值：在这样的条件下，社会必要劳动不是一个决定性的，而是一个较高或较低的量。但是迪尔认为，马克思的推理并不涉及价格偏离市场价值这种情况（参见后面的分析），而是涉及 "大量的产品和社会需求的对应关系"（迪尔. 马克思经济学体系中价值和价格的关系 [M]. 耶拿，1898：24），也即既定生产部门和其他部门之间的均衡。但是如果在较低的劳动生产率决定市场价值之时这种均衡出现了，那么这种劳动就是社会必要劳动。如果说迪尔仅仅把有平均生产率的劳动观为社会必要劳动，其他作家则有意只承认耗费在最好的技术条件下的有较高生产率的劳动是社会必要劳动。"所有价值的现实交换价值依赖于拥有最发达生产技术方法的必要劳动时间，依赖于 '社会必要' 劳动时间"（李卜克内西. 英国价值理论史 [M]. 耶拿，1902：94）。正如我们从文中看到的，这种观点也不符合马克思的理论。

于（供给过剩）市场价值。"这里撇开市场商品充斥的情况不说，因为在那种情况下，市场价格总是由在最好条件下生产的那部分商品来调节的；但是，我们这里所谈的，并不是和市场价值不同的市场价格，而是市场价值本身的不同的规定。"① 我们如何解释市场价值的变化依赖于这个或另一个（拥有较高、平均或较低生产力的）企业组在数量上的主导地位？

这个问题的答案在劳动分配机制和不同社会生产部门的均衡之中。市场价值对应于不同生产部门之间理论上的均衡状态。如果商品根据市场价值出售，那么均衡状态就得以维持，也即既定部门的生产不会靠牺牲其他部门来扩张或收缩。不同生产部门之间的均衡，社会生产和社会需求的一致、市场价格和市场价值的一致——所有这些因素密切相关、相伴发生。"为了使种类相同，但各自在不同的带有个别色彩的条件下生产的商品的市场价格，同市场价值相一致，而不是同市场价值相偏离，即既不高于也不低于市场价值，这就要求各个卖者互相施加足够大的压力，以便把社会需要所要求的商品量，也就是社会能够按市场价值支付的商品量提供到市场上来。"② 价格和市场价值的一致对应于不同生产部门之间的均衡状态。如果我们把注意力放到在劳动的分配和均衡机制中市场价值所发挥的作用上，生产率较高、平均或较低的劳动在市场价值规定中

① 马克思．资本论：第三卷 [M]．北京：人民出版社，2004：204．
② 同上，第201页。

的不同作用也就清晰了。如果拥有较高生产率的企业处于主导地位，更准确地说，如果大部分产品是在最好的条件下生产的，市场价值就不可能由在平均或较低条件下的产品价值调节，因为这将增加生产率较高的企业的剩余利润，导致这些企业大大地扩张生产。生产的这种扩张（在这个企业组的主导作用下）将导致市场的过度需求，使价格趋于生产率较高的企业的价值水平。类似的推理也可以应用到其他企业组在数量上处于主导地位的情况下，即拥有平均或较低生产率的企业组。**市场价值规定**的不同情况（同样也可以说社会必要劳动的规定性）可以通过**某个生产部门和其他部门的不同均衡条件**得到解释。这个均衡依赖于拥有不同生产率水平的处于支配地位的企业，也即依赖于**生产力**的发展水平。

于是决定某个生产行业中商品的市场价值的社会必要劳动可能是拥有较高、平均或较低生产率的劳动。哪种劳动是社会必要的，取决于生产部门的生产力发展水平，且首先取决于拥有不同生产率水平的企业在数量上的优势（正如我们已经提到的，我们并不考虑企业数量，而是考虑企业生产的商品的数量)①。但这不是全部。

我们假设两个生产部门中拥有不同生产率水平的企业在数量分布上完全不同。让我们假设拥有平均生产率的企

---

①　"在最后的分析中，哪组企业（拥有不同生产率水平——鲁宾注）决定平均价值，取决于那个行业中企业组的数量关系或比例关系"（马克思剩余价值理论：第二卷第一册［M］. 56）。

业占总数的 40%，而拥有较高、较低生产率的企业各占 30%。然而这两个生产部门还有如下的本质差异。在第一个部门，装备条件较好的企业在生产上急速扩张（比如：由于生产集中带来的独特优势，由于从国外得到的能力或迅速在国内生产必要机械的能力，由于充裕的原材料，可以得到的适应工厂生产的劳动力，等等）。在第二个部门，大规模生产只能相对缓慢且在狭小的范围内进行。可以提前说明的是，相比于第二个部门，在第一个部门中市场价值将趋向于较低的水平（显然如果其他条件相同的话），即在第一个部门中市场价值将接近拥有较高生产率的企业中的劳动耗费。然而在第二个部门，市场价值可能提高。如果第一个部门中的市场价值提高到第二个部门的水平，结果将是拥有较高生产力的企业迅速扩张，市场过剩，供求均衡被打破，价格下降。对于第一个生产部门来说，保持和其他生产部门的均衡，以市场价值接近拥有较高生产率的企业中的劳动耗费为前提。在第二个生产部门中，当价格接近拥有平均和较低生产率的企业中的劳动耗费的时候，社会经济和较高的市场价值水平的均衡是可能的。

最后，也可能发生这种情况，即社会经济的均衡出现在这个时候，即市场价值不是由某组企业（比如生产率较高的企业）中的个别劳动所决定，而是由某组企业和临近的企业组中劳动耗费的平均数量所决定。这可能是常态，如果在某个生产部门中，企业不是根据生产率水平分为三组，就像我们假定的那样，而是分为较高生产率和较低生产率两组企业。显然"平均价值"在这里不是被当作平均值：它接近于生产率较高还是较低的那组企业的劳动耗费，取决于这个部门和其他生产部门之间的均衡状态。于是鲍丁严重简化了问题，他认为在引入技术进步和新生产方法的时候，"商品的价值……将不是由平均劳动耗费衡量，而是由旧的或新的劳动方法衡量"①。

　　于是根据生产力发展的水平，既定生产部门和社会经济其他部门之间不同的均衡条件解释了市场价值规定性（即社会必要劳动的规定性）的不同情况。在某个生产部门中**劳动生产力**的提高改变了这个部门和其他部门之间的**均衡条件**，改变了**社会必要**劳动的量和**市场价值**的量。劳动时间"随着劳动生产力的每一变动而变动"②。"劳动生产力越高，生产一种物品所需要的劳动时间就越少，凝结在该物品中的劳动量就越小，该物品的价值就越小。相反地，劳动生产力越低，生产一种物品的必要劳动时间就越多，该物品的价值就越大。"③ 在马克思的理论中，**社会必要**劳动的概念和**劳动生产力的**概念密切相关。在商品经济中，生产力的发展表现在社会必要劳动的变化中，表现在个别商品市场价值的变化中，这种价值是由社会必要劳动决定的。在市场上价值的运动反映了劳动生产率的发展过程。桑巴特在其著名的评论中给出了这种引人注目的观点："价

---

①　鲍丁. 近期批判语境下的卡尔·马克思理论体系 [M]. 1907：70.
②　马克思. 资本论：第一卷 [M]. 北京：人民出版社，2004：53.
③　同上。

值是一种独特的历史形式，它表现了社会劳动的生产力，最终规定着所有经济现象。"① 然而在社会必要劳动理论中，桑巴特误解了马克思价值理论的整个内容：社会必要劳动理论仅仅包括价值量的方面而不包括价值质的方面。"某种商品所包含的劳动量是生产该商品的社会必要量，因而劳动时间是必要的劳动时间，这是一种只和价值量有关的规定。"② 桑巴特把自己限制在马克思理论中考察价值量的变化对于物质生产过程依赖性的那一部分，他没有注意到马克思理论中最原创的部分，即"价值形式"理论。③

前面已经指出，我们所考察的市场价值规定性的不同情况必须和由供给过剩或需求过剩导致的价格偏离于市场价值这种情况严格区分开来。如果市场价值由正常条件下的平均价值决定，那么当需求过剩时，市场价格将向上偏离于市场价值，接近生产率水平较低的企业的劳动耗费。供给过剩将发生相反的情况。如果市场上的产品数量"小于或大于对它的需求，市场价格就会偏离市场价值"④。如果绝大部分商品是在生产率较高的企业生产的，这些企业的耗费也就决定了市场价值，或者市场价值通常是由平均

① 桑巴特 . 卡尔·马克思经济学体系批判［M］//社会立法与统计学文库：第七卷 . 1894：577.
② 马克思 . 剩余价值理论：第三卷［M］. 北京：人民出版社，1975：145.
③ 布尔加科夫注意到了桑巴特观点中的这个根本缺陷。参见：什么是劳动价值［M］//法和社会科学研究：第六卷 . 1896：28。
④ 马克思 . 资本论：第三卷［M］. 北京：人民出版社，2004：206.

价值决定的，但由于供给过剩，市场价格低于市场价值，并且生产率较高的企业的耗费决定了市场价格。马克思严格区分了这两种情况①。在第一种情况下，根据生产率较高的企业的劳动耗费而进行的产品销售表示市场上的**正常状态**，既定生产部门和其他部门之间存在**均衡**。在第二种情况下，根据相同的耗费进行的商品销售是由市场上**不正常**的供给过剩造成的，并且不可避免地造成了这个部门的生产萎缩，也即这种商品的销售意味着部门之间的**失衡**。在第一种情况下，商品是根据它们的**市场价值**进行销售的。在第二种情况下，**商品价格**偏离于由社会必要劳动决定的市场价值。

在这种情况下，我们可以清楚地看到那些马克思的批评者所犯的错误，他们认为即使在市场供给过剩（或商品短缺）的情况下，商品也是根据生产中耗费的社会必要劳动销售的。他们不仅把社会必要劳动理解为在既定的生产力发展水平下生产某种商品的样品所必要的劳动，也把它理解为整个社会能够花费在既定商品生产上的劳动之和。在既定的生产力发展水平下，如果社会能够花费 100 万个工作日生产鞋子（出产 100 万双鞋）；如果社会实际花费了125 万个工作日，那么 125 万双鞋仅仅代表 100 万个工作日的社会必要劳动，一双鞋代表 0.8 个工作日。一双鞋不是卖10 卢布（如果我们假设 1 个工作日的劳动创造 10 卢布的价

---

① 马克思. 资本论：第三卷 [M]. 北京：人民出版社，2004：203，206 - 207.

值），而是卖 8 卢布。即便生产鞋的技术没有任何变化，我们能够说由于生产过剩，包含在一双鞋中的社会必要劳动量变化了吗？也许我们应该说：即使生产一双鞋的社会必要劳动量没有变化，由于供给过剩，市场价格低于由社会必要劳动决定的市场价值，鞋子便是据此销售。上面提到的马克思的批评者在第一种含义上回答问题，进而树立了一种必要劳动的"经济"概念，即社会必要劳动不仅和劳动生产力的变化相关，也和社会供求平衡相关。通过社会必要劳动对劳动生产力的依赖性，我们在第二种含义上回答了问题。这是一回事。如果由于技术进步，生产一双鞋的必要时间从 10 小时减少到 8 小时，这意味着，作为一种稳定的正常现象，社会必要劳动减少，价值降低，鞋子的价格普遍下降。如果由于鞋子供给过剩，一双鞋卖 8 卢布，即便生产鞋子仍然像之前那样需要 10 小时劳动，那就是另外一回事。这是市场的不正常状态，它引起鞋子生产的萎缩。这是价格的暂时下降，价格将倾向于回到之前的水平。在第一种情况下，我们看到了生产条件的变化，即必要劳动时间的变化。在第二种情况下，"即使产品的每个部分仅仅花费社会必要劳动时间（我们在这里假设生产的其他条件不变），这个部门耗费了过量的社会劳动量，一个比通常必要的量更大的量"。①

那些打算扩大社会必要劳动概念的人犯了如下根本性

---

① 马克思. 剩余价值理论：第一卷 [M]. 俄文版. 184 – 185.

的方法论错误：

（1）他们混淆了市场的正常状态和不正常状态，不同生产部门之间的**均衡**规律和均衡暂时**崩溃**的情况；

（2）他们打破了**社会必要劳动**概念，这个概念以既定生产部门和其他部门之间的均衡为前提；

（3）他们忽视了市场价格偏离价值的机制，错误地把产品在任何不正常的市场条件下以任何价格所进行的销售视为符合价值的销售，将**价格**混同于**价值；**

（4）他们打破了社会必要劳动概念和**劳动生产力**概念之间的紧密关系，进而允许前者在不符合后者的情况下变化。

我们在下一章将不再论述社会必要劳动的“经济”方面，继续论述其他方面。

第十七章
价值和社会需要

1 价值和需求

所谓社会必要劳动,"经济"概念的支持者认为:在既定的生产力发展水平下,商品可以基于它的价值销售,只要这种商品的总量和社会对它的需要量一致,或者说,只要耗费在这个产业部门的实际劳动量和社会能够耗费在这种商品的生产上的劳动量一致。然而,显然第二种劳动量取决于社会对产品的需要量,或者说取决于对它们的需求量。这就是说商品的价值不是仅仅依赖于**劳动生产率**(它表现了在既定的平均技术条件下生产商品的必要劳动量),还依赖于**社会需要**或需求量。这个概念的反对者并不认为与劳动生产率和生产技术变化无关的需求变化仅仅造成市场价格暂时偏离市场价值,而不是造成平均价格持续长期的变化,即它们并不造成价值本身的变化。为了理解这个问题，有必要考察供求（或者说竞争）机制的影响。①

　　"说到供给和需求，那么供给等于某种商品的卖者或生产者的总和，需求等于这同一种商品的买者或消费者（包括个人消费和生产消费）的总和。"② 让我们来探讨一下需求。我们必须把它更准确地定义为买者总数乘以每个买者购买的平均商品量，也即需求等于能够在市场上找到买者的商品量。初看起来似乎需求量是一个十分确定的量，它取决于产品的社会需要量。但是事实并非如此。"这种需要具有很大的弹性和变动性。它的固定性是一种假象。如果生活资料**便宜**了或者货币工资**提高**了，工人就会购买更多的生活资料，对这些商品种类就会产生更大的'社会需要'。"③（粗体是鲁宾加。）正如我们可以看到的，需求量不仅被当前的既定需要所决定，也被**收入**的多少或买者的**支付能力**所决定，被商品**价格**所决定。农民群体对棉花的需求可能由于这些因素而增加：（1）农民对棉花的需求而非对粗糙亚麻布的需求增加了（我们不考虑这种需求变化的经济或社会原因）；（2）农民的收入或购买力增加了；（3）棉花的价格下降了。假设需求结构和购买力不变（即

---

　　①　读者可以找到所谓社会必要劳动"技术"或"经济"版本的历史，参见：乔戈维奇．马克思和拉萨尔的价值学说［M］．维也纳．1910；迪尔．大卫·李嘉图《国民经济学和赋税原理》的社会科学解说：第一卷［M］．莱比锡：迈纳出版社，1921。也可参见《在马克思主义旗帜下》杂志 1922—1923 年中的讨论。

　　②　马克思．资本论：第三卷［M］．北京：人民出版社，2004：215.

　　③　同上，第 209—210 页。

社会的收入分配不变），对某种商品的需求就随着价格的变化而变化。"需求按照和价格相反的方向变动，如果价格跌落，需求就增加，反之，价格提高，需求就减少。"① "市场的扩大或缩小取决于单个商品的价格，并和这个价格的涨落成反比。"② 商品跌价对扩大消费的影响将更为明显，如果这种跌价不是暂时的而是长期的，即跌价是既定部门生产率提高和产品价值下降的结果③。

　　某种商品的需求量随着该商品价格的变化而变化。**需求是一种量，它只有在既定的商品价格下才能被决定。**商品不同，需求量对价格的依赖性也就具有不同的特征。面包、盐等生活必需品的弹性较低，也就是说，这些商品消费量的波动以及需求量的波动并不像它们的价格波动那么大。如果面包的价格降到之前的一半，面包的消费不会提高两倍，而是少于两倍。这并不意味着面包的跌价不会增加面包的需求。事实是面包的需求在一定程度上增加了。另外，"一部分谷物可以以白兰地酒或啤酒的形式消费。并且，这两种商品的增长的消费，决不会局限于狭窄的界限内。"④ 最后，"小麦生产的增加和生产费用的降低，可以促使小麦代替黑麦或燕麦成为人民大众的主要食物"⑤，这增加了对小麦的需求。因而甚至生活必需品也受一般规律的

---

① 马克思. 资本论：第三卷 [M]. 北京：人民出版社，2004：212.
② 同上，第 123 页。
③ 同上，第 741 页。
④ 同上。
⑤ 同上。

支配，根据这种规律，既定商品的**消费量**和**需求量**与**价格**的变化方向相反。需求取决于价格是非常明显的，如果我们考虑到在资本主义社会雇佣劳动下大众购买力的狭隘界限。劳动群众只能获得廉价的商品。只有某些商品变得便宜了，它们才会进入大部分人的消费篮子，成为大众的需求对象。

在资本主义社会，一般社会需要，具有购买力的社会需要，或相应的需求，正如我们看到的，并不表示一个精确的、固定的量。特定需求量是由既定价格决定的。如果我们说，某个国家某年对衣服的需求是 240 000 阿尔申，那么我们必须附带地说"在既定价格下"，例如每阿尔申 2 卢布 75 戈比。那么需求就可以表示在一张表（见表 1）上，它表明了相对于不同价格，需求量的多少。让我们考察下面这张衣服需求表。①

表 1　价格与需求的关系

价格（卢布） （每阿尔申）	需求 （阿尔申）
7 卢布	30 000
6 卢布	50 000
5 卢布	75 000
3 卢布 50 戈比	100 000
3 卢布 25 戈比	120 000
3 卢布	150 000

---

① 需求的绝对值和增长率完全是任意的。

价格（卢布） （每阿尔申）	需求 （阿尔申）
2 卢布 75 戈比	240 000
2 卢布 50 戈比	300 000
2 卢布	360 000
1 卢布	450 000

　　表 1 可以向上或向下延伸：向上延伸直到衣服只能在社会的富有阶层中找到一小部分买者；向下延伸直到大部分人对衣服的需求得到满足以至衣服价格的继续下跌不会引起需求的进一步扩大。在这两个极端之间可能存在需求量和价格水平的无数组合。这些可能的组合中哪个会在现实中出现？仅仅根据需求，我们并不知道，是每阿尔申 7 卢布时 30 000 阿尔申的需求量比每阿尔申 1 卢布时 450 000 阿尔申的需求量更可能实现，还是这两个极端之间的组合更容易实现。**现实的需求量**是由**劳动生产力**决定的，它表现在一阿尔申衣服的价值之中。

　　让我们考虑生产衣服的条件。假设所有的制衣工厂是在相同的技术条件下生产衣服的。制作衣服的劳动生产率处于这样一个水平，即必须花费 2 小时 45 分钟（包括消耗在原材料、机器等上面的劳动）才能生产 1 阿尔申衣服。如果我们假设，1 小时劳动创造 1 卢布价值，那么 1 阿尔申衣服的市场价值是 2 卢布 75 戈比。在资本主义经济中，衣服的平均价格并不等于劳动价值，而是等于生产价格。在这种情况下，我们假设生产价格是 2 卢布 75 戈比。在后面的分析中，我们一般假设市场价值等于劳动价值或者说等于生产价格。2 卢布 75 戈比的市场价值是一个最小值，衣服价格不可能长期低于这个值，因为这样的跌价将导致衣服生产规模下降，资本转移到其他部门。我们也假设，1 阿尔申衣服的价值等于 2 卢布 75 戈比，而不管衣服的产量是多是少。或者说，衣服生产的增加不会改变耗费在每阿尔申衣服生产中的劳动量或生产成本。在这种情况下，2 卢布 75 戈比的市场价值是 "生产者将会满足的最小值，也是最大值"，① 价格不可能长期超过这个值，因为价格的这种上涨将导致资本从其他部门流入这个部门，扩大衣服的生产。因而在需求量和价格的无数个组合中，只有**一个**组合能够**长期**存在，即**市场价值**等于价格那个组合，也即在表 1 中从上数第七个组合——2 卢布 75 戈比—240 000 阿尔申。当然，这个组合并不是那么显而易见，但它代表了一种均衡状态，即平均水平，现实的市场价格和需求量将围绕着它上下波动。2 卢布 75 戈比的市场价值决定了 240 000 阿尔申的有效需求量，供给（即生产量）将趋向于这个量。如果生产增加到 300 000 阿尔申，正如我们在表 1 中看到的，这将导致价格低于市场价值降到 2 卢布 50 戈比，这对于生产者来说是不利的，并驱使他们减少生产。当生产低于 240 000 阿尔申的时候，相反的情况将会发生。生产或供给的正常水平将会等于 240 000 阿尔申。因而除了这种情况外，我们表

---

① 约翰·斯图亚特·穆勒. 政治经济学原理 [M]. 1865：508.

1 中的所有组合仅仅是暂时的，表现为一种不正常的市场状况，表明市场价格偏离了市场价值。在所有可能的组合之中，只有一种符合市场价值——2 卢布 75 戈比—240 000 阿尔申，它代表了一种均衡状态。2 卢布 75 戈比的市场价值可以被称为**均衡价格**或正常价格，240 000阿尔申的生产量可以被称为**均衡数量**，① 它同时代表了正常需求和正常供给。

在需求的无数个不稳定组合中，我们发现只有一种稳定的均衡组合，它包含**均衡价格**（**价值**）以及相应的**均衡数量**。这个组合的稳定性可以通过市场价格（价值）的稳定性得到解释，而不能由均衡数量的稳定性来解释。资本主义经济机制没有解释为什么不管上下波动如何，需求量趋向于 240 000 阿尔申。但是这个机制充分解释了市场价格必然倾向于 2 卢布 75 戈比的市场价值（或生产价格），而不管价格如何波动。这样需求量也趋向于 240 000 阿尔申。**技术状况**决定产品**价值**，**价值**进而决定**正常的需求量**和与之相应的**正常供给量**，如果我们假设需求水平和人们的收入水平是既定的话。实际供给偏离于正常供给（即生产过剩或生产不足）导致市场价格偏离于价值。价格的这种偏离往往导致实际供给在正常供给方向上的变化。如果这个波动的体系或者说这个供给需求机制围绕恒定的量——价

---

① 马歇尔在《经济学原理》（1910 年，第 345 页）中使用了"均衡价格"和"均衡数量"。形容词"正常的"并不是在"应该"的意义上使用，而是在平均水平的意义上使用，这种水平对应于均衡状态，表现了价格运动的规律性。

值波动，这个量又是由生产技术决定的，那么这些由生产
力发展所造成的价值变化将导致整个供求机制的相应变化。
新的中心在市场机制中被创造出来。价值变化改变了正常
需求量。如果由于生产力的发展，生产 1 阿尔申衣服所需的
社会必要劳动时间从 2 小时 45 分钟下降到 2.5 小时，那么 1
阿尔申衣服的价值就从 2 卢布 75 戈比下降到 2 卢布 50 戈
比，那么正常的需求量和供给量将建立在 300 000 阿尔申这
个水平上（如果人们的需要和购买力没有变化的话）。**价值
变化导致供求变化**。"因此，如果供求调节市场价格，或者
确切地说，调节市场价格同市场价值的偏离，那么另一方
面，市场价值调节供求关系，或者说，调节一个中心，供
求的变动使市场价格围绕这个中心发生波动。"① 或者说，
价值（或正常价格）决定正常需求和正常供给。实际需求
或供给偏离于它们的正常水平，决定了"市场价格，或者
更准确地说，市场价格相对于市场价值的偏离"，这种偏离
进而导致趋向均衡的运动。价值通过正常需求和正常供给
调节着价格。在供求均衡状态中商品按照它们的价值出售。
由于商品按照它们的价值销售符合不同生产部门之间的均
衡状态，我们得出这样的结论：如果**不同生产部门之间的
均衡实现了，供求均衡也就实现了**。如果我们把供求均衡
看作经济分析的出发点，我们就犯了一个方法论错误。就
像我们之前的分析一样，不同生产部门之间社会劳动分配

---

① 马克思. 资本论：第三卷 [M]. 北京：人民出版社，2004：202.

的均衡仍然是出发点。

　　尽管马克思在《资本论》第三卷第十章（和其他地方）中表达的供求观点是片段式的，这也并不意味着我们在马克思的著作中找不到证据，证明他理解我们在上述意义上说的供求机制。根据马克思的观点，市场价格对应于市场价值的条件是卖者"把社会需要所要求的商品量，也就是社会能够按市场价值支付的商品量提供到市场上来"①。按照马克思的观点，"社会需求"取决于在市场上能够按照价格等于价值的条件找到买者的商品量，也即我们所说的"正常需求"或"正常供给"。在其他地方，马克思谈论过"生产的商品量和按市场价值出售的商品量之间的差额"，②也即实际需求和"正常需求"之间的差额。于是，马克思著作中的不同段落得到了解释，在这些段落中马克思谈论了"通常的"社会需要、"通常的"供给和需求量。马克思认为"正常需求"和"正常供给"对应于既定价值，并随着价值的变化而变化。马克思评价一个英国经济学家到："这个聪明人不理解：在这里所说的情况下，正好是**生产费用的变化**，因而正好是**价值**的变化，引起**需求**的变化，从而引起供求比例的变化，并且需求的这种变化，也能够引起**供给**的变化；这正好会证明我们这位思想家想要证明的事情的反面；就是说，这会证明，生产费用的变化，无论如何不是由供求比例来调节的，而是相反，生产费用的变

---

① 马克思. 资本论：第三卷［M］. 北京：人民出版社，2004：201.
② 同上，第207页。

化调节供求比例。"①（粗体是鲁宾加。）

我们已经看到，价值的变化（如果人们的需求和购买力不变的话）引起正常需求量的变化。我们在这里也看到一种相反的变化：需求的长期变化引起产品价值的变化，且生产技术保持不变。我们在这里涉及的是需求的长期稳定变化，而不是仅仅影响市场价格的暂时变化。这样的长期变化（例如：某种商品需求的增加）独立于产品价值的变化，可能产生于人们购买力的提高，可能产生于对某种商品需求的增加。需要的强度可能由于社会的或自然的原因而增强（例如：长期的气候条件变化可能创造出冬衣的更多需求）。我们下面会详细探讨这个问题。现在，我们将假定衣服需求表的变化是给定的，例如：是由于冬衣的需求增加了。表2的变化表现为更多的买者同意为衣服支付更高的价格，即更多的买者和更大的需求对应于衣服的每一价格。

表2　价格与需求的关系

价格（按卢布计） （每阿尔申）	需求 （阿尔申）
7 卢布	50 000
6 卢布	75 000
5 卢布	100 000
3 卢布 50 戈比	150 000
3 卢布 25 戈比	200 000

---

① 马克思. 资本论：第三卷 [M]. 北京：人民出版社，2004：213.

价格（按卢布计） （每阿尔申）	需求 （阿尔申）
3 卢布	240 000
2 卢布 75 戈比	280 000
2 卢布 50 戈比	320 000
2 卢布	400 000
1 卢布	500 000

表 1 中的市场价格是 2 卢布 75 戈比，正常的需求量和供给量是 240 000 阿尔申。表 2 展现的需求变化使衣服的市场价格增加到 3 卢布每阿尔申，因为在市场上只有 240 000 阿尔申衣服。根据表 2，这是买者在价格 3 卢布时谋求的数量。所有卖者不是按照之前的 2 卢布 75 戈比而是按照 3 卢布出售他们的商品。因为生产技术没有变化（按照我们的假设），生产者获得了每阿尔申 25 戈比的剩余利润。这引起了生产的扩张，甚至可能还有从其他部门转移来的资本（通过银行给予衣服产业的信用）。生产将会扩大，直到在衣服行业和其他行业之间重新建立起均衡。这种情况将发生在衣服行业的生产从 240 000 阿尔申增加到 280 000 阿尔申的时候，那时衣服将按之前的 2 卢布 75 戈比出售。这个价格和技术状况、市场价值相一致。如果生产技术条件不变，**需求**的增加或减少不可能引起产品**价值**的上升或下降，但它可能**提高**或**降低**这个部门的产量。不过，产品价值仅仅是由生产力的发展水平和生产技术决定的。因而，需求不

可能影响价值量，而是价值和部分上由价值决定的需求决定着某个部门的生产量，也即生产力的分配。"需求的紧急程度影响社会生产力的分配，但是不同产品的相对价值是由耗费在产品生产上的劳动决定的。"①

　　如果我们承认**需求**的变化对生产**量**的影响，承认它对生产的扩大或收缩的影响，我们是否和马克思经济理论的基本概念相矛盾？这种理论认为经济发展是由生产条件、生产力的构成和发展水平决定的。答案是一点也不。如果某种商品需求的变化影响到了它的产量，这些需求上的变化又是由如下原因造成的：（1）这种商品的**价值**变化了，例如：由于某个生产部门生产力的发展而引起了价格的跌落；（2）**购买力**或者说不同社会集团的收入变化了，这意味着需求是由不同社会集团的收入决定的②，并且"本质上是由不同阶级的相互关系和它们各自的经济地位决定的"③，它随着生产力的变化而变化；（3）这种商品的需求强度或紧急度变化了。初看起来，似乎我们在最后的分析中使生产依赖于消费。然而，我们必须探究什么引起了既定商品需求紧急程度的变化。我们假设如果铁犁的价格和人们的购买力保持不变，由于在农业中用铁犁替换木犁对犁的需求增加，增加的需要引起犁的市场价格暂时高于它们的价

---

　　① 马斯洛夫. 国民经济发展理论［M］. 1910：238.
　　② 马克思. 资本论：第三卷［M］. 北京：人民出版社，2004：216－217.
　　③ 同上，第202页。

值，结果提高了犁的产量。增加的需要或需求引起生产的扩张。不过，需求的增加不是由既定（犁）生产部门而是由其他（农业）生产部门的生产力发展引起的。我们再举一个和消费品有关的例子。抵制酒精的成功宣传减少了对酒精饮品的需求，它们的价格暂时低于价值，结果酿酒厂的产量下降。我们有意选择这个例子，在其中生产的收缩是由社会观念而非经济因素引起的。显然，不同社会集团的经济、社会、文化和道德水平带来了抵制酒精宣传上的成功，这个水平又是作为复杂的社会条件的结果而变化的。在最后的分析中，社会条件是由社会生产力的发展而得以解释的。最后，我们从能够改变需求的社会经济条件转向自然现象，它们在某些情况下也影响需求量。剧烈且长期的气候变化，可能强化或削弱对冬衣的需要，引起衣服生产的扩张或收缩。在这里没有必要强调独立于社会原因，纯粹由自然原因引起的需求变化是很少见的。但是，甚至这些情况也并不和生产支配消费的观点相矛盾。这种观点不应被理解为，生产是在真空中自动进行，独立于社会和人们建立在生理需要（食物、御寒物等）上的不同需要。但是人们满足自己需要的**物**和满足这些需要的**方式**是由**生产力的发展**决定的，它们改变了既定**需要**的特征，甚至可能创造**新的**需要。"饥饿总是饥饿，但是用刀叉吃熟肉来解除的饥饿不同于用手、指甲和牙齿啃生肉来解除的饥饿。"①

① 马克思恩格斯全集：第三十卷 [M]．北京：人民出版社，1995：33.

在这种独特的形式中饥饿是长期社会历史发展的结果。以同样的方式，气候的变化引起对某种东西，即衣服的需要，而且这种衣服有一定的质量和工艺，即需要的特征是由先前社会的发展决定的，在最后的分析中，是由生产力决定的。衣服需求量的增长对于不同的社会阶级来说是不同的，这取决于他们的收入。如果在一定的生产时期，对衣服的需要（这种需要建立在生理需要之上）是事前给定的事实或者说是生产的前提，而对衣服的需求状况又是由先前的社会发展水平决定的。"通过生产过程本身，它们就从自然发生的东西变成历史的东西，并且对于这一个时期表现为生产的自然前提，对于前一个时期就是生产的历史结果。"①商品需求的特征和变化，即便总的来说是生理上的需要，也是由生产力的发展决定的，这种发展发生在这个生产部门或其他生产部门，它也可能发生在现在或者是先前的历史时期。马克思并不否认消费对生产的影响也不否认它们之间的相互作用。但是，他的目标是发现需求变化中的社会规律，在最后的分析中，这种规律可以由生产力的发展规律得到解释。

2　价值和劳动的按比例分配

我们已经取得的结论是，产品的需求量是由其价值决

① 马克思恩格斯全集：第三十卷 [M]．北京：人民出版社，1995：38．

定的，随着价值的变化而变化（假设人们的需要和购买力是既定的）。某个部门中生产力的发展改变了产品价值以及社会对产品的需求量。正如我们在表 1 中看到的，一定的需求量对应于一定的产品价值。需求量等于在既定价格下买者寻找的产品数量。**每单位产品的价值（它是由生产的技术条件决定的）乘以在既定价值下出售的单位数量表明了有支付能力的社会需要**。① 这是马克思所称的对某种产品的"社会……一定的需要"② "社会需要的量"③ "一定量的社会需要"④。"不同生产部门的一定量的社会生产"⑤ "再生产的通常规模"⑥ 对应于这个社会需要。这个通常的、正常的产量决定于"是否符合社会对每种特殊产品的量上一定的需要，从而劳动是否根据这种量上一定的社会需要按比例地分配在不同的生产领域"⑦。

每单位产品的价值量决定了能够找到买者的商品数量，两个数字（价值乘以数量）的乘积表达社会需要量，马克

---

① 马克思所指的社会需要通常是买者在市场上要寻找的产品数量，但是我们在这里不关心这些术语上的差异。我们的目的不是要定义术语，而是要区分不同的概念，即：（1）1 单位产品价值；（2）买者在市场上按照既定的价值要寻找的单位产品数量；（3）单位产品价值乘以买者在市场上按照既定价值要购买的产品数量的乘积。重要的是强调既定产品的社会需要量并非独立于单位产品价值，而是以价值为前提。

② 马克思．资本论：第三卷 [M]．北京：人民出版社，2004：716.

③ 同上，第 206 页。

④ 同上，第 208 页。

⑤ 同上，第 209 页。

⑥ 同上。

⑦ 同上，第 716 页。

思总是把这种需要量理解为有支付能力的社会需要量①。如果1阿尔申衣服的价值是2卢布75戈比，买者在市场上寻找的衣服量等于240 000阿尔申。社会需要量是这样表示的：2卢布75戈比×240 000阿尔申＝660 000卢布。假设劳动在不同生产部门中是按比例分配的，如果1卢布代表1小时劳动创造的价值，那么平均社会劳动的660 000小时就耗费在了衣服的生产上。在资本主义社会，这个数量不是由任何人事前规定的；没有人监督这个数量，没有人关心保持这个数量。它只是作为市场竞争的结果而建立起来的，在这个过程中它总是受到干扰，正如马克思一再指出的②，"偶然性和任意性发挥着……作用"③。这个数字仅仅表达了平均水平，或实际供求量围绕波动的稳定中心。这个社会需要量（6 600 000卢布）的稳定性只能由这个事实来解释，即它代表了两个数字的结合或者说乘积，其中之一是单位产品价值（2卢布75戈比），它是由生产技术决定的，代表了市场价格围绕波动的中心点。另一个数字（240 000阿尔申）依赖于价值。对于既定生产部门来说，社会需求量和社会产量围绕660 000波动，这是因为市场价格围绕2卢布75戈比的价值波动。稳定的社会需要量是作为价格波动中心的稳定的价值量的结果。④

---

①　马克思. 资本论：第三卷［M］. 北京：人民出版社，2004：201－202，209，213－215.

②　马克思. 资本论：第一卷［M］. 北京：人民出版社，2004：220.

③　同上，第412页。

④　我们在这里只谈及既定条件下的稳定性。这并不排除这些条件的变化。

社会必要劳动的"经济"解释的支持者把整个过程颠倒了，他们把最后的结果——660 000 卢布，即产品的价值之和，作为分析的出发点。他们认为：给定社会生产力的发展水平，社会能够耗费660 000小时用于生产衣服。这些劳动时间能够创造 660 000 卢布的价值。既定行业的商品价值因而必然等于 660 000 卢布，它不会更多也不会更少。这个固定的量决定了单个商品的价值，即等于 660 000 除以产品数量。如果生产了 240 000 阿尔申衣服，那么每阿尔申衣服的价值就等于 2 卢布 75 戈比；如果产量增加到 264 000 阿尔申，那么价值就下降到 2 卢布 50 戈比；如果生产下降到 220 000 阿尔申，那么价值就上升到 3 卢布。这些乘积（2 卢布 75 戈比乘以 240 000；2 卢布 50 戈比乘以 264 000；3 卢布乘以 220 000）中的每一个都等于 660 000。尽管生产技术没有变化，但是单位产品的价值可以变（2 卢布 75 戈比、2 卢布 50 戈比、3 卢布）。所有产品的总价值（660 000 卢布）都是稳定的常量。假设劳动是按比例分配的，耗费在生产部门中的劳动总量（660 000 劳动小时）也是一个稳定的常量。在既定的条件下，这个不变的量可以由两个变量构成不同的组合，这两个量是单位商品价值和产品数量（2 卢布 75 戈比乘以 240 000，2 卢布 50 戈比乘以 264 000，3 卢布乘以 220 000）。按照这种方式，商品的价值不是由**生产单位商品**的必要劳动量决定的，而是由**分配给生产部门的劳动总量除以产品数量**决定的。

按照我们的观点，这种所谓的社会必要劳动"经济"

版本支持者的观点是不恰当的，因为：（1）通过把分配给某个生产部门（作为复杂市场竞争的结果）的劳动量作为分析的出发点，"经济"版本的支持者按照有组织的社会主义社会模式想象了一个资本主义社会，其中劳动的按比例分配是**提前计算好的**。

（2）这种解释没有研究分配给某个生产部门的劳动量是由什么决定的这个问题，这个劳动量在资本主义社会中不是由任何人决定的，也不是由任何人有意维持的。这样的分析将表明一定的劳动量是单位价值乘以在市场上买者按照既定的价格所需要的产品数量的结果。**价值不是由既定生产部门**的劳动量决定的，而是这个量以价值为**前提**，价值量又取决于生产技术。

（3）这种经济解释没有从**稳定**的单位商品价值（2卢布75戈比或2小时45分钟劳动时间）中得出分配给生产部门的**稳定**的不变的劳动量（660 000小时）。相反，这种解释从两个变量（单位价值和产品数量）的乘积中得出生产部门产品价值总量的稳定性。这意味着它得出的结论是单位产品的价值量（2卢布75戈比、2卢布50戈比、3卢布）是**不稳定**的、变化的。于是，它完全否定了单位产品价值作为价格波动的中心、作为资本主义经济根本性调节者的意义。

（4）这种经济解释没有考虑在既定生产条件下（2小时45分钟的社会必要劳动时间生产1阿尔申衣服）能够产出660 000的所有可能组合中，只有一个组合是稳定的——

不变的均衡组合（即 2 卢布 75 戈比乘以 240 000 等于
660 000），而其他的组合只可能是暂时的均衡组合。这种
经济解释混淆了**均衡状态**和**失常的均衡**状态，混淆了价值
和价格。

我们必须区分经济解释的两个方面：一是这种解释试
图确定某些事实；二是它试图在理论上**解释**这些事实。它
声称产量上的每次变化（如果技术保持不变）引起该产品
市场价格的反比例变化。由于这两个量成反比例变化，这
两个量的乘积是一个不变的量。于是，如果衣服的产量从
240 000 阿尔申下降到 220 000 阿尔申，即下降到之前的
11/12，每阿尔申衣服的价格就从 2 卢布 75 戈比增加到 3 卢
布，即增加到之前的 12/11。商品的数量乘以每单位商品价
格等于 660 000。接着，这种经济解释断言分配给某个生产
部门的劳动量（660 000 小时劳动）是一个不变的量，它决
定了价值总额和所有产品的市场价格。由于这个量是不变
的，既定生产部门产量上的变化引起单位产品价值和市场
价格的反比例变化。耗费在这个生产部门中的劳动量调节
着单位产品的价值和价格。

尽管这种经济解释正确地肯定了这个事实，即产品产
量上的变化反比例于单位产品价格上的变化，它的理论解
释却是错误的。在衣服的产量从 240 000 阿尔申下降到
220 000 阿尔申的时候，每阿尔申衣服的价格从 2 卢布 75
戈比上涨到 3 卢布，这意味着衣服的市场价格变了，它偏离
了价值，而价值在技术条件不变时也不变，依然是 2 卢布

75 戈比。分配给既定生产部门的劳动量不是单位产品**价值**的调节者，它仅仅调节**市场价格**。在任何时候产品的市场价格都等于劳动总量除以产品产量。这是某些"技术"解释者呈现问题的方式，他们承认产品产量和市场价格成反比例变化，但是他们反对经济解释者给出的理由。① 毫无疑问，某个生产部门的产品的市场价格总额在价格波动时也是一个由分配给这个部门的劳动量决定的恒定量，马克思的部分研究也支持这个解释。然而，我们认为产量和市场价格成反比例变化的观点面临一系列难题：

（1）这种观点不符合**经验**事实。例如，事实表明当商品产量加倍时，市场价格没有下降到之前的一半，而是或高或低于这个价格，其幅度对于不同的产品是不同的。对于这一点，生活必需品和奢侈品表现得尤为明显。根据一些计算，面包供给量加倍使它的价格下降到之前的 1/4 或 1/5。

（2）这种产量和价格成反比例变化的理论观点没有得到证实。如果产量从 240 000 阿尔申下降到 220 000 阿尔申，即下降到之前的 11/12，为什么价格就从 2 卢布 75 戈比的正常价格或价值上涨到 3 卢布？3 卢布的价格可能并不对应 220 000 阿尔申的产量（即按比例理论假设的），而是对应 150 000 阿尔申的产量，如我们的需求表 1 所展示的，这种情况不可能吗？在资本主义社会，是什么机制使衣服的市场价格总是等于 660 000 卢布呢？

---

① 柳比莫夫. 政治经济学教程［M］. 1923：244 - 245.

（3）最后这个问题揭示了我们在上面研究的那个理论在**方法论**上的缺点。在资本主义社会，经济现象背后的规律"就像房屋倒在人的头上时重力定律强制地为自己开辟道路一样"，① 就是说它是作为趋势，作为波动的中心发挥作用的。我们讨论的这个理论把调节事态的趋势或规律转变成了一个经验事实：市场价格总额，不仅在均衡条件下，即作为市场价值总额，而且在**任何**市场条件和时间下，完全和分配给那个生产部门的劳动时间一致。"前定和谐"的假设不仅是错误的，而且不符合马克思研究资本主义经济时的一般方法论。

我们列出的反对理由驱使我们放弃产量和市场价格成反比例变化这个命题，即产品的市场价格总额在经验中是不变的这个命题。我们认为，马克思关于这一点的论述不能在产量和市场价格精确地成**反比例**变化的意义上来理解，而只能在产量和市场价格成**反方向**变化的意义上来理解。产品产量高于正常的数量导致价格低于价值，降低产量则引起价格上涨。产量和市场价格这两个量成反方向运动，尽管不是精确地按反比例变化。因而，分配给某个生产部门的劳动量不仅是均衡的中心、市场价格总额趋向的平均值，而且在某种程度上也代表了每天变化的市场价格总额的数学平均值。但是这个数学平均值绝不意味着两个量完全一致，此外它也没有特殊的理论意义。在马克思的著作

---

① 马克思．资本论：第一卷［M］．北京：人民出版社，2004：92.

中，我们经常发现他对产品产量和市场价格之间反向变化的论述非常谨慎。[①] 我们认为这样理解马克思是合适的，因为在他的著作中我们有时发现了产品产量和价格反比例变化的直接反例。马克思注意到在歉收时，"减少了的谷物量的价格总额高于以前较大的谷物量的价格总额"[②]。这表明了我们上面引用的那个著名规律，根据这个规律，谷物产量降低到之前的一半，驱使谷物价格上涨到之前的两倍多，以致谷物总价格上涨。在另一个地方，马克思不同意拉姆塞的理论，根据这种理论，产量增加到之前的两倍，产品价值于是下降到之前价值的一半。"它的价值、单位商品的价值（在总产品价值提高的情况下），却可能不是从 2 降到 1，而只是从 2 降到 $1\frac{1}{4}$，"[③] 不是像拉姆塞和我们研究的其他那些人所认为的那样。如果（由于技术进步）商品从 2 卢布跌到 $1\frac{1}{4}$ 卢布，产品产量可能增加一倍，那么相反产品产量不正常地增加一倍可能伴随着价格从 2 卢布下降到 $1\frac{1}{4}$ 卢布，而不是反比例命题所说的 1 卢布。

我们认为这种观点是错误的，根据这种观点，分配给**某个生产部门**以及分配给这个部门中单个产品的**劳动量**决定着单位产品价值（正如经济解释的支持者所认为的那

① 马克思. 资本论：第三卷 [M]. 北京：人民出版社，2004：198 – 199.

② 马克思恩格斯全集：第三十一卷 [M]. 北京：人民出版社，1998：498.

③ 马克思. 剩余价值理论：第三卷 [M]. 北京：人民出版社，1975：383.

样），或者说它与单位产品的**市场价格**高度一致（正如经济解释的支持者以及某些技术解释的支持者所认为的那样）。每单位产品的**价值**是由**生产**产品的社会必要劳动量决定的。如果技术水平是既定的，这就代表了一个不随产品产量变化的恒定量。**市场价格**取决于**所生产的产品数量**并且随着它的变化而呈**反方向**变化（**不是呈反比例**）。然而，市场价格并不和分配给某个生产部门的劳动量除以所生产的产品数量的商完全一致。这是否意味着我们完全忽视了分配给某个生产部门的劳动量（假设劳动是按比例分配的）？答案是绝不是。在不同生产部门之间按比例①分配劳动（更准确地说，是劳动的稳定分配）的趋势决定于生产力的总体水平，这种趋势表达了我们所研究的经济生活的基本事实。但是正如我们一再观察到的，在资本主义社会生产的无政府状态下，这种趋势不是表现为经济过程的出发点，而是它的最终结果。这个结果在实际经验中并不明显，而仅仅作为波动的中心。我们确定分配给某个生产部门的劳动量（假设劳动是按比例分配的）在资本主义社会中是作为调节者而发挥一定的作用，但是，首先，它是作为**趋势**、作为均衡水平、作为波动中心的调节者，而绝不能把它理解为经验事实——市场价格的精确表达；其次，更为重要的是，

---

① "按比例"这个词不能在劳动分配是理性的、前定的意义上来理解，这种情况不存在于资本主义社会之中。我们谈论的是在不同生产部门之间劳动分配的规律性、稳定性（尽管每天都在波动），它又依赖于生产力的发展水平。

这个调节者属于整个调节系统，它是这个系统的基本调节者——作为市场价格波动中心的**价值**的**产物**。

我们举个简单的例子。假设：（a）生产一阿尔申衣服（在平均技术水平下）的社会必要**劳动量**等于 2 小时，或者说 1 阿尔申衣服的价值等于 2 卢布；（b）按照这个价值，能够卖到市场上的衣服数量，即**生产**的正常**数量**等于 100 阿尔申衣服。由此得出：（c）**这个生产部门**所需的劳动数量等于 200 小时（2 小时乘以 100），或者说产品总价值等于 200 卢布（2 卢布乘以 100）。我们这里有三个调节者或者说三个起调节作用的量，它们中的每一个都是一定的、经验的、现实的量的波动中心。我们首先研究第一个量，（a_1）这个量表现了生产 1 阿尔申衣服所需的必要**劳动量**（2 小时劳动时间）来说，它影响制衣行业中各个企业的实际劳动耗费。如果生产率较低的那组企业不是每阿尔申耗费 2 小时劳动而是耗费 3 小时劳动，它们将被生产率较高的企业逐出市场，直到它们采用较高的生产技术。如果某组企业不是耗费 2 小时而是耗费 $1\frac{1}{2}$ 小时生产 1 阿尔申衣服，那么这组企业将把落后的企业排挤掉，并且它们也将把社会必要劳动时间降低到 $1\frac{1}{2}$ 小时。简要地说，个体的和社会必要的劳动时间（尽管它们并不一致）展现了趋向相等的趋势。（a_2），如果这个相同的量表明了单位产品价值（2 卢布），它就是市场价格波动的中心。如果市场价格低于 2 卢布，生产则会下降，资本会流出这个行业。如果价格高于价值，相反的情况就会发生。价值和市场价格并不一致，前者是调节者，是后者的波动中心。

现在我们考察第二个起调节作用的量，用字母 b 表示，即**产品的正常数量**——100 阿尔申，这是那个生产部门实际产品数量波动的中心。如果产量超过 100 阿尔申，那么价格低于每阿尔申 2 卢布的价值，生产规模开始减少。当生产不足时会发生相反的情况。正如我们看到的，第二个调节者（b）依赖于（a_2），不仅是在价值量决定产量（假设人们的需要结构和购买力不变）的意义上，而且在市场价格偏离于价值纠正扭曲的产品产量（生产过剩或生产不足）的意义上也是如此。正常的产品产量——100 阿尔申（b），是实际产量波动的中心，这正是由于 2 卢布（a_2）价值是市场价格波动的中心。

最后，我们讨论第三个起调节作用的量——c，这表示前两个量的乘积，即 200 等于 2 乘以 100，或 c = ab。然而，正如我们已经看到的，a 可能有两个含义：a_1 代表生产 1 阿尔申衣服耗费的劳动量（2 小时），a_2 表示 1 阿尔申衣服的价值（2 卢布）。如果令 $a_1 b = 2$ 小时劳动乘以 100 阿尔申等于 200 小时劳动，那么我们得到分配给这个生产部门的劳动量（假设劳动按比例分配），或者说知道了这个生产部门实际劳动耗费波动的中心。如果令 $a_2 b = 2$ 卢布乘以 100 阿尔申等于 200 卢布，那么我们得到了这个部门的产品价值总额，或者说知道了这个部门市场价值总额波动的中心。因而不管怎样，我们并不否认，第三个量 c（= 200），也扮演着调节者以及波动中心的角色。不过，我们是从 a 和 b 的结合中得出它的调节作用的。正如我们看到的 c = ab，c 的调节作用是 a 和 b 调节作用的结果。200 小时劳动是耗费在那个生产部门的劳动量的波动中心，这正是由于 2 小时劳动是每单位产品耗费的劳动的平均值，100 阿尔申是产量波动的中心。按照同样的方式，200 卢布是那个生产部门市场价格总额波动的中心，这正是由于 2 卢布或价值是每单位产品市场价格波动的中心，100 阿尔申是产量波动的中心。a，b 和 c，三个起调节作用的量代表了一个统一的调节系统，其中 c 是 a 和 b 的结果，b 又是随着 a 而变化的。最后一个量（a），即生产一单位产品所需的**社会必要劳动量**（2 小时劳动），或者说单位产品价值（2 卢布），是资本主义经济整个均衡体系中**基本的起调节作用的量**。

c = ab，表示 c 随着 a 或 b 的变化而变化。这意味着，某个生产部门耗费的劳动量偏离于均衡状态（或者说偏离于按比例分配的劳动），或是由于在既定的产品的正常数量下，单位产品耗费的劳动量多于或者少于社会必要劳动，或是由于在既定的单位产品的正常劳动耗费下，所生产的产品数量相比于正常的产品数量过多或过少了。在第一种情况下，生产了 100 阿尔申，但却是在低于平均水平的技术条件下生产的，比如每阿尔申耗费了 3 小时劳动。在第二种情况下，每阿尔申的劳动耗费等于正常水平，即 2 小时劳动，但生产了 150 阿尔申。在这两种情况下，这个生产部门总的劳动耗费是 300 小时而不是 200 小时。由此，经济解释的支持者认为这两种情况是一样的。他们确信生产过剩和单位产品劳动耗费过多之间没有区别。这是由于他们只关注派生的起调节作用的 c。从这种观点出发，在上面那两种情况下，耗费的劳动过多：耗费了 300 小时而非 200 小时劳动。但是如果我们不是仅仅停留在这个派生的量，而是转向它的构成部分，转向起调节作用的基本量，那么情况就不同了。在第一种情况下，偏离的原因在于 a（单位产品的劳动耗费）。在第二种情况下，偏离的原因在于 b（所生产的产品总额）。在第一种情况下，那个生产部门里拥有不同生产率水平的企业之间的均衡被打破了。在第二种情况下，**这个生产部门的产量和其他生产部门的产量之间的均衡**，也即**不同生产部门之间的均衡**被打破了。这就是为什么在第一种情况下，那个生产部门的均衡会通过生产力从技术落后的企业移向较为先进的企业这种方式而重新建立起来；在第二种情况下，均衡会通过生产力在不同生产部门之间的重新配置而重新建立起来。混淆这两种情况就会为了表面的相似性而牺牲科学分析经济事实所带来的利益，正如马克思经常说的，为了"抽象力"，从不同经济本质的现象进入社会必要劳动的相同概念。

因而"经济解释"的根本错误不在于它没有认识到分配给某个生产部门的劳动量所发挥的调节作用（假定劳动是按比例分配的），而在于：（1）它对资本主义经济中这个调节者所起作用的解释是错误的，不是把它看作**均衡点**、波动的中心，而是看作对**经济事实的反映**；（2）它使这个调节者具有了**独立的**、**带有根本性的特征**，尽管它属于整个调节系统，但实际上只有**派生的**特征。价值不能从分配给某个生产部门的劳动量中得出，因为劳动量随着价值的变化而变化，而价值反映了生产力的发展水平。虽然有支持者断言"经济解释"并没有补充"技术"解释，而是抛弃了后者；他们还是声称价值随着所生产的产品数量的变化而变化（假定技术不变），不认为价值是依赖于生产率的量。另外，"技术解释"能够圆满地说明社会中劳动的按比例分配现象，以及分配给某个生产部门的劳动量所起的调节作用，即能够说明经济解释者自认为已经解决了的问题。

3　价值和产量

在我们的供求表中，我们假设当产量增加时，生产一单位产品的必要劳动耗费是不变的。现在，我们引入新的假设，即额外的产量在比之前更落后的条件下被生产了出来。我们可以回忆一下李嘉图的级差地租理论。根据这种理论，人口增长导致的谷物需求增长使耕种较贫瘠土地或耕种远离市场的土地成为必要。于是，在最不利条件下生产谷物（或运输谷物）的必要劳动量提高了。由于劳动量决定所生产的全部谷物的价值，谷物价值提高了。同样的现象也可在采矿业中看到，在那里开采从富矿移向贫矿。生产的增长伴随着产品价值的上涨，而之前我们假设单位产品价值独立于产量。类似的情况也可能发生在那些行业，它们的企业拥有不同的生产率水平。我们假设生产率较高的企业能够提供价格低廉的产品，但不能按照这么低的价格满足市场需求。拥有平均生产率和较低生产率的企业也必须参加生产，商品的市场价值是由在平均或较差条件下生产的商品价值决定的（参见"社会必要劳动"那一章）。在这里，**生产的增加**也意味着**价值的增加**，以及单位产品价格的上涨。我们的供给情况如表 3 所示。

表 3　产量与产品价格的供给关系

产量 （阿尔申）	产品价格 （或价值） （卢布）
100 000	2 卢布 75 戈比
150 000	3 卢布
200 000	3 卢布 25 戈比

我们假设，如果价格低于 2 卢布 75 戈比，生产者将停止供给，中断生产（除了那些没有被记入的不重要的生产者）。当价格上涨到 3 卢布 25 戈比的时候，拥有平均生产率以及较低生产率的企业将被吸引过来。但是，高于 3 卢布 25 戈比的价格将使企业获得高额利润，以至按照这个价格产量相对于有限的需求来说将是无限的。因而价格可能在 2 卢布 75 戈比到 3 卢布 25 戈比之间波动，产量在 100 000 到 200 000 阿尔申之间波动。但是，价格和产量到底是多少？

我们返回到表 1，把它和表 3 对照一下。可以看到，价格将是 3 卢布，产量将是 150 000 阿尔申。供给和需求之间的均衡建立起来，价格和劳动价值（或生产价格）一致，它是由拥有平均生产率的企业所耗费的劳动决定的。现在我们假设（正如我们之前做过的），由于这种或那种原因（人们的购买力提高，或者由于需要紧迫程度提高），对衣服的需求提高了，表现为表2。3卢布的价格就不能维持下去了，因为在这个价格下，供给只有150 000阿尔申，而需求达到了240 000阿尔申。价格将会由于需求过剩而上涨，直到价格上涨到3卢布25戈比。在这个价格水平上，需求和供给都等于200 000阿尔申，处在均衡水平上。与此同时，3卢布25戈比的新价格和新的增加了的价值（或生产价格）一致，由于生产从150 000阿尔申增加到200 000阿尔申，价格就由生产力较低的企业中的劳动耗费决定。

正如我们前面所说，需求的上涨影响产量，而不影响价值量（之前，在价值是2卢布75戈比的时候，产量从240 000阿尔申增加到280 000阿尔申），在这种情况下，需求上涨引起产量从150 000阿尔申增加到20 000阿尔申，并且伴随着价值从3卢布上涨到3卢布25戈比。需求也以某种方式决定价值。

在政治经济学中，这个结论对于英美学派和数理学派的代表，包括马歇尔在内，具有特别重要的意义。这些学派中的一些经济学家认为，李嘉图用级差地租理论推翻了他自己的劳动价值理论，为他自己所反对的供求理论打开了大门，在最终的分析中，为他那种用需求量决定价值量的理论打开了大门。这些经济学家采用了以下论证：在最贫瘠的土地上或在最不利的条件下耗费的劳动决定价值。

这意味着随着生产扩展到较贫瘠的土地，或者一般地说，扩展到生产力较低的企业，即随着生产的增加，价值也增加了。由于需求的增加引起生产的增加，那么就不是像李嘉图和马克思所说的价值调节着供给和需求，而是供给和需求决定着价值。

这种论证的支持者忘记了一个重要的事实，那就是在我们所讨论的例子中，**产量**上的变化同时就意味着那个行业中**生产技术条件**上的变化。下文我们将考察三个例子。

在第一种情况下，只有条件较好的企业从事生产，它们按 2 卢布 75 戈比的价格向市场提供 100 000 阿尔申衣服。在第二种情况下（在我们的例子中，我们就是从这开始的），条件较好和较为平均的企业从事生产，它们按 3 卢布的价格向市场提供 150 000 阿尔申衣服。在第三种情况下，条件较好、较平均和较差的企业都从事生产，它们按 3 卢布 25 戈比的价格向市场提供 200 000 阿尔申衣服。这三种情况对应于我们的表 3，不仅产量变了，那个行业中的技术条件也变了。由于行业中生产条件变了，价值也就变了。从这个例子中，我们得出的结论不是需求决定价值的变化，生产技术条件的变化不决定价值的变化。相反，我们的结论只能是，除非改变那个行业中的生产技术条件，否则需求的变化不以任何方式影响价值量。因而，只有技术条件的变化才决定价值的变化，这个马克思理论的基本命题依然是有效的。需求并不直接影响价值，而是间接地通过改变产量和技术条件而影响价值。需求间接影响价值，这和马克思的理论矛盾吗？绝不矛盾。马克思认为价值的变化和生产力的发展之间存在因果关系。生产力的发展受一系列社会的、政治的甚至文化条件（例如：读写能力、技术教育）的影响。马克思主义否认关税政策或圈地运动影响生产力的发展吗？这些因素也许间接地引起产品价值的变化。禁止进口国外廉价原材料，在国内用更高的劳动耗费生产它们，这提高了来自这些原材料的产品的价值。圈地运动迫使农民转移到较贫瘠较偏远的土地上，这引起谷物价格的上涨。这是否意味着，圈地运动或关税政策引起价值变化，而不是生产技术条件引起价值变化？相反，我们从这里得出的结论是，包括需求变化在内的不同的社会经济条件可能影响价值，它们不是和生产技术条件并列的因素，而只是通过生产技术条件的变化而影响价值的变化。生产技术依然是决定价值的唯一因素。马克思认为需求（通过生产技术条件的变化）对价值的间接影响是完全可能的。马克思在著作中提到过我们所说的生产从较好条件向较差条件的转移。"这还可以在这个或者那个生产部门，在一个或长或短的期间内引起市场价值本身的提高，因为所需要的一部分产品在此期间内必须在较坏的条件下生产出来。"①另外，需求减少也可能影响产品的价值量。"例如，如果需

---

① 马克思．资本论：第三卷［M］．北京：人民出版社，2004：212。由于转向生产条件较差的生产单位，需求的增加提高了单位产品的价值，马克思提及的这种情况李嘉图并不知道。在《资本论》和《剩余价值理论》以及关于级差地租的章节中，有很多类似的例子。

求减少，因而市场价格降低，结果，资本就会被抽走，这样，供给就会减少。但这也可能导致这样的结果：由于某种发明缩短了必要劳动时间，市场价值本身降低了，因而与市场价格平衡。"① "在这些情况下，由于对供给和生产成本的影响，商品价格将改变它们的价值。"② 众所周知，引入新的能够降低产品价值的生产技术方法经常发生在危机和萧条时。没有人说，在这些情况下，价值下降是由于需求下降，而不是生产技术条件进步了。从我们举的例子中很难得出价值提高是需求增加的结果，而不是那个行业中生产技术条件恶化的结果。

我们从另一个角度考察这个问题。供求理论的支持者声称，只有竞争，或者说供求曲线的交点，才决定价格水平。劳动价值理论的支持者则坚持认为供求均衡和它们的交点不是任意变化的，而是围绕生产技术条件决定的既定水平波动。我们用一个先前的例子来说明这个问题。

需求表展示了需求量和价格之间的各种可能组合，它没有指示给我们哪种组合是现实的，没有哪种组合比其他组合更可能是现实的。但是一旦我们转向供给表，我们可以肯定地说：那个行业的技术结构和劳动生产率水平事先就把价值的波动限制在 2 卢布 75 戈比至 3 卢布 25 戈比之间。不管需求量如何，在既定的技术条件下，价格低于 2 卢布 75 戈比，继续生产将极为不利以致成为不可能。然而，

---

① 马克思. 资本论：第三卷 [M]. 北京：人民出版社，2004：212.
② 马克思. 剩余价值理论：第二卷 [M]. 彼得堡：1923：132.

价格高于 3 卢布 25 戈比，将促使供给极大高涨，以及价格的反向变化。这说明只有三种由行业的技术水平决定的供给组合对应无限可能的需求。价值变化的**最大**、**最小**可能值是事前决定了的。我们分析供给和需求的三要任务在于发现 "起调节作用的界限或起界限作用的量"①。

到目前为止，我们仅仅知道价值变化的界限，但是我们还不知道价值等于 2 卢布 75 戈比还是 3 卢布，抑或是 3 卢布 25 戈比。产量上的变化（100 000 阿尔申、150 000 阿尔申或 200 000 阿尔申）和生产向较差企业的延伸，改变了单位产品的社会必要劳动量，改变了价值（或生产价格）。行业的技术条件解释了这些变化。

在三种可能的价值水平中，具有现实性的价值是供给量和需求量相等时的价值（在表 1 中，价值是 3 卢布，在表 2 中是 3 卢布 25 戈比）。在这两种情况下，价值和**生产技术条件**完全一致。在第一种情况下，150 000 阿尔申的产量是由较好的企业生产的。在第二种情况下，为了生产 200 000 阿尔申，较差的企业也必须参与生产。这增加了社会必要劳动的平均耗费，进而增加了价值。于是我们得出了之前的结论，需求只可能间接影响产量。但是由于产量上的变化等价于平均生产技术条件的变化（给定行业的技术属性），这引起价值的上涨。在每种给定的情况下，价值可能变化的界限以及现实中的价值量（显然是作为市场价格波

---

① 马克思. 资本论: 第三卷 [M]. 北京: 人民出版社, 2004: 406.

动的中心）是由生产技术条件决定的。不考虑全部复杂条件和曲折的方法，我们的分析（它的目标是，在看似混乱的价格波动和竞争中发现规律性，它初看起来是偶然的供求关系）直接把我们引向生产力的发展水平，它在资本主义商品经济中是通过独特的社会价值形式和价值量上的变化而表现出来的。①

4 供求等式

经过先前的分析，我们可以较为容易地根据著名的"供求等式"决定价值，数理学派基于这个等式阐明了它们的价格理论。这个学派复活了陈旧的供求理论，用新的方法论基础消除了它的内部逻辑矛盾。如果说先前的理论认为价格是由供求之间的相互作用决定的，那么现代数理学派则完全领会供给量和需求量依赖于价格。价格依赖于供求成了一个恶性循环命题。劳动价值理论产生于这个恶性循环中，它认识到尽管供求决定价格，但价值规律调节供给。供给随着劳动生产力的发展以及社会必要劳动量的变化而变化。数理学派找到了另一个走出这个恶性循环的出口：抛弃了价格现象中的因果依赖性这个问题，把自己限

---

① 生产成本和产量一同增长（按每单位计算），这个事实是李嘉图级差地租理论的基础，英美学派和数理学派也强调这个事实。我们认为需要特别注意这个理论，因为这个理论对价值理论来说有其理论价值。在实践中，这个问题对于农业和采掘业有重要意义。然而，在制造业中，我们更为经常地看到产量提高时生产成本是**下降的**。（按每单位计算。）

制在对价格和供求量之间的函数依赖性进行数理说明之上。
这个理论并不问**为什么**价格变化了，而只是说明价格和需
求（或供给）**如何**同时变化。这个理论是按图表说明现象
中的函数依赖性的。

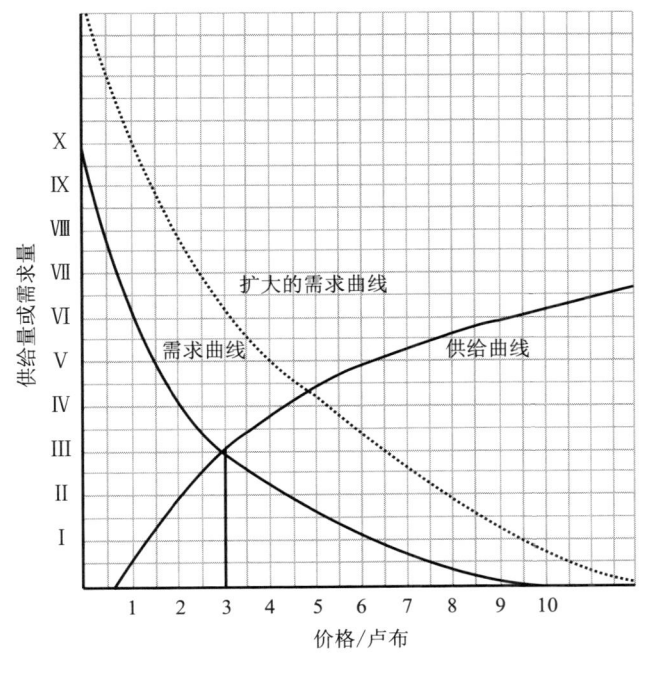

图1

图1横轴上的1，2，3等表示每单位产品的价格：1卢
布、2卢布、3卢布等。纵轴表示供给量或需求量，例如：
Ⅰ表示100 000单位，Ⅱ表示200 000单位，等等。需求曲
线向下倾斜，它开始于价格很低需求很大的地方；如果价

格接近 0，需求大于 X，即 100 000。如果价格是 10 卢布，需求下降到 0。每一个价格有一个相应的需求量。例如：当价格是 2 卢布时，为了知道需求量，我们必须把纵轴移动到它和需求曲线的交点。纵坐标显然接近Ⅳ，即在价格是 2 卢布时，需求将是 400 000。供给曲线相对于需求曲线反向移动：价格上涨，它也上涨。供需曲线的交点决定了商品的价格。如果我们从这一点向纵向延伸，我们就能看到这个点接近 3，即价格等于 3 卢布。纵轴上的对应值差不多等于Ⅲ，即在价格是 3 卢布时，供给量和需求量差不多等于 300 000，也即供给和需求相等，它们处在均衡水平。这是发生在价格为 3 卢布时供给和需求的相等化。对于其他任何价格来说，均衡都是不可能的。如果价格低于 3 卢布，需求就会超过供给；如果价格高于 3 卢布，供给就会超过需求。

从图 1 中，我们可以得出价格仅仅由供求交点决定。因为交点随着曲线的移动而变化，那么，在生产条件不变的条件下，似乎是需求的变化改变了价格。例如，在需求增加时（图中扩大的需求曲线），需求曲线在另一个点和同一条供给曲线相交，交点对应于 5。这就是说，在需求增加时，供求均衡在价格为 5 卢布时实现。似乎价格不是由生产条件决定的，而只是由供求曲线决定的。需求变化就能改变与价值一致的价格。

这种结论是由供给曲线的错误结构造成的。这条曲线是根据需求曲线的模式画出来的，但方向相反，从最低价格开始。当然，数理经济学家把握住了这个事实，即当价格接近零时，也就没有供给了。这就是为什么他们的供给曲线不是从零开始，而是从接近 1 的地方开始，在图 1 中，它接近 2/3，即 66⅔戈比。如果价格是 66⅔，供给接近 0 到Ⅰ的中点，即等于 50 000；如果价格是 3 卢布，供给等于Ⅲ，即 300 000。在价格等于 10 卢布时，曲线接近Ⅵ到Ⅶ之间，即接近等于 650 000 单位。这种供给曲线是可能的，如果我们只是在研究**既定时间**的市场状况。如果我们假设正常的价格是 3 卢布，正常的供给量是 300 000。如果价格剧烈下降到66⅔戈比，只有一小部分生产者有动力按照这么低的价格出售产品，即按这个价格出售50 000单位。另外，价格不同寻常地上涨到 10 卢布，驱使生产者立即把它们的所有资源都用于扩大生产，如果可能的话。尽管这种情况有很大的不确定性，但也许他们通过这种方式将成功地向市场提供 650 000 单位产品。不过从每天价格的偶然变动中，我们要转向研究决定**不变的**、**平均的**、**正常的供求量**下稳定的、持久的、**平均的**价格。如果我们想在图 1 中发现平均价格水平和平均供求量之间的函数关系，我们马上就会看到供给曲线的错误构造。如果 300 000 的平均供给量对应 3卢布的平均价格，那么价格下降到66⅔戈比，在生产技术不变时，不会导致平均供给量下降到 50 000，而是供给完全停止，资本从这个部门转移到其他部门。另外，如果平均价格水平（在既定的生产条件下）从 3 卢布上涨到 10 卢布，这将导致资本从其他行业转向这个行业，平均供给量不是

上涨到 650 000，而是远远超过这个量。从理论上说，供给
将增加，直到这个行业完全吞噬其他生产行业。从实践上
说，供给量将大于需求量，我们认为它是一个无限的量。
正如我们看到的，图 1 中显示的某些供求均衡的例子将不可
避免地摧毁不同生产部门之间的均衡，即引起生产力从一
个部门转移到另一个部门。这样的转移改变了供给量，这
也破坏了供求之间的均衡。所以，图 1 只是让我们知道**市
场的瞬时状态**，而没有告诉我们**供给和需求之间长期的、
稳定的均衡**，它在理论上只能被理解为**不同生产部门之间
均衡状态**的结果。从社会劳动在不同生产部门之间均衡分
配的观点看，供给曲线的形式必然和图 1 中显示的完全
不同。

　　首先，我们假设（正如我们在本章开始所做的），每单
位产品的价格（或价值）是一个给定的独立于产量的量
（例如：3 卢布），如果技术条件不变的话。这就意味着，在
价格是 3 卢布时，均衡在那个生产部门和其他生产部门之
间建立起来，资本的转移停止。从这里可以得出，价格低
于 3 卢布将会导致资本从该部门流出，以及商品供给趋向
停止。然而，价格上涨到 3 卢布之上将吸引其他部门的资
本流入到该部门，导致生产具有无限增长的趋势（我们要
指出，正如先前所做的那样，我们并不讨论价格的暂时上
涨或跌落，而是讨论长期稳定的价格水平以及长期的平均
供求量）。于是，如果价格低于 3 卢布，供给将停止；如
果价格高于 3 卢布，供给相对于需求就是无限的。我们没

有提供任何供给曲线。只有价格和价值一致时（3 卢布），供求均衡才能建立起来。**价值量**（3 卢布）**决定既定商品的有效需求量以及相应的供给量**（300 000 单位），如图 2 所示。

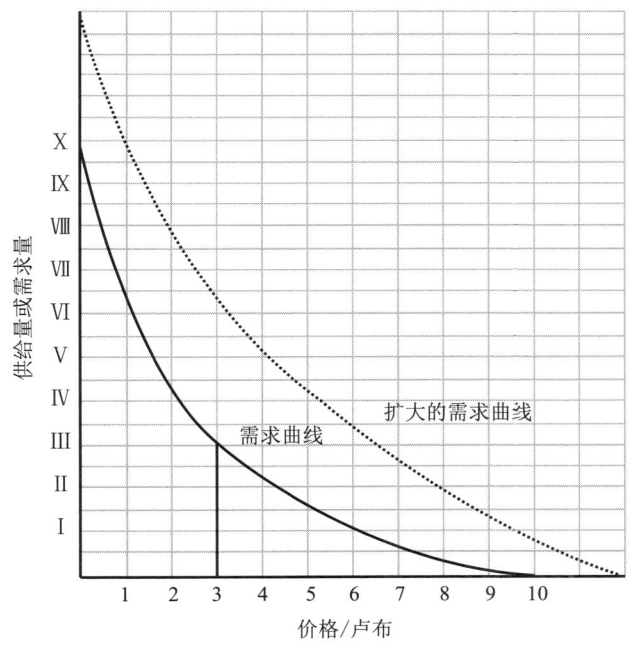

图 2

我们可以从图 2 中看到，生产的技术条件（或者说在技术意义上的社会必要劳动）决定价值，或者说决定平均价格波动的中心（在资本主义经济中，这个中心不是劳动价值，而是生产价格）。垂直线对应的量是 3，这表示 3 卢布价值。然而，需求曲线仅仅决定由垂直线表示的点，也即有效需求量和产量，它在图中接近Ⅲ即 300 000。移动需求曲线，例如由于这种或那种原因需求增加了，这只能增加供给量（在这个例子中，增加到Ⅵ，即增加到 600 000，如图 2 虚线所示），但不能提高平均价格，它和以前一样是 3 卢布。这个价格仅仅由劳动生产率或者说生产技术条件决定。

现在我们引入（正如我们之前做过的那样）一个额外条件。我们假设，在那个生产部门中，生产率较高的企业只能供给市场有限的产量，剩下的产品必须由生产率中等以及较低的企业生产。如果 2 卢布 50 戈比是较好企业的生产价格（或价值），产量将是 200 000 单位；如果价格是 3 卢布，供给将是 300 000；当价格是 3 卢布 50 戈比时，产量将是 400 000。如果平均价格低于 2 卢布 50 戈比，生产停止将成为主要趋势。如果平均价格高于 3 卢布 50 戈比，无限扩大生产将成为主要趋势。由此，平均价格的波动事前就被限制在了最小值 2 卢布 50 戈比和最大值 3 卢布 50 戈比之间。平均价格或价值只可能在这三个值之间：2 卢布 50 戈比、3 卢布、3 卢布 50 戈比。每一个值对应一个确定的产量（200 000、300 000 和 400 000）和生产技术水平，如图 3 所示。

在图 2 中，产品供给位于价格 3 卢布的水平；在图 3 中，现在供给位于价格 2 卢布 50 戈比的水平。在这种情况下，供给等于Ⅱ，即 200 000（位于 A 点附近）。如果价格是 3 卢布，供给将增加到Ⅲ，即 300 000（对应于 C 点）。

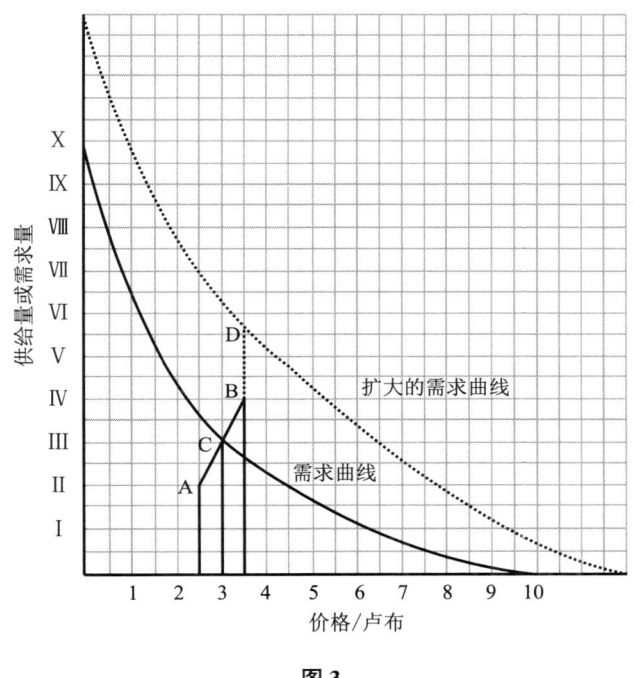

图3

如果价格是3卢布50戈比，供给等于Ⅳ，即400 000（对应于B点）。曲线ACB是供给曲线。供给曲线和需求曲线的交点（C）决定实际的供给量和相应的价值或者说决定价格波动的中心。在这个例子中，价格是3卢布，产量等于Ⅲ，即300 000。条件较好以及较一般的企业参与生产。在这样的生产技术条件下，价值和平均价格等于3卢布。如果由于需求长期低迷，平均需求曲线会略微向下移动，它将和供给曲线交于A。在这种情况下，平均供给量将等于200 000单位，只有较好的企业参与生产，价值将下降到2卢布50

戈比。如果由于需求上涨，需求曲线略微向上移动，它将和供给曲线交于 B，平均供给量将等于Ⅳ，即 400 000，价值等于 3 卢布 50 戈比。数理学派阐述的这种表现在图 1 中的供求关系在现实中是存在的（如果我们研究平均价格、平均供给量和需求量），但价格波动被限制在 2 卢布 50 戈比到 3 卢布 50 戈比之间这个狭小范围内，即说这里的界限是由拥有不同生产率水平的企业的**生产技术**决定的，由企业间的**数量关系**决定，即由**那个行业中的平均技术水平决定**。只是在这些狭小的限制之下，供给才有上升的曲线形式。这条曲线的每一个点表示产量和相应的价格。只是在这些狭小的限制之下，需求曲线通过改变供求曲线交点造成的变化（A，C 或 B）以改变产量。这样的变化影响对总产量产生作用的平均技术水平，也影响价值量（2 卢布 50 戈比、3 卢布、3 卢布 50 戈比）。但是，需求对价值的影响只有通过生产技术条件的变化才能实现，且由于行业的技术结构而被限制在了狭小的范围之内。因为只有当需求能够超出这些限制时，它对价值的直接影响（通过生产技术）才终止。例如，假设需求像图中虚线表示的那样上涨了，在由数理经济学家绘制的图 1 中，需求的这种增加使供求曲线相交于价格为 5 卢布时所对应的点。似乎，需求的增加直接增加了商品价值。然而，在图 3 中，平均价格不可能大于 3 卢布 50 戈比，因为这样会驱使供给无限增加，即供给超过需求。供给曲线不可能超过 B 点。于是上升的需求曲线不会和供给曲线相交；它交于 B 点，对应于 3 卢布 50 戈比的最大值。这意味着，如果由于需求上涨，产量增加到Ⅶ，即增加到 700 000，价值和平均价格保持不变，像之前那样还是 3 卢布 50 戈比。（更准确地说，价格往往稍高于 3 卢布 50 戈比，因为根据我们的假设，如果价格是 3 卢布 50 戈比，产量只有 400 000）所以，图 1 和图 3 的不同在于：

在图 1 中，我们有两条曲线（需求和供给），它们不是由生产条件调节的。它们可能相交于**任何**位置，这取决于这些曲线的方向；于是交点可能由于竞争而交于**任何**位置。需求的每次变化直接改变价格，价格被认为和价值一致。

在图 3 中，供给不是事先就具有无限个交点那种形式，而只具有 ABC 这条短线的形式，它是由**生产的技术条件**决定的。**竞争事前是由生产条件调节的**。这些条件划定了价值或平均价格变化的**界限**。另外，在这些界限下确定的价值准确对应于**生产条件**，它们和既定的产量相关。需求不能**无限制地**、**直接地**影响价值，而只能**间接地**，通过**生产技术条件**的变化再在这些技术条件决定的**狭小范围**内影响价值。结果，马克思理论的基本假设仍然是强有力的：价值及其变化仅仅由**劳动生产率**的发展水平决定，或者说由在既定平均技术条件下生产单位产品的社会必要劳动量决定。

第十八章
价值和生产价格

　　在研究了商品生产者之间（价值理论）以及资本家和工人之间（资本理论）的生产关系之后，马克思进而在《资本论》第三卷中分析了不同生产部门中产业资本家之间的生产关系（生产价格理论）。不同生产部门之间资本的竞争形成了一般平均利润率，商品按照生产成本加平均利润所得的生产价格销售，从量的方面看，它们不再等于商品的劳动价值。劳动生产率和商品的劳动价值解释了生产成本、平均利润的大小以及它们的变化，这意味着只有从劳动价值规律出发，生产价格的变化规律才能得到解释。另外，作为不同生产部门之间资本分配调节者的平均利润率和生产价格间接地（通过资本分配）调节着社会劳动在不同生产部门之间的分配。资本主义经济是一个在动态均衡中分配资本的系统，而且这个经济也是一个在动态均衡中分配劳动的系统，就像任何建立在劳动分工基础上的经济一样。有必要看看在可见的**资本**分配过程之下不可见的社会**劳动**分配过程。马克思通过解释连接两者的概念，即资本的**有机构成**，清楚地表明了两个过程之间的关系。如果我们知道既定资本在不变资本和可变资本之间的分配，以及剩余价值率，我们就能够轻而易举地确定资本所推动的劳动量，也能够从资本的分配转向劳动的分配。

如果说在《资本论》第三卷中，马克思把生产价格视为资本分配的调节者，那么生产价格理论通过两种方式和价值理论相连：一方面，生产价格源于劳动价值；另一方面，资本分配引起社会劳动分配。更为复杂的资本主义经济图式（**劳动生产率—抽象劳动—价值—生产价格—资本分配—社会劳动分配**），代替了简单商品经济图式（**劳动生产率—抽象劳动—社会劳动分配**）。马克思的生产价格理论并不和劳动价值理论矛盾，它建立在劳动价值理论基础之上，并把这个理论作为它的构成部分。这一点很清楚，如果我们记得劳动价值论仅仅分析人们之间（商品生产者之间）的一种生产关系类型。然而，生产价格理论假设在资本主义社会里人们之间存在三种基本的生产关系类型，即商品生产者之间的关系、资本家和工人之间的关系、产业资本家集团之间的关系。如果我们把资本主义经济限制在这三种生产关系类型之中，那么这个经济将就类似于一个三维空间，在其中只能通过三个维度或三个面才能确定一个位置。由于三维空间不能还原为一个面，资本主义经济也不能简化为一种理论，即劳动价值理论。正如在三维空间中，必须通过从三个面出发决定每一个点的距离，资本主义经济理论也必须以商品生产者之间的生产关系理论为前提，即以劳动价值理论为前提。马克思理论的批判者认为劳动价值理论和生产价格理论之间存在矛盾，他们没有理解马克思的方法。这个方法包含对人们之间不同生产关系类型，即不同社会维度的一致分析。

1　资本分配和均衡

正如我们已经看到的，马克思在和商品生产者劳动活动的紧密联系中分析了商品价值的变化。两个劳动产品按照它们的劳动价值交换，意味着在两个生产部门之间存在均衡，产品劳动价值上的变化破坏了这个劳动均衡，致使劳动从一个生产部门转移到另一个生产部门，带来了社会经济中劳动生产力的再分配。劳动生产率的变化引起生产既定产品所需劳动量的增多或减少，并相应造成了商品价值的增加或减少。价值的变化进而导致既定生产部门和其他生产部门之间新的劳动分配。劳动生产率通过劳动价值影响社会劳动的分配。

这种产品劳动价值和社会劳动分配之间多多少少存在的直接因果关系，假定产品劳动价值的变化直接影响着生产者，即生产组织者从一个生产部门转移到另一个生产部门，进而引起劳动再分配。或者说，它假定生产组织者是直接生产者，是一个工人，同时也是生产资料的所有者，例如：一个工匠、一个农民。这个小生产者试图把他的劳动运用到这些生产部门，既定的劳动量为他创造了在市场上估值较高的产品。社会劳动在不同生产部门之间分配的结果是，一定量的在强度、质量等方面相同的劳动为所有生产部门的生产者创造了几乎相等的市场价值。把活劳动用于制鞋和缝纫的工匠同时也参加到了过去的积累劳动中去，这些积累劳动就是对于他们的生产活动来说必不可少的工具和劳动材料（或者在广泛的意义上说是生产资料）。这些生产资料通常不是很复杂，它们的价值相对来说不大，它们自然不会导致手工生产部门之间的显著差异。生产部门之间的劳动（活劳动）分配，伴随着生产资料（过去的劳动）在这些部门之间的分配。劳动的**分配**是由劳动价值规律调节的，它有原初的基本特征；劳动工具分配是第二性的、派生的。

在资本主义经济中，劳动分配是完全不同的。因为在这种情况下，生产的组织者是产业资本家，生产的扩张和收缩，也即生产力的分配依赖于他们。资本家把他们的资本投资在最能获利的部门。资本向既定生产部门的转移在这个部门创造了对劳动的强劲需求，结果工资增加了。这就把人手、活劳动吸引到这个部门。① 生产力在社会经济不同部门之间的分配，采取了在这些部门之间分配资本的形式。资本的分配又引起相应的活劳动的分配，或者说劳动

---

① "从属于资本的雇佣劳动……必须按照资本的需要让人们变来变去，把它从一个生产部门抛到另一个生产部门"（马克思. 资本论：第三卷 [M]. 北京：人民出版社，2004：217）。

力的分配。如果我们在某个国家观察到投资在煤矿的资本以及煤矿中雇佣的工人人数增多了，我们要问问原因。显然，没有人会否认这个答案：资本的转移引起了劳动力的转移，而不是相反。在资本主义社会中，**劳动分配是由资本分配调节的**。如果我们的目的（像之前那样）是分析在社会经济中社会劳动的分配规律，那么我们必须求助于迂回的路线，转入对资本分配规律的初步分析。

简单商品生产者从事劳动生产并努力得到和他耗费在产品上的劳动成比例的市场价值。这个市场价值必须足够满足他自己和他家人的基本生活，足够按照原有规模继续生产，或者按照稍微扩大的规模进行生产。然而，资本家是为了生产而耗费他的资本的。他试图得到大于原始资本的资本回报。马克思阐明了他的著名的简单商品经济形式 W – G – W（商品—货币—商品）和资本主义经济形式 G – W – G + g（货币—商品—增加了的货币）之间的区别。如果我们把这个形式分开，我们就能看到简单商品经济和资本主义经济之间的技术差异（小规模生产和大规模生产）和社会差异（社会阶级组织生产）。作为不同生产类型和生产者不同社会地位的结果，我们将看到生产者动机（工匠努力保障自己的基本生活，资本家尽力增加价值）方面的差异。"这种流通的客观内容——价值增殖——是他的主观目的"①。资本家把他的资本投资在这个或那个部门取决于

---

① 马克思. 资本论：第一卷 [M]. 北京：人民出版社，2004：178.

资本增殖的程度。资本在不同生产部门之间的分配取决于资本的增值率。

资本的增值率是由增值额 g 和投资资本 G 之间的关系决定的。在简单商品经济中，商品价值表现为：$W = c + (v + m)$。① 工匠从他的成品中去除生产资料的价值（c），剩下有他的劳动加入的 $(v + m)$，有一部分是为了他自己和他家人的基本生活品 (v) 而耗费的，余下的代表用于扩大消费或扩大生产的基金 (m)。对于资本家来说，相同的产品价值也有 $W = (c + v) + m$ 的形式。资本家从商品价值中减去 $(c + v)$，或者说减去生产成本，不管这是花费在生产资料 (c) 的购买上还是花费在劳动力 (v) 的购买上。他考虑的是剩下的 m，即他的利润。② 于是，$c + v = k$，$m = p$。$W = (c + v) + m$ 变成了 $W = k + p$，即"商品价值 = 成本价格 + 利润"③。然而，资本家对于利润的绝对值不感兴趣，而是对利润和投资资本之间的关系感兴趣，即对 $p' = p/k$ 感兴趣。利润率表现了"全部预付资本的增殖程度"④。我们之前说资本的分配依赖于资本在不同生产部门的增值率，**这表明利润率成了资本分配的调节者。**

---

① W = 商品价值；c = 不变资本；v = 可变资本；k = 总资本；m = 剩余价值；m' = 剩余价值率；p = 利润；p' = 利润率。c，v 和 m 只有当它们在资本主义经济中时才是相关的。我们是在有限的意义上把这几个概念运用到简单商品经济中的。

② 我们在这里假设剩余价值等于利润。

③ 马克思. 资本论：第三卷 [M]. 北京：人民出版社，2004：44.

④ 同上，第 54 页。

资本从利润率较低的生产部门转移到利润率较高的生产部门在不同部门之间创造了利润率均等化的趋势，创造了产生一般利润率的趋势。显然，这种趋势在无组织的资本主义经济中从来就没有完全实现，因为在这个经济中不存在不同生产部门之间的完全均衡。但是与缺乏均衡同时存在的不同利润率引起资本的转移。这种转移倾向于平均化利润率，并在不同生产部门之间建立起均衡。"不断的不平衡中不断实现的平均化"① 刺激资本追逐最高利润率。在资本主义生产中，"问题……在于，要用那个预付在生产中的资本，取出和任何另一个同量资本所取得的一样多的或者与资本的大小成比例的剩余价值或利润，而不管预付资本是用在哪个生产部门……在这种形式上，资本就意识到自己是一种社会权力，每个资本家都按照他在社会总资本中占有的份额而分享这种权力"②。为了建立一般平均利润率，来自不同生产部门的资本家之间的竞争是必不可少的。资本从一个生产部门转移到另一个生产部门的可能性也是必不可少的，因为如果情况不是如此，不同的生产部门将有不同的利润率。如果资本的竞争是可能的，不同生产部门之间的均衡只有在这些部门的利润率大致相等时才能从理论上呈现出来。在这些部门中依靠平均社会必要条件经营的资本家将获得一般平均利润率。

投资在**不同生产部门**的**价值相等的资本**产生**相同**的利

---

① 马克思. 资本论：第三卷 [M]. 北京：人民出版社，2004：218.
② 同上，第217页。

润。资本带来与其**大小**成比例的**利润**。如果资本 K 和 K_1 的利润分别是 P 和 P_1，那么 $\dfrac{P}{K} = \dfrac{P_1}{K_1} p'$。在这里 p' 是一般平均利润率。但是资本家从哪里获得利润呢？是从商品的销售中。资本家的利润 p 是一个剩余，等于商品的销售价格减去生产成本。因而，不同商品的价格必须定在这样的水平上，作为商品生产者的资本家将从销售价格中获得一个剩余，在减去 F 生产成本后，它与投资资本成比例。包含生产成本和全部投资资本平均利润的产品销售价格就是生产价格。或者说，生产价格是资本家能够据此获得投资资本平均利润的商品价格。正如我们看到的，不同生产部门中存在均衡的前提是各个生产部门中的资本家获得平均利润，不同生产部门之间均衡的前提是产品按照生产价格销售。生产价格和资本主义经济的均衡相一致。这是理论上定义的平均价格水平，按照这个价格，资本不再从一个生产部门转移到另一个生产部门。如果**劳动价值**和不同生产部门之间的**劳动均衡**一致，那么**生产价格**和投资在不同部门的**资本的均衡**一致，"生产价格是供给的条件，是每个特殊生产部门商品再生产的条件"，① 也即是资本主义经济不同部门之间均衡的条件。

　　我们不能混淆生产价格和市场价格，后者通常围绕生产价格波动，有时高于生产价格，有时低于生产价格。生产价格是理论上界定的均衡中心，是不断涨动的市场价格

――――――――――

　　① 马克思. 资本论：第三卷 ［M］. 北京：人民出版社，2004：220.

的调节者。在资本主义经济条件下，生产价格发挥的社会职能和由劳动耗费决定的市场价格在简单商品生产条件下发挥的社会职能是一样的。两个价格都是"均衡价格"，但是劳动价值对应于在简单商品经济中不同部门之间劳动分配的均衡状态，生产价格对应于在资本主义经济中不同部门之间资本分配的均衡状态。资本的这种分配表明了某种劳动分配。我们能够看到，竞争导致在不同的社会经济形式中商品有不同的价格水平。希法亭切中了要害，他说竞争只能解释每个商品生产者"在经济关系中等同化的趋势"。但是在这些关系中等同化包含什么？等同化依赖于客观的社会经济结构。在一种情况下它是劳动的等同化，在另一种情况下它是资本的等同化。

正如我们看到的，生产价格等于生产成本加上投资资本的平均利润。如果平均利润率是既定的，那么就不难计算生产价格。我们假设投资资本是 100，平均利润率是 22%。如果预付资本分摊到一年之中，那么生产价格等于全部资本，生产价格等于 100 + 22 = 122。如果用来投资的固定资本只有一部分在这一年用完了，计算就变得更为复杂。如果 100 资本包含 20v 和 80c，且只有 50c 在这一年用完了，那么生产成本等于 50c + 20v = 70，总额增加了 22%。这个百分比不是依据 70 的生产成本，而是依据 100 的全部投资资本计算的。于是生产价格等于 70 + 22 = 92[①]。如果在

---

① 马克思. 资本论：第三卷 [M]. 北京：人民出版社，2004：174 - 175.

$80c$ 的不变资本中，只有 $30c$ 在这一年中用完了，那么生产成本将等于 $30c + 20v = 50$。和之前一样，加入 22% 的利润，商品的**生产价格**等于生产成本加**全部投资**的**平均利润**。

2 资本分配和劳动分配

为了简化我们的计算，我们假设全部投资资本在一年中就用完了，也就是说生产成本等于投资资本。如果两种商品分别是由资本 K 和 K_1 生产的，那么第一种商品的生产价格等于 $K + p'K$，第二种商品的生产价格等于 $K_1 + p'K_1$。① 两种商品的生产价格存在这样的关系：

$$\frac{K + p'K}{K_1 + p'K_1} = \frac{K(1 + p')}{K_1(1 + P')} = \frac{K}{K_1}$$

---

① 马克思通常使用 $K + p'K$，把 K 作为生产成本，而不是资本（资本论：第三卷 [M]．北京：人民出版社，2004：185，193）。但是在其他地方，他说相等的资本生产价格相同的商品"如果把一部分固定资本进入劳动过程而不进入价值形成过程这一情况撇开不谈"（剩余价值理论：第三卷 [M]．北京：人民出版社，1975：73）。生产价格和资本成比例，这对于固定资本的部分损耗来说也是适用的，如果"固定资本的未使用部分的价值被计算在产品中"（剩余价值理论：第三卷．德文版 [M]．174）。我们假设第一个资本 100 包含 80 不变资本和 20 可变资本，固定资本的损耗是 50。另一个资本 100 包含 70 不变资本和 30 可变资本，固定资本的损耗是 20，平均利润率是 20%。第一个资本的生产价格是 90，第二个资本的生产价格是 70，也即尽管资本相等，但生产价格不相等。然而，如果把未使用的固定资本 30 加入 90 中去，如果把未使用的 50 加入 70 中去，那么在这两种情况下，我们得到 120。包含固定资本未使用部分的生产价格与资本成比例。详细的计算参见考茨基在《剩余价值理论》第三卷中的注释。

商品的**生产价格**和生产商品的**资本成比例**。如果两种商品是用相同数量的资本生产的，它们就有相同的生产价格。在市场上，不同生产部门生产的两种商品的等同化意味着**两个资本的等同**。

用**相同数量资本**生产的商品在市场上的等同化表示用**不同数量劳动生产的商品的等同化**。拥有**不同有机构成**的**相同数量资本推动不同数量的劳动**。我们假设一个数量为100的资本包括70不变资本和30可变资本，另一个数量为100的资本包括90不变资本和10可变资本。如果剩余价值率是100%，工人的活劳动两倍于由可变资本（即工资）表示的有酬劳动。于是生产第一种商品耗费了70单位过去劳动和60单位活劳动——总数130单位，生产第二种商品耗费了90单位过去劳动和20单位活劳动——总数110单位。由于两种商品是由相同数量资本生产的，它们在市场上被等同化了，尽管它们是由不同数量的劳动生产的。资本的等同意味着劳动的不等同。

资本大小和劳动量之间的差异也是由资本**不同部分周转时间上的不同**造成的。我们假设两个资本的有机构成是相同的，即都是80c+20v。然而，第一个资本的可变部分一年流通一次，第二个资本的可变部分一年流通三次，即资本家每隔120多天支付给工人20可变资本，在一年的时间里支付给工人的工资总额等于60。显然，生产第一种商品耗费的劳动是80+40=120，生产第二种商品耗费的劳动是80+120=200。尽管周转时间不同，但由于投资资本在两种情况下都等于100，商品相互之间就被等同化了，尽管它们是由不同数量的劳动生产的。如果我们研究**可变**资本周转时间上的差异，有必要说明的是"周转时间的差别本身，只有当它影响同一资本在一定时间内所能占有和实现的剩余劳动量的时候，才有意义"①。这里提到的现象，即资本有机构成和周转时间上的差异在最后的分析中可以被归结为这个事实，即资本本身的大小不可能成为它所推动的活劳动量的指示器，因为劳动量依赖于：（1）可变资本的大小；（2）它的周转次数。

　　于是，我们的结论乍一看和劳动价值论是矛盾的。从资本主义经济基本的均衡规律出发，也即从所有生产部门相同的利润率出发，从按照包含相同利润率的生产价格销售的商品出发，我们得到了如下结论：相同数量的资本推动不同数量的劳动，相同的生产价格对应不同的劳动价值。在劳动价值理论中，我们论证的基本要素是作为劳动生产力函数的商品**劳动价值**，以及在均衡状态中不同生产部门之间的**劳动分配**。但是生产价格不符合劳动价值，资本分配不符合劳动分配。这是否意味着劳动价值理论的基本原理对于分析资本主义经济来说是完全多余的，我们必须清除这种不必要的理论碎片，把我们的注意力仅仅放在生产价格和资本分配上？我们将试图表明，分析生产价格和资本分配以劳动价值为前提，资本主义经济的这些中心环节

―――――――――

① 马克思. 资本论：第三卷 [M]. 北京：人民出版社，2004：170.

没有排除我们先前讨论过的劳动价值理论。相反，在进一步的分析中，我们将表明，生产价格和资本分配通向劳动价值和劳动分配，并和它们一起被包含在资本主义经济的一般均衡理论之中。我们必须搭建一座桥梁，连接资本分配和劳动分配，生产价格和劳动价值，我们首先研究这个问题的第一个方面。

我们已经看到资本分配不符合劳动分配，相等的资本表现了不等的劳动。如果耗费在某个生产部门的 100 单位资本通过商品在市场上的交换和耗费在另一个生产部门的 100 单位资本等同化了，如果这些资本的有机构成不同，这就意味着耗费在第一个部门的既定劳动量和耗费在第二个部门的劳动量等同化了，尽管第二个部门的劳动量不等于第一个部门的劳动量。现在我们还需确定的是耗费在不同生产部门且被等同化的劳动量**到底是什么**。尽管资本的大小在量上不符合它们所推动的劳动数量，这并不表示这些资本和劳动之间没有紧密的关系。如果我们知道资本的**有机构成**，我们就能看到这种关系。如果第一个资本包含 80 单位不变资本和 20 单位可变资本，第二个资本包含 70 单位不变资本和 30 单位可变资本，如果剩余价值率是 100%，那么第一个资本推动 40 单位活劳动，第二个资本推动 60 单位活劳动。剩余价值率既定，"一定量的可变资本表示一定量的被推动的劳动力，因此也表示一定量的对象化劳动"。①

---

① 马克思. 资本论：第三卷 [M]. 北京：人民出版社，2004：161 – 162.

"可变资本在这里（在工资已定时总是这样）成了一定量的总资本所推动的劳动量的指数。"① 我们知道，在第一个生产部门中耗费的劳动总量是 120 单位（80 单位过去的劳动和 40 单位活劳动），在第二个生产部门中耗费的劳动总量是 130 单位（70 单位过去的劳动和 60 单位活劳动）。从既定生产部门（每个 100 单位）之间的资本分配开始，经由资本有机构成，我们到达了社会劳动在这些行业之间的分配（第一个生产部门 120 单位，第二个生产部门 130 单位）。我们知道耗费在第一个部门中的 120 单位劳动量和耗费在第二个部门中的 130 单位劳动量等同化了。资本主义经济在不等的劳动数量之间建立起均衡，如果它们是由相同数量资本推动的话。通过**资本的均衡**规律，我们达到了**劳动分配中的均衡**。实际上，在简单商品生产条件下，均衡建立在相同的劳动数量之间；在资本主义经济条件下，均衡建立在不等的劳动数量之间。但是科学分析的任务在于清楚地阐明劳动均衡和分配规律，不管这个准则采取什么形式。如果我们研究由劳动价值决定的劳动分配简单图式（它依赖于劳动生产率），那么我们就得到了劳动数量相同的公式。如果我们假定劳动分配是由资本分配决定的，它在因果链条中发挥着中介作用，那么劳动分配准则取决于资本分配准则：**相同资本推动的不等劳动量被相互等同化了**。像之前一样，我们研究的主题仍然是均衡和社会劳动的分配。在资本主义经济中，这种分配是通过资本的分配实现的。这就是

---

① 马克思. 资本论：第三卷 [M]. 北京：人民出版社，2004：162.

为什么劳动均衡的准则相比于简单商品经济更为复杂。

正如我们已经看到的，在市场上，物品的等同化和资本主义社会中劳动的等同化密切相关。如果两个生产部门的产品在市场上等同化了，如果它们是用相同的资本生产的，耗费了不同的劳动量，这就意味着社会劳动在不同部门之间的分配过程中，相同资本推动的不同劳动量被等同化了。马克思并不是仅仅指出生产价格相同的两种商品在劳动价值上的不等。他在理论上阐明了生产价格偏离于劳动价值。他不是仅仅肯定在资本主义经济中，不同行业耗费的不同劳动量被等同化了；他在理论上阐明了劳动分配偏离于资本分配，即他通过资本有机构成发现了这两个过程之间的关系。

为了说明我们概述的内容，我们可以引用马克思《资本论》第三卷中的表格（我们改变了某些标题）。"让我们拿五个不同的生产部门来说。投在这五个生产部门的资本的有机构成各不相同"①，如下表所示。社会总资本等于500，剩余价值率等于100%。

资本分配	资本有机构成	劳动分配
I. 100	80c + 20v	120
II. 100	70c + 30v	130
III. 100	60c + 40v	140
IV. 100	85c + 15v	115
V. 100	95c + 5v	105

① 马克思. 资本论：第三卷 [M]. 北京：人民出版社，2004：173 – 174.

我们称第三列为"劳动分配"。这一栏表示耗费在每个部门的劳动量。马克思称这一栏为"产品价值",因为每个生产部门的总产品的劳动价值是由耗费在每个部门的劳动量决定的。马克思理论的批评者认为"产品价值"这个标题是人为虚构的,在理论上是多余的。他们没有考虑到,这一栏不仅仅说明了不同生产部门的劳动价值,也说明了**社会劳动在不同生产部门之间的分配**,即一种客观存在的、具有重要理论价值的事件。抛弃这一列就等于抛弃了经济理论。而经济理论是分析社会劳动活动的。上表清楚地表明了马克思如何通过资本**有机构成**贯通了**资本分配**和**劳动分配**。① 于是解释的链条具有了更深远的意义,获得了如下形式:**生产价格—资本分配—劳动分配**。现在我们必须分析这个链条的第一个环节——生产价格,看看这个环节是否以其他更原初的环节为前提。

3　生产价格

我们在前面得到了这样的解释图式:生产价格—资本分配—劳动分配。这个图式的始点是生产价格。在分析中

① 很可惜,马克思没有更为详细地阐明资本分配和劳动分配之间的关系问题,但显然马克思认为他将回到这个问题上。马克思深究的问题是"劳动是否根据这种量上一定的社会需要按比例地分配在不同的生产领域"。(马克思. 资本论:第三卷 [M]. 北京:人民出版社,2004:716。)马克思说"我们在论述资本在不同的生产领域的分配时,必须考虑到这一点"(马克思. 资本论:第三卷 [M]. 北京:人民出版社,2004:716)。

我们能保留生产价格吗？或者我们必须做进一步的分析吗？生产价格是什么？生产成本加平均利润。但生产成本又包含什么？它们包含生产中耗费的不变资本和可变资本。我们进一步要问：不变资本和可变资本又等于什么？显然它等于商品所包含的价值（即机器、原材料、生活必需品等）。我们的论证陷入了恶性循环：商品价值是用生产价格解释的，即生产成本或者说资本价值，资本价值又被归结为商品价值。"试图用资本的价值决定商品的价值，实际上是一个很妙的循环论证。"①

为了避免生产价格陷入恶性循环，我们必须找到引起生产价格和**平均利润率**变化的那些条件。我们首先来分析生产成本。

如果平均利润率保持不变，那么商品生产价格随着生产成本的变化而变化。某种商品的生产成本由于如下原因而变化：（1）生产资料的相对数量和必要劳动变化了，即在价格不变时那个生产部门的劳动生产率变化了；（2）生产资料的价格变化了，这又以生产这些生产资料的部门的劳动生产率的变化为前提（如果生产资料的相对数量和劳动力保持不变）。在这两种情况下，**生产成本**随着**劳动生产力**的变化而变化，因此也随着**劳动价值**的变化而变化。"一般利润率保持不变。这时，一个商品的生产价格能够变动，只是因为它本身的价值已经变动，只是因为它本身的再生

---

① 马克思．剩余价值理论：第三卷［M］．北京：人民出版社，1975：77．

产所需要的劳动增多了或减少了，这或是由于生产取得最
终形式的商品本身的劳动生产率发生了变动，或是由于生
产那些进入该商品生产中的商品的劳动生产率发生了变动。
棉纱生产价格的下降，可以是因为原棉的生产变得便宜，
也可以是因为纺纱劳动由于机器的改良而提高了生产效
率。"① 必须注意到，在量上表现的生产价格和作为商品构
成部分的劳动价值并不完全一致。"因为生产价格可以偏离
商品的价值，所以，一个商品包含另一个商品的这个生产
价格在内的成本价格，也可以高于或低于它的总价值中由
加到它里面的生产资料的价值构成的部分。"② 我们可以看
到，在批判马克思的理论时，杜冈－巴拉诺夫斯基给予这种
情况独特意义，而这种情况马克思是知道的。马克思提醒
道："如果在一个特殊生产部门把商品的成本价格看作和该
商品生产中所消费的生产资料的价值相等，那就总可能有
误差。"③ 但是这个偏离绝不和这个事实矛盾，即劳动生产
率变化引起的劳动价值的变化造成了生产成本和生产价格
上的变化。这正是已被证明了的。不同事件系列数量表达
上的差异没有排除它们之间的因果关系，也没有否定一个
系列的变化依赖于另一个系列的变化。如果我们能够发现
这种依存规律，我们就实现了我们的任务。

　　除了生产成本，生产价格的另一部分是平均利润（也

---

① 马克思. 资本论：第三卷 [M]. 北京：人民出版社，2004：228.
② 同上，第 184 页。
③ 同上，第 184—185 页。

即**平均利润率**乘以资本量）。现在我们必须更为详细地研究平均利润的形成、它的量和它的变化。

利润理论分析每个产业资本家和资本家集团的收入变化关系和规律。但是，如果不首先分析资本家阶级和雇佣劳动者阶级之间的基本生产关系，那么每个产业资本家和它们所属集团之间的生产关系是无法理解的。于是，按照马克思的理解，分析每个资本家和他们所属集团收入关系的利润理论建立在剩余价值理论之上，马克思在这个理论中分析了资本家阶级和雇佣劳动者阶级之间的收入关系。

根据剩余价值理论我们知道，在资本主义社会中产品价值分为三个部分。一部分（c）用来补偿在生产中消耗的不变资本价值——这是再生产出来的，而不是新生产出来的价值。这部分价值从全部产品价值中扣除之后（$W-c$），我们得到由活劳动生产的或者说"创造"的价值。这部分价值是既定生产过程的结果。它由两部分构成：一部分（v）补偿工人生活必需品的价值，即偿付他们的工资，或者说是可变资本；剩下的部分 $m=W-c-v=W-(c+v)=W-k$，是属于资本家的剩余价值。资本家为了个人消费和扩大生产（即积累）而使用这部分价值。按照这种方式，全部价值被分为用于再生产不变资本（c）的基金、用于再生产劳动力或劳动的生活基金（v）、用于资本家生活和扩大生产的基金（m）。

由于工人在生产过程中耗费的劳动大于生产他们生活必需品所需的必要劳动，剩余价值就产生了。这表明**剩余**

价值随着在生产中耗费的劳动的增加而增加，随着生产工人生活必需品的必要劳动的减少而增加。剩余价值是总劳动和有酬劳动的差额，即未付酬劳动或者说**剩余劳动**。剩余价值是由剩余劳动"创造"的。似乎是剩余劳动，似乎是物质活动"创造"了作为物的属性的剩余价值，这样看问题是错误的。剩余劳动"被表现""被显现""被再现"在剩余价值之中。剩余价值量上的变化取决于剩余劳动量上的变化。

剩余价值量取决于：（1）它和必要的有酬劳动的关系，即取决于**剩余劳动率**，或剩余价值率 $\frac{m}{v}$；（2）（如果这个比率是既定的）**工人数量**①，即资本所推动的劳动数量。如果剩余价值率既定，剩余价值总额取决于总的活劳动量，最后取决于剩余劳动。我们假设有两个数量相同的资本，各是 100 单位，它们由于利润率平均化的趋势而带来了相同的利润。如果资本只用于支付劳动力（v），那么它们推动相同的活劳动量，最后推动相同的剩余劳动。在这里，相等的利润对应相等的资本，以及相等的剩余劳动量，结果利润和剩余价值是一致的。如果两个资本按相同的比例划分为不变资本和可变资本，我们能得到相同的结果。相等的可变资本意味着相等的由资本所推动的活劳动量。但是如果一个生产部门的 100 单位资本包含 70 单位不变资本和 30 单位可变资本，另一个部门的 100 单位资本包含 90 单位不变资本和 10 单位可变资本，那么它们所推动的活劳动量

---

① 工作日的长度和劳动的强度是既定的。

进而剩余劳动量是不相等的。然而，由于不同生产部门之间的资本竞争，这些资本作为相等的资本，产生了相等的利润，例如：产生了 20 单位利润。显然，**这些资本所产生的利润和它们推动的活劳动量不一致，进而和剩余劳动量不一致**。利润不和劳动量成比例，或者说，**资本家得到的利润总额不同于如果利润和剩余劳动或剩余价值成比例时他们将得到的利润**。只有在这种情况下，我们才能理解马克思的论述，即资本家"不是得到了本部门生产这些商品时所生产的剩余价值从而利润"①。一些批评马克思的人认为按照马克思的观点，上面所说的第一个资本似乎是"给了"第二个资本由第一个资本所推动的 10 单位劳动；部分剩余劳动和剩余价值像液体一样从第一个生产部门"溢出"到第二个生产部门，即从资本有机构成低的部门溢出到资本有机构成高的部门："在每个生产部门中从工人那里得到的剩余价值必然从一个部门转移到另一个部门，直到利润率相等，所有资本获得平均利润率……然而，这种假设是不可能的，剩余价值并不代表一个原始的货币价格，而只是凝结的劳动时间。在这种形式下，它不能从一个部门转移到另一个部门。更重要的是，在现实中不是剩余价值在转移，而是资本从一个生产部门转移到另一个生产部门，直到利润率相等化。"② 当然在这里无须证明，根据马

---

① 马克思. 资本论：第三卷 [M]. 北京：人民出版社，2004：177.
② 贝格. 资本利润 [M]. 1920：48。海曼根据相同的基本原理构建了他的批判。海曼. 价值问题的方法史 [J]. 社会科学和社会政治文库：第三十七卷. 1913：777。

克思的观点，利润率相等化的过程是通过资本在部门间的转移而非剩余价值在部门间的转移实现的。① 由于不同生产部门确立的生产价格包含相同的利润率，资本转移导致资本获得的利润不是和活劳动量成比例，也不是和资本推动的剩余劳动成比例。但是如果不同生产部门的两个资本所带来的利润和资本推动的活劳动不一致，这并不是说一部分剩余劳动或剩余价值从一个部门"转移""溢出"到另一个部门。这种对马克思某些论述的文学解释有时偷偷混入到了某些马克思主义者的著作中；它源自一种把价值视为物质对象的观点，这种对象有流动的特性。然而，如果价值不是一种从一个人流向另一个人的实体，而是人们之间的社会关系，固定、"表现""再现"在物中，价值从一个生产部门溢出到另一个生产部门的观念并不是得自马克思的价值理论，而是与研究社会现象的马克思价值理论相矛盾的。

如果在资本主义社会中，资本家的利润和资本推动的活劳动量以及剩余劳动量之间没有直接的依赖关系，这是否意味着我们应该完全放弃研究平均利润率的形成规律以及影响利润水平的因素？为什么在某个国家平均利润率是10%，而不是5%也不是25%？我们并不期望一种能够在每种情况下精确计算平均利润率的政治经济学。不过，我们期望这样一种政治经济学，它不是把既定的利润率作为分

---

① 马克思. 资本论：第三卷 [M]. 北京：人民出版社，2004：217，177，200，202-203.

析的起点（一种不必解释的起点），而是要确定能够说明平均利润率上升或下降的根本原因，即确定能够说明利润水平的变化因素。这是马克思在《资本论》第三卷第九章的著名表格中所要完成的任务。由于马克思的第二张表和第三张表考虑了固定资本的部分损耗，我们将把这些作为他的第一张表的基础，避免把计算复杂化，我们将以连贯的方式完善这张表。如下表所示，马克思列举了5个拥有不同资本有机构成的生产部门，其剩余价值率都是100%。

资本分配	资本有机构成	产品劳动价值	剩余价值	平均利润率	生产价格	生产价格同价值的偏离（利润同剩余价值的偏离）
I	80c + 20v	120	20	22%	122	+2
II	70c + 30v	130	30	22%	122	− 8
III	60c + 40v	140	40	22%	122	− 18
IV	86c + 15v	115	15	22%	122	+7
V	95c + 5v	105	5	22%	122	+17
总和	390c + 110v	610	110	110	610	0
平均	78c + 22v		22			

　　社会总资本是500，不变资本是390，可变资本是110。全部资本被分配在五个生产部门，每个部门得到100。资本有机构成说明每个部门拥有多少活劳动以及剩余劳动。全部产品的劳动价值是610，全部剩余价值是110。如果每个部门的商品按照它们的劳动价值出售，或者说如果每个部门的利润对应于每个部门的活劳动量以及剩余劳动量，那

么每个部门的利润率将是：20%，30%，40%，15% 和
5%。资本有机构成较低的部门将得到较高的利润，资本有
机构成较高的部门将得到较低的利润。但是我们知道，不
同的利润率不可能出现在资本主义社会中，因为这种情况
将引起资本从利润率低的部门转移到利润率高的部门，直
到所有部门的利润率相等。在这种情况下利润率是 22%。
由相同数量资本 100 生产的商品按照 122 的生产价格出售，
尽管它们是由不等的劳动量生产的。每 100 资本得到 22%
的利润，尽管在不同部门相等数量的资本推动的剩余劳动
量是不相等的。"每 100 预付资本，不管它的构成怎样，每
年或在任何期间得到的利润，就是作为总资本一个部分的
100 在此期间所得的利润。就利润来说，不同的资本家在这
里彼此只是作为一个股份公司的股东发生关系，在这个公
司中，按每 100 资本均衡地分配一份利润。因此，对不同的
资本家来说，他们的各份利润之所以有差别，只是因为每
个人投在总企业中的资本量不等，因为每个人在总企业中
的入股比例不等，因为每个人持有的股票数不等。"①

　　但是，平均利润率建立在什么水平之上？为什么利润
率正好等于 22%？我们假设在表中，从上到下所有生产部
门按照由相同的每 100 单位资本所推动的劳动量是递减的。
资本的可变部分（按百分比）从上到下依次减少（或者说
资本的有机构成从上到下依次提高）。同时在这种关系中，

---

① 马克思 . 资本论：第三卷 [M]. 北京：人民出版社，2004：
177 - 178.

利润率从上到下依次减少。对于每个资本来说，下降的利润率（在这个例子中）取决于资本所推动的活劳动量，或者说可变资本的大小。但我们知道利润率的这种差异是不可能存在的。资本的竞争将在所有部门之间确立一个平均利润率；平均利润率接近递减的利润率的中间值。这个平均利润率对应于推动平均活劳动量的资本，或者说对应于可变资本的平均大小。也就是说，"平均利润率……是这些中等构成部门的用百分比计算的利润，在这些部门中利润是同剩余价值一致的"①。在我们的例子中，全部资本 500 包含 $390c + 110v$，每 100 资本的平均构成是 $78c + 22v$；如果剩余价值率是 100%，具有平均构成的每 100 资本的剩余价值率是 22%。剩余价值的量决定了平均利润率的水平。这个利润率又是由社会生产的**剩余价值总额**（m）和**社会总资本**（K）之间的关系决定的，或者说 $p' = \dfrac{m}{K}$。

马克思以一种不同的方式得出了相同的结论。他使用了在解释资本主义经济特征属性时经常使用的比较法。在平均利润率这个问题中，马克思比较了发达的资本主义经济与（1）**简单**商品经济及（2）**萌芽时期的**或者说**理论假设的**资本主义经济，它不同于发达的资本主义，因为它**缺少不同生产部门之间的资本竞争**，即每个资本被固定在某个生产部门之中。

我们可以首先假设一个由简单商品生产者组成的社会，

---

① 马克思. 资本论：第三卷［M］. 北京：人民出版社，2004：193.

它们拥有价值 390 劳动单位的生产资料，社会成员的活劳动量等于 220。由 610 单位活劳动和过去劳动构成的社会生产力被分配给了五个生产部门。由于每个部门的技术属性不同，在每个部门中活劳动和过去劳动的结合方式也是不同的。我们假设，结合方式如下（第一个数字代表过去劳动，第二个数字代表活劳动）：Ⅰ 80 + 40，Ⅱ 70 + 60，Ⅲ 60 + 80，Ⅳ 85 + 30，Ⅴ 90 + 10。我们假设劳动生产率达到了这样的发展水平，以至小生产者只用一半的劳动再生产生活必需品的价值。于是产品的总价值 610 分为用于再生产生产资料的基金（390）和用于生产者生活的基金（110）以及剩余价值（110）。剩余价值保留在这些小生产者的手上，他们可以把它们花费在扩大消费上，花费在扩大生产上（或者一部分扩大消费，一部分扩大生产）。剩余价值（110）将按照耗费的劳动按比例分配给每个生产部门和每个生产者。每个部门之间的分配将是：20，30，40，15，5。实际上，这些剩余价值只和劳动成比例，并不和每个部门的过去劳动成比例。如果每个部门的剩余价值量按照全部劳动量来计算（活劳动和过去劳动），它们将得到不等的利润率。① 但是在简单商品经济中，生产者并没有意识到利润范畴。他们不是把生产资料看作必然能够实现一定利润率的资本，而是看作劳动活动的条件，它使每个商品生产者有

① 简单商品经济没有剩余价值和利润范畴。我们在这里研究的是简单商品生产者生产的商品价值的这样一个部分，它在资本主义经济条件下具有剩余价值或利润形式。

可能把自己的劳动置于和其他商品生产者相同的条件之上，即在这种条件之下相等的活劳动量生产相等的价值。

我们现在假设不是小商品生产者而是资本家在经济中处于统治地位，其他条件不变，全部商品的价值和每个基金价值的分配保持不变。不同的是，110 单位价值中用于扩大消费和扩大生产的基金（或剩余价值）不是保留在直接生产者手上，而是到了资本家手上。相同的社会总价值按照不同的方式在社会阶级之间分配。由于每个生产部门的产品价值没有变化，剩余价值按照与之前相同的比例在每个部门和每个资本家之间进行分配。五个部门的资本家分别得到：20，30，40，15，5。但是他们是在全部投资资本的基础之上计算这些剩余价值量的，这个资本量在每个部门都是100。结果，利润率各不相同。因为在不同的生产部门之间不存在竞争，所以利润率只能如此。

最后，我们要从假设的资本主义回到现实的资本主义，竞争存在于不同的生产部门之中。这里不可能有不同的利润率，因为这将导致资本从一个部门转移到另一个部门，直到所有的部门取得相同的利润率。换句话说，之前利润量在不同部门之间和不同资本家之间的分配到现在就不一样了，它将和各个部门中的投资资本成比例。剩余价值的分配变了，但是用于扩大消费和再生产的基金的总价值没有变。之前的剩余价值量现在根据资本的大小在各个资本家之间进行分配。于是就有了**平均利润率**。**它是由总剩余价值和社会总资本之间的关系决定的**。

　　马克思没有按照我们所呈现的形式比较简单商品经济,假设的资本主义经济和发达的资本主义经济。马克思在《资本论》第三卷第十章中讨论了简单商品经济。他把假设的资本主义经济作为《资本论》第三卷第八章和第九章图表的分析基础,他在那里假设各个部门之间不存在竞争,利润率是不同的。我们在三种经济类型之间所做的比较引起了某种疑虑。简单商品经济以活劳动支配过去劳动为前提,不同生产部门中的活劳动和过去劳动几乎处于同质性关系之中。然而,在我们的图式中,不同部门之间的这种关系就不同了。这种异议并没有太大的意义,因为活劳动和过去劳动之间的不同关系(尽管这不是简单商品经济的特征),在逻辑上并不与这种经济类型矛盾,并可能被用作理论图式上的一种假设。更为严重的疑虑源于未成熟的或假设的资本主义经济图式。资本主义经济不同部门中的资本家之间缺乏竞争解释了为什么商品没有按照生产价格出售,缺乏竞争也使解释产品按照它们的劳动价值出售成为不可能。在简单商品经济中,商品按照劳动价值出售只有在劳动能够从一个部门转移到另一个部门的条件下才能维持下去,也即不同生产部门之间存在竞争。在一个段落中马克思指出产品按照它们的劳动价值出售假设了一个必要条件,即不存在自然的或人为的垄断使产品能够高于或低于价值出售[1]。但是如果资本之间不存在竞争,如果每个资

------

　　[1]　马克思. 资本论:第三卷 [M]. 北京:人民出版社,2004:198 - 199.

本固定在各自的部门，那么垄断就出现了。产品按照高于劳动价值的价格出售并不会导致资本从其他部门流入这个部门。产品按照低于劳动价值的价格出售不会导致资本从这个部门流向其他部门。不存在按照商品相应的劳动价值来确定交换比例的规则。如果不同部门的资本家之间不存在竞争，未成熟的资本主义经济根据什么假设商品按照劳动价值出售？

只有按照我们在前面解释图式（本段中的图式 1，2，3，分别指简单商品经济、假设的资本主义经济、发达的资本主义经济——译者注）的方式才有可能回答这个问题。图式 2 展示的不是在历史上存在过的未成熟的资本主义，而是通过方法论上的步骤从图式 1（简单商品经济）中得出的一个理论假设图式，这个步骤就是仅仅改变图式中的一个条件，所有其他条件保持不变。相比于图式 1，图式 2 仅仅改变了一个条件。假设经济不是由小商品生产者而是由**资本家**运作的。假设其他条件同**之前**一样：每个部门活劳动量和过去劳动量、总产品价值和剩余价值量以及产品价格、商品价格像原来一样按照劳动价值销售。商品销售是从图式 1 向图式 2 转变的一个理论条件，并且是可能的，如果不同部门的资本家之间不存在竞争。于是，由于当我们从图式 2 转到图式 3（发达的资本主义经济）时改变了这个条件，即由于我们引入了**资本竞争**的假设，产品按照它们的**劳动价值**出售让位于按照**生产价格**出售，在生产价格中资本家实现了平均**利润率**。但是在通过相同的方法论步骤，通过改变一个条件实现从图式 2 到图式 3 的转变的时候，我们使其他条件特别是之前的剩余价值量保持**不变**。按照这种方式，我们得出的结论是：一般平均利润率的形成反映了之前的总剩余价值量在不同资本家之间的**再分配**。剩余价值在社会总资本中的份额决定了平均利润率的水平。我们一再强调按照我们的观点剩余价值的这种"再分配"绝不能理解成一个实际上发生过的历史过程，在不同部门之间有着不同利润率的未成熟资本主义之后出现。① 它是资本主义经济利润分配的理论图式。图式 1 简单商品经济通过改变两个条件达到了这个图式。从图式 1 到图式 2，我们假设得到剩余价值的**社会阶级**改变了。从图式 2 到图式 3，我们假设利润在资本家阶级所从属的不同部门之间进行了**再分配**。这两个转变本质上表现了两个逻辑环节。为了明晰起见，它们被分开，尽管它们并非独立存在。按照我们的观点，把中间逻辑环节即图式 2 转变成一种历史上存在过的经济，把它视为从简单商品经济到发达资本主义经济的转换环节，这是错误的。

平均利润率在量上是由总剩余价值量和社会总资本量

---

① 我们并不否认在一个真实的资本主义经济中，我们总是可以观察到不同部门有着不同的利润率。它们造成了转移资本的趋势，这又消除了利润率上的不相等。我们也不否认，在欠发达的资本主义时代，不同的利润率是有重要意义的。但是我们反对的是这种理论，它认为不同的利润率是由于一方面商品按照劳动价值出售；另一方面不同部门之间缺乏竞争。如果我们假设不同部门之间缺乏竞争，那么就无法解释为什么商品按照劳动价值出售。

的关系决定的。我们假设，在马克思的体系中平均利润率的水平得自**总剩余价值量**，而非得自**不同的利润率**，阅读马克思的著作可以看出这一点。从不同利润率得出平均利润率招致了反对意见。这些反对意见建立在这个事实之上，即不同部门存在的不同利润率没有在逻辑上或历史上被证明过。根据这种观点，不同部门的不同利润率是由于产品按照它们的劳动价值出售造成的。但是正如我们看到的，不同生产部门的不同利润率在马克思的著作中发挥了理论图式的作用，这种图式通过比较的方法解释了平均利润率的形成及其水平。马克思指出："一般利润率取决于两个因素：1. 不同生产部门的资本的有机构成，从而各个部门的不同的利润率；2. 社会总资本在这些不同部门之间的分配，即投在每个特殊部门因而有特殊利润率的资本的相对量；也就是，每个特殊生产部门在社会总资本中所吸收的相对份额。"① 显然，马克思只是把各个部门不同的利润率作为一种数目符号，指明了**资本有机构成**，即既定部门中每100单位资本所推动的活劳动量和剩余劳动量。这个因素和其他因素结合在一起，每个部门中每100单位资本所有的剩余劳动量乘以那个部门中预付资本的大小（按百单位计），进而我们首先在单个部门中，然后在整个社会经济中得到了剩余劳动量和剩余价值量。这样，在最后的分析中平均利润率不是通过不同部门的不同利润率决定的，而是通过总

---

① 马克思. 资本论：第三卷［M］. 北京：人民出版社，2004：182.

剩余价值量以及这个量和社会总资本的关系决定的，① 即是由劳动价值论在理论上确定无疑的量决定的。同时，这些量反映了社会经济的现实，即社会活劳动量和社会资本量。马克思生产价格理论的特征正是在于这个事实，即关于剩余价值和利润相互关系的所有问题从单个资本那里转移到了社会资本那里。这就是为什么按照我们对马克思理论的解读，不同部门的不同利润率并不是平均利润率理论的必要中间环节。这可以简要地按照如下方式解释，在资本主义经济中，**资本分配**不和**活劳动分配**成比例。**不同**的活劳动量和**剩余劳动**量属于不同部门中的每 100 单位资本。（不同的利润率从数量上表现了不同部门中剩余劳动和资本之间的相互关系。）不同部门的资本**有机构成**和每个部门中**资本的大小**决定了各个部门和整个经济中**剩余劳动和剩余价值**的**总量**。由于资本竞争，不同部门中相等的资本获得了**相等的利润**，这样单个资本获得的利润不和它们推动的活劳动量成比例。于是，利润不和**剩余价值成比例**，而是由平均利润率决定，即由**总剩余价值**和**社会总资本**的关系决定。

如果阅读《资本论》第三卷第八章留下了这样的印象，

---

① 如果全部社会资本是 1000，总剩余价值量是 100，那么一般平均利润率将是 10%，不管总的社会活劳动在各个部门之间如何分配，不管不同部门中的利润率如何。反之，如果总剩余价值量增加到 150，总资本不变（1000），那么一般平均利润率从 10% 提高到 15%，尽管各个生产部门中的利润率保持不变（这是可能的，如果资本按照不同方式分配在不同的部门之中）。

即由于商品按照它们的劳动价值出售而产生的利润率上的差异在马克思的理论建构中发挥着不可或缺的连接作用，留下这种印象的原因可以通过下面对马克思理论的阐述而得到解释。当马克思研究自己体系中决定性的方面时，当他必须从一般的定义进展到更为详细的解释时，当他必须从一般的概念转向对它们的调整时，当他必须从"形式规定"转向另一方面时，他求助了如下阐述的方法。马克思运用强大的思维能力从他阐发的第一个定义中引申出所有的逻辑结论，勇敢地阐发了在从概念到它们的逻辑结果这个过程中得出的所有结论。马克思向读者说明了这些结论中的矛盾，即它们与现实的不一致。当读者的注意力局限在这里时，当由于矛盾读者似乎开始要完全抛弃起初的定义时，马克思需要读者的协助，并且他也展示了问题的突破口，这个突破口不在于抛弃第一个定义，而是"调整""发展"并完善第一个定义。这样矛盾就被清除了。马克思在《资本论》第一卷第四章中就是这样做的，那时他研究了商品价值到劳动力价值的转变。在商品按照它们的劳动价值出售的基础上，他得出了不可能形成剩余价值的结论，也即他的结论和现实明显矛盾。在进一步的分析中，劳动力价值理论取消了这个结论。这正是《资本论》第三卷第八章中所做的。在产品按照它们的劳动价值出售的基础上，马克思的结论是不同部门存在不同的利润率。通过阐明这个结论的所有后果，马克思在第八章最后确认这个结论和现实矛盾，并说明这个矛盾必须被克服。在《资本论》第一卷中，马克思从来没有断言剩余价值是不可能存在的，他没有说不同的利润率是可能的。第一卷第四章中剩余价值的不可能性和第三卷第八章中不同利润率的可能性并没有成为马克思理论构建的必然逻辑环节，而是作为相反的证据。这些结论导致了逻辑谬论，这个事实表明分析还没有完成，必须进行下去。马克思没有确认不同利润率的存在性，而是认为任何基于这个前提的理论都是不充分的。

我们得到的结论是，平均利润率是由总剩余价值和社会总资本的关系决定的。于是我们得到，**平均利润率**的变化源于**剩余价值率**的变化，也源于总剩余价值和**社会**总**资本**之间关系的变化。在第一种情况下，"变化只能这样发生：或者由于劳动力的价值降低或提高；如果生产生活资料的劳动的生产率不发生变化，从而，进入工人消费的商品的价值不发生变动，这种降低和提高是不可能的"①。在第二种情况下，变化起始于资本，即起始于资本不变部分的增加或减少。不变资本和劳动之间关系的变化反映了劳动生产率的变化。"如果劳动生产率发生了变动，某些商品的价值就一定发生变动。"② 平均利润率的变化，不管是由于剩余价值率的变化还是由于资本的变化，在最后的分析中都是由于**劳动生产率**的变化，进而由某些产品**价值**的变化造成的。

于是我们得到结论，生产成本以及平均利润率的变化

①　马克思. 资本论：第三卷［M］. 北京：人民出版社，2004：227.
②　同上，第228页。

是由劳动生产率的变化引起的。由于生产价格等于生产成本加平均利润，**生产价格的变化在最后的分析中是由劳动生产率以及某些产品劳动价值的变化造成的。**如果生产价格的变化是由生产成本的变化引起的，这就意味着既定生产部门的劳动生产率以及那个部门的劳动价值变化了。"如果一个商品的生产价格由于一般利润率的变动而发生变动，它本身的价值可以保持不变，但一定有另一些商品的价值发生变动"①，即另一些部门的劳动生产率变化了。在每种情况下，生产价格随着劳动生产率的变化以及相应的劳动价值的变化而变化。劳动生产率—抽象价值—价值—生产成本加平均利润—生产价格是生产价格和劳动生产率、劳动价值之间的因果关系图式。

4 劳动价值和生产价格

现在，我们考察马克思完成其生产价格理论的逻辑链条。这个链条包含如下基本环节：**劳动生产率—抽象劳动—价值—生产价格—资本分配—劳动分配。**如果我们比较这个图式的六个元素和简单商品生产图式的四个元素——**劳动生产率—抽象劳动—价值—劳动分配**，我们可以看到简单商品生产图式的环节成了资本主义经济图式的组成部分。因而，劳动价值理论是生产价格理论的必要基础，生

---

① 马克思. 资本论：第三卷 [M]. 北京：人民出版社，2004：228.

产价格理论是劳动价值理论的必然发展。

　　《资本论》第三卷的出版激发了大量讨论所谓的第一卷和第三卷之间"矛盾"的著作。批评者认为在第三卷中，马克思本质上抛弃了劳动价值理论，一些人甚至设想，当马克思创作第一卷时，他从没有想到当他解释利润率时劳动价值理论会造成的困难和矛盾。卡尔·考茨基在《资本论》第三卷前言中表明，当马克思出版《资本论》第一卷时，在第三卷中得到解释的生产价格理论已经被马克思详细描绘出来了。早在第一卷中，马克思就经常指出在资本主义社会中，平均市场价格源于劳动价值。《剩余价值理论》第三卷也给我们提供了另一个重要文本。所有后李嘉图政治经济学在围绕生产价格和劳动价值的关系转圈。解答这个问题是经济思想研究的历史任务。按照马克思的观点，他的价值理论的独特价值在于它解决了这个问题。

　　那些认为《资本论》第一卷和第三卷存在矛盾的批评者，把一种狭隘的价值理论观点作为出发点，认为价值理论仅仅阐述了商品交换中量的比例。按照这种观点，劳动价值理论和生产价格理论不是表现了两个逻辑阶段，或从相同的经济现象中得出的不同抽象层次，而是两个不同的理论，或者说两种相互矛盾的论述。第一种理论认为商品交换与耗费的必要劳动量成比例。第二种理论认为商品不与这些耗费成比例。马克思的批评者说，他首先坚持一种观点，然后又坚持一种和前者矛盾的观点，这是多么奇怪的抽象方法啊！但是这些批评没有考虑到，对于商品交换量上的说明只是复杂理论的最终结论，这个理论研究的是与价值相关的社会现象的**形式**，反映了人们之间社会生产关系的一定类型，以及这些现象的**内容**，它们作为社会劳动分配调节者所起的作用。

社会生产的无政府状态；生产者之间直接社会关系的缺失；生产者的劳动活动通过劳动产品而具有的相互影响；生产关系的运动和物质生产过程中物的运动之间的联系；生产关系的"物化"，生产关系的属性向"物"的属性的转化——**这些商品拜物教的现象全都呈现在每种商品经济之中，不管是简单商品经济还是资本主义经济**。它们以相同的方式塑造了劳动价值和生产价格。但是每一种商品经济都是建立在劳动分工基础之上的，即它表现了一种分配劳动的体系。在不同生产部门之间社会劳动的这种分工是如何进行的？它是由市场价格机制调节的，这种机制刺激劳动的流入和流出。市场价格的波动展现了某种规律性，围绕某个平均水平波动，围绕价格"稳定器"运转，正如奥本海默恰如其分地指出的。① 这个价格"稳定器"随着劳动生产率的变化而变化，成为劳动分配的调节者。**劳动生产率的提高，通过市场价格机制影响社会劳动的分配，这个运动受价值规律支配**。这是在商品经济中分配劳动的最简单的抽象机制。这个机制存在于包括资本主义经济在内的所有商品经济之中。在资本主义经济中，除了市场价格波

---

① 奥本海默. 价值和资本利润 [M]. 耶拿，1922：23.

动外，没有其他分配劳动的机制。但是由于资本主义经济是一个复杂的社会生产关系体系，人们在其中不仅是作为商品生产者也作为资本家和雇佣劳动者相互联系起来，同时它也是一种按照更为复杂的方式分配劳动的机制。由于简单商品生产者在生产中耗费它们自己的劳动力，通过产品劳动价值表现出来的劳动生产率的提高引起了劳动的流入和流出，即影响到了社会劳动的分配。或者说，简单商品经济的特征在于表现在产品劳动价值中的劳动生产率和劳动分配之间的直接因果关系。① 在资本主义社会，因为劳动分配要通过资本分配才能实现，所以这种因果关系不是直接的。表现在产品劳动价值之中的劳动生产率的提高不可能影响劳动分配，除非经过它对资本分配施加影响。只有当劳动生产率和劳动价值的变化引起生产成本或平均利润率的变化，即影响到生产价格时，这种对资本分配的影响才是可能的。

于是图式劳动生产率—抽象劳动—价值—劳动分配，**表现了通过劳动价值表现出来的劳动生产率的提高与社会劳动分配之间具有直接因果关系的理论模型**。图式（劳动生产率—抽象劳动—价值—生产价格—资本分配—劳动分配）**表现了相同因果链条的一种理论模型**，在这里劳动生产率并不直接影响劳动分配，而要通过"中介环节"（马克

---

① 更确切地说，这种因果关系不是直接的，因为劳动生产率通过改变劳动价值影响劳动分配。因而我们说"劳动生产率表现在产品劳动价值之中"。

思在文本中经常使用这种表达），通过生产价格和资本分配。在两个图式中，第一项和最后一项是相同的。它们之间因果关系的机制也是相同的。但是第一个图式中我们假设因果联系更直接。在第二个图式中我们引入了使情况复杂化的因素，即中间环节。这是抽象分析的一般路线，马克思在建构理论时采取的一种路线。第一个图式表现了更抽象、更简单的模型，但这个图式对于理解资本主义社会中更复杂的形式来说是不可或缺的。如果我们把分析视野限制在资本主义经济表面现象中那些可见的中间环节，即生产价格和资本分配，那么我们的分析就会在开头和结尾两个方向上不完整，我们就会把生产价格（即生产成本加平均利润）视为出发点。但如果我们用生产成本解释生产价格，我们仅仅把产品价值归因到它的构成部分的价值上，就是说我们没有走出恶性循环。平均利润仍然没有得到解释，平均利润的量和变化也没有得到解释。生产价格只有通过劳动生产率或产品劳动价值的变化才得到解释。一方面，如果我们把资本分配视为分析的终点，我们就错了，我们必须转向社会劳动分配。生产价格理论建立在劳动价值理论之上是不会错的。另一方面，必须依靠生产价格理论进一步发展和完善劳动价值理论。马克思反对忽视中间环节，忽视平均利润和生产价格而直接从劳动价值理论中构建资本主义经济理论。他把这些企图看作"强制地和直接地使比较具体的关系去适应简单的价值关系"①，"企图把

---

① 马克思. 剩余价值理论：第三卷［M］. 北京：人民出版社，1975：132.

无说成有"①。

　　劳动价值理论和生产价格理论不是关于两个不同经济类型的理论，而是从不同科学抽象水平上分析同一个资本主义经济的理论。劳动价值理论是简单商品经济的理论，这不是在它解释了前资本主义经济类型的意义上来说的，而是就它仅仅描述了资本主义经济的一个方面，即每种商品经济都具有的商品生产者之间的生产关系。

5　劳动价值理论的历史基础

　　自从《资本论》第三卷出版之后，马克思价值理论的反对者和部分支持者制造了一种印象，即第三卷的结论证明劳动价值理论无法应用到资本主义经济之中。这就是为什么某些马克思主义者倾向于为马克思价值理论构建一个所谓的"历史"基础。他们认为，尽管马克思在《资本论》第一卷中阐明的劳动价值理论形式无法应用到资本主义经济之中，不过它对于资本主义产生之前的历史时期来说是完全有效的，那时小生产者和农民经济居于统治地位。在《资本论》第三卷中人们也能够找到可以这样解释的段落。马克思说："把商品价值看作不仅在理论上，而且在历史上先于生产价格，是完全恰当的。"② 恩格斯 1895 年发表在

---

　　① 　马克思．剩余价值理论：第三卷 ［M］．北京：人民出版社，1975：90.

　　② 　马克思．资本论：第三卷 ［M］．北京：人民出版社，2004：198.

《新时代》上的文章详尽发挥了马克思这些仓促的论述。恩格斯为一种观念提供了基础，即马克思的价值理论在持续5000—7000 年的一个历史时期内是有效的，这个时期开始于出现交换的时候，结束于 15 世纪资本主义兴起的时候。恩格斯的文章有热情的拥护者，但也有激烈的反对者，其中某些是马克思主义者。反对者指出，交换没有涵盖资本主义产生之前的全部社会经济，交换剩余出现于满足自给自足的自然经济单位的需要之后，不同个体劳动耗费的一般均等化机制并不存在，因而叙说作为价值理论基础的抽象劳动和社会必要劳动是不合适的。我们在这里并不关心在资本主义出现之前，商品是否按照和耗费在生产中的劳动成比例地交换。出于方法论方面的原因，我们反对把这个问题关联到对解释资本主义经济来说劳动价值理论的理论意义这个问题上。

我们首先看看马克思的著作。那些支持劳动价值能够从历史上获得解释的人，利用了《资本论》第三卷中的某些段落。然而，我们现在可以获得马克思的其他著作，我们肯定马克思强烈反对那种认为价值理论在资本主义出现之前依然有效的观点。马克思不同意英国经济学家托伦斯的观点，我们甚至可以在亚当·斯密的著作中看到这个人的主张。托伦斯认为商品经济的充分发展以及存在于这个经济中的规律的充分发展只有在资本主义时代才是可能的，而不是在这之前。"商品的规律应该在不生产（或只是部分生产）商品的生产中存在，而不应该在产品作为商品存在

的那种生产中存在。这个规律本身，同作为产品的一般形
式的商品一样，是由资本主义生产条件中抽象出来的，而
它恰恰不适用于资本主义生产。"① "由资本主义生产中抽象
出的价值规律同资本主义生产的现象相矛盾。"② 马克思这
些嘲讽式的注释清楚地表明了他对那种认为劳动价值理论
在前资本主义经济中，而非在资本主义经济中发挥作用的
观点所持有的看法。但是我们如何把这些论述和《资本论》
第三卷中的研究协调起来？这些表面上的差异会消失的，
如果我们看看《〈政治经济学批判〉导言》的话，《导言》
对马克思抽象分析方法的说明很有价值。马克思强调，从
抽象到具体的方法只是思维把握具体的方法，而不是具体
现象实际发生的方式。③ 这就意味着，从劳动价值到生产价
格、从简单商品经济到资本主义经济的转变是一种理解具
体即资本主义经济的方法。这是一种理论抽象，而不是从
简单商品经济转变到资本主义经济的历史画卷。这证实了
我们之前阐述的观点，即《资本论》第三卷第九章阐明了
从不同利润率到一般平均利润率的形成机制，描述了一幅
现象的理论图式，而非现象的历史发展。"最简单的经济范
畴……只能作为一个具体的、生动的既定整体的抽象的单
方面的关系而存在"，④ 这个整体即资本主义经济。

---

① 马克思. 剩余价值理论：第三卷 [M]. 北京：人民出版社，
1975：76.

② 同上，第74页。

③ 马克思恩格斯全集：第三十卷 [M]. 北京：人民出版社，
1995：42.

④ 同上。

在解释了抽象范畴的理论特征之后，马克思问："这些简单的范畴在比较具体的范畴以前是否也有一种独立的历史存在或自然存在呢？"① 马克思回答道，这是可能的。从历史上说，一个简单的范畴（例如：价值）可以先于具体的范畴（例如：生产价格）。但是在这种情况下，简单范畴仍有原始的、未成熟的特征，它反映了"尚未发展的具体"所具有的关系。"比较简单的范畴，虽然在历史上可以在比较具体的范畴之前存在，但是，它在深度和广度上的充分发展恰恰只能属于一个复杂的社会形式。"② 把这个结论应用到我们感兴趣的问题上，我们就可以说：劳动价值（或商品）在历史上"**先于**"生产价格（或资本）。它存在于资本主义之前的原始形式之中，只有**商品经济**的发展才**为资本主义经济的产生准备基础**。但是劳动价值的发达形式只存在于资本主义之中。劳动价值理论阐明了一种关于价值、抽象劳动、社会必要劳动等范畴的逻辑完整的体系，表现了"既定整体的抽象的单方面的关系"，也即表现了抽象的资本主义经济。

在资本主义产生之前，商品是否按照和劳动耗费成比例的方式交换，这个历史性的问题必须和劳动价值理论的理论意义这个问题分开处理。如果第一个问题得到肯定回答，如果分析资本主义经济不需要劳动价值理论，我们就

---

① 马克思恩格斯全集：第三十卷 [M]. 北京：人民出版社，1995：43.

② 同上，第44页。

可以把这个理论看作政治经济学的历史引言，但是不能以任何方式把它看作马克思政治经济学的理论基础。反之，如果这个历史问题得到否定回答，而且劳动价值理论被证明对于理解复杂的资本主义经济现象来说是不可或缺的，这个理论就仍然是经济理论的出发点，正如它现在所是的那样。简言之，不管如何解决在前资本主义时期劳动价值规律有何影响这个历史问题，它的解答丝毫没有免去马克思主义者的责任，即接受那些质疑对于理解资本主义经济来说劳动价值规律有重要理论意义的人的挑战。正如我们所揭示的，混淆劳动价值理论的理论和历史背景不仅是不得要领而且是有害的。这种方法突出了交换的比例，而忽视了社会形式以及价值作为社会劳动调节者所具有的社会职能，价值所发挥的这种职能在很大程度上只存在于发达的商品经济也即资本主义经济之中。如果研究者发现了一些原始部落，他们生活在自然经济条件之下，很少交换，当他们确定交换比例时以劳动为指导，他们就可能发现价值范畴。价值成为超历史的范畴，成为独立于劳动社会组织形式的劳动耗费。① 关注问题的"历史"背景导致忽视价值范畴的理论特征。其他理论家假设"自然经济发展成为货币经济，必须在自然经济中寻找交换价值的起源"，他们最终不是依据**生产者在生产中耗费**的劳动，而是依据在缺少交换和由劳动制造产品的必要性时**生产者将不得不耗费**

---

① 波格丹诺夫，斯捷潘诺夫 . 政治经济学教程：第二卷第四册 [M]. 21－22.

的劳动。①

劳动价值理论不同于生产价格理论，两者不是作为在不同历史时期发挥作用的两种理论，而是一个作为抽象理论，另一个作为具体事实，作为同一个资本主义经济理论的两个不同抽象层次。劳动价值理论仅仅以商品生产者之间的生产关系为前提。生产价格理论还以资本家和工人之间的生产关系为前提，以不同产业资本家之间的生产关系为前提。

---

① 马斯洛夫. 国民经济发展理论 [M]. 1910：180–183.

第十九章
生产劳动

为了准确阐明生产劳动问题，我们必须首先完成一个预备工作：我们必须准确理解马克思生产劳动理论的含义。很不幸，不管是在马克思主义者之中还是在反对者之中，大量关于马克思的批判性著作，对于这个问题的阐述没有哪个不是充满矛盾和混淆概念的。混淆的部分原因在于马克思自己对生产劳动的观点不是很清晰。

为了理解马克思的观点，我们有必要从《剩余价值理论》第一卷第四章开始，它的标题是"关于生产劳动和非生产劳动的理论"。马克思在《资本论》第一卷第十四章中简要阐明了第四章中的观点："资本主义生产不仅是商品的生产，它实质上是剩余价值的生产。工人不是为自己生产，而是为资本生产。因此，工人单是进行生产已经不够了。他必须生产剩余价值。只有为资本家生产剩余价值或者为资本的自行增值服务的工人，才是生产工人。如果可以在物质生产领域以外举一个例子，那么，一个教员只有当他不仅训练孩子的头脑，而且还为校董的发财致富劳碌时，他才是生产工人。校董不把他的资本投入香肠工厂，而投入教育工厂，这并不使事情有任何改变。因此，生产工人的概念绝不只包含活动和效果之间的关系，工人和劳动产品之间的关系，而且还包含一种特殊社会的、历史地产生的生产关系。"① 在这之后，马克思许诺在《资本论》第四卷，即《剩余价值理论》中详细研究这个问题。在《剩余价值理论》第一卷末尾，我们看到了一个离题的论述，它本质上详细发展了《资本论》第一卷中已经阐述过的观点。

首先，马克思指出："只有把生产的资本主义形式当作生产的绝对形式，因而当作生产的永恒的自然形式的资产阶级狭隘眼界，才会把从资本的观点来看什么是**生产劳动**的问题，同一般说来哪一种劳动是生产的或什么是生产劳动的问题混为一谈。"② 什么样的劳动独立于既定的社会关系而成为存在于整个历史之中的一般生产性劳动，马克思认为这个问题是没有意义的。每种生产关系的体系，每种经济秩序都有它的生产劳动概念。马克思把他的分析限制在这个问题上，即从资本主义的观点看，或者说在资本主义经济体系中，哪种劳动是生产性的。对此，马克思认为："在资本主义生产体系中，**生产劳动**是给使用劳动的人生产**剩余价值**的劳动，或者说，是把客观劳动条件转化为资本、

---

① 马克思. 资本论：第一卷 [M]. 北京：人民出版社，2004：582.
② 马克思. 剩余价值理论：第一卷 [M]. 北京：人民出版社，2004：582.

把客观劳动条件的所有者转化为资本家的劳动，所以，这是把自己的产品作为资本生产出来的劳动。"① "只有**直接转化为资本的**劳动，也就是说，只有使可变资本成为可变的量"。② 或者说，生产劳动是"**直接同资本交换的劳动**"③，也即资本家为了创造交换价值和剩余价值而用可变资本所购买的劳动。非生产劳动"就是不同资本交换，而**直接**同收入即工资或利润交换的劳动（当然也包括同那些靠资本家的利润存在的不同项目，如利息和地租交换的劳动）"④。

　　从马克思的规定中必然得出两个结论：（1）资本家为了从中得到剩余价值而用他的可变资本购买的劳动是生产劳动，不管这种劳动是否对象化在了物质对象中，不管这种劳动对于社会生产过程来说（比如：马戏团经理雇佣的丑角的劳动）是否是必要的、有用的。（2）从资本主义经济的观点看，不是用资本家的可变资本所购买的劳动是非生产劳动，即便这种劳动可能是客观有用的，可能对象化在了能够满足人的生活需要的消费品中。乍一看，这两个结论是荒谬的，与传统上对生产劳动的理解相矛盾。然而，它们是按照逻辑从马克思的定义中得出的。马克思大胆地采纳了这一点。"例如一个演员，哪怕是丑角，只要他被资

---

　　① 马克思. 剩余价值理论：第一卷［M］. 北京：人民出版社，1975：426.
　　② 同上，第 422 页。
　　③ 同上，第 148 页。
　　④ 同上。

本家（剧院老板）雇用，他偿还给资本家的劳动，多于他以工资形式从资本家那里取得的劳动，那末，他就是生产劳动者；而一个缝补工，他来到资本家家里，给资本家缝补裤子，只为资本家创造使用价值，他就是非生产劳动者。前者的劳动同资本交换，后者的劳动同收入交换。前一种劳动创造剩余价值；后一种劳动消费收入。"[1] 乍一看，这个例子非常荒谬：丑角的无用劳动是生产劳动，缝补工很有用的劳动倒成了非生产劳动。马克思给出的这些定义有何含义？

在大部分政治经济学教科书中，生产劳动是从一般社会生产或物质产品生产的客观必然性来界定的。在这种情况下，决定性的因素是劳动的**内容**，即它的结果，这通常是劳动指向的并由劳动创造的物质对象。马克思的问题除了标题之外和这个问题没有共同之处。对于马克思来说，生产劳动意味着处于**既定社会生产体系**中的劳动。马克思关注的问题是社会生产是什么，参与到社会生产体系中的人们的劳动活动如何不同于没有参与到这个社会生产体系中的人们的劳动（比如：为了满足个人需要的劳动，或家务活）。在社会生产中人们劳动活动的标准是什么，什么使劳动成为"生产"劳动？

马克思对于这个问题是这样回答的。劳动的社会组织形式决定了总生产关系，每种生产体系就是根据总生产关

---

① 马克思．剩余价值理论：第一卷［M］．北京：人民出版社，1975：148.

系而得以区分的。在资本主义社会，劳动是按照雇佣劳动的形式组织起来的，即经济体按照资本主义企业的形式组织起来，在这里雇佣劳动者在资本家的指挥下工作。他们为资本家创造商品和剩余价值。**只有按照资本主义企业的形式组织起来**，具有雇佣劳动的形式，被要取得剩余价值的资本所雇佣的劳动才被算入**资本主义生产体系。这样的劳动是"生产"劳动**。被包含在这个社会生产体系中的各种劳动是生产劳动，即在生产体系的一定社会形式中组织起来的劳动。或者说，劳动是生产劳动还是非生产劳动不是从它的内容，即不是从具体劳动活动的特征上说的，而是从**劳动的社会组织形式上说的**，从劳动的社会形式和塑造那种社会经济秩序的生产关系的一致性上说的。马克思常常指出这种特征。马克思的理论非常不同于传统的生产劳动理论，那种理论认为劳动活动的内容发挥决定性作用。"这些定义（生产劳动——鲁宾注）不是从劳动的物质规定性（不是从劳动产品的性质，不是从劳动作为具体劳动所固有的特性）上得出来的，而是从一定的社会形式，从这个劳动借以实现的社会生产关系得出来的。"① "不是从劳动的内容或劳动的结果产生的，而是从劳动的一定的社会形式产生的。"② "劳动的这种物质规定性同劳动作为生产劳动的特性毫无关系"。③ "劳动的内容、它的具体性质、它的特

---

① 马克思. 剩余价值理论：第一卷 [M]. 北京：人民出版社，1975：148.

② 同上，第149页。

③ 同上。

殊效用，看来最初也是无关紧要的"。① "生产劳动和非生产劳动的这种区分本身……既同劳动独有的特殊性毫无关系，也同劳动的这种特殊性借以体现的特殊使用价值毫无关系。"②

因而，从物质的观点看，同一个劳动是生产劳动还是非生产劳动（即是否包含在资本主义生产体系之中）取决于它是否按照资本主义企业的形式组织起来。"例如，钢琴制造厂主的工人是生产劳动者。他的劳动不仅补偿他所消费的工资，而且在他的产品钢琴中，在厂主出售的商品中，除了工资的价值之外，还包含剩余价值。相反，假定我买到制造钢琴所必需的全部材料（或者甚至假定工人自己就有这种材料），我不是到商店去买钢琴，而是请工人到我家里来制造钢琴。在这种情况下，钢琴匠就是非生产劳动者，因为他的劳动直接同我的收入相交换。"③ 在第一种情况下，制造钢琴的工人被纳入到了资本主义企业之中，进入资本主义生产体系。第二种情况就不同了。"例如，密尔顿创作《失乐园》得到 5 镑，他是**非生产劳动者**。相反，为书商提供工厂式劳动的作家，则是**生产劳动者**。密尔顿出于同春蚕吐丝一样的必要而创作《失乐园》。那是**他的**天性的能动表现。后来，他把作品卖了 5 镑。但是，在书商指示下编写

---

① 马克思. 剩余价值理论：第一卷［M］. 北京：人民出版社，1975：436.

② 同上，第 151 页。

③ 同上。

书籍（例如政治经济学大纲）的莱比锡的一位无产者作家却是**生产劳动者**，因为他的产品从一开始就从属于资本，只是为了增加资本的价值才完成的。一个自行卖唱的歌女是**非生产劳动者**。但是，同一个歌女，被剧院老板雇用，老板为了赚钱而让她去唱歌，她就是**生产劳动者**，因为她生产资本。"① 劳动的资本主义组织形式把劳动纳入了资本主义生产体系之中，使其成为"生产"劳动。所有不是在按照资本主义原则组织起来的企业中所进行的劳动活动，没有被纳入资本主义生产体系，也不是"生产"劳动。这是满足个人需要的劳动活动（家庭自然经济残余）的特征。按照上述定义，即便是雇佣劳动，如果不是为了生产剩余价值（比如：家仆的劳动），也不是生产劳动。但家仆的劳动不是非生产劳动，因为它是"无用的"，或因为她不生产物质产品。正如马克思所说，厨师的劳动生产"物质的使用价值"②，但尽管如此，如果厨师只是提供个人服务，他的劳动依然是非生产劳动。另外，一个仆人的劳动，如果它是按照资本主义企业的形式组织起来的话，尽管不生产物质产品，通常也被看作"无用的"，但却可能是生产劳动。"饭店里的厨师和侍者是生产劳动者，因为他们的劳动转化为饭店老板的资本。这些人作为家仆，就是非生产劳动者，因为我没有从他们的服务中创造出资本，而是把自

---

① 马克思．剩余价值理论：第一卷［M］．北京：人民出版社，1975：432.

② 同上，第150页。

己的收入花在这些服务上。但是，事实上，这些人，对我这个消费者来说，即使在饭店里也是非生产劳动者。"① "甚至**生产工人**也可以是**非生产劳动者**。例如：如果我请人来把我的房子裱糊一下，而这些裱糊工人是完成我的这项定货的老板的雇佣工人，那末，这个情况，对我来说，就好比是我买了一所裱糊好的房子，也就是说，好比是我把货币花费在一个供我消费的商品上。可是，对于叫这些工人来裱糊的那位老板来说，他们是生产工人，因为他们为他生产剩余价值。"② 马克思的意思是他只承认主观的相对的标准，而不承认社会的客观的标准，我们必须这样来理解吗？我们认为并非如此。马克思只是说，装潢工人的劳动如果是消费客户的家庭的一部分就不会被纳入资本主义生产体系。它是生产劳动，只是由于它被纳入了资本主义经济之中。

　　因而，只有按照资本主义原则组织起来并被纳入到了资本主义生产体系中的劳动才是生产劳动。绝不能把资本主义生产看作一个既存的、具体的社会经济体系，里面不只有具有资本主义特征的企业，它也包含前资本主义生产形式的残余（例如：农民和手工生产者）。资本主义生产体系只包含按照资本主义原则形成的经济单位。它是一种源于具体现实的科学抽象，在这种抽象形式中它表现了作为

---

　　① 马克思. 剩余价值理论：第一卷 [M]. 北京：人民出版社，1975：150.

　　② 同上，第437—438 页。

资本主义经济科学的政治经济学的主题。在作为一种理论抽象的资本主义经济中，不存在农民和手工生产者的劳动。这里不研究他们的生产性问题。"他们是作为商品的卖者，而不是作为劳动的卖者同我发生一定的关系，所以，这种关系与资本和劳动之间的交换毫无共同之处，因此，在这里也就用不上**生产劳动**和**非生产劳动**的区分——这种区分的基础在于，劳动是同作为货币的货币相交换，还是同作为资本的货币相交换。因此，农民和手工业者虽然也是商品生产者，却既不属于**生产劳动者**的范畴，又不属于**非生产劳动者**的范畴。但是，他们是自己的生产不从属于资本主义生产方式的商品生产者。"①

　　从马克思对生产劳动的定义出发，公务员的劳动、警察的劳动、士兵和牧师的劳动，不是生产劳动。这不是因为这些劳动"无用"，也不是因为它们没有对象化在"物"中，而只是因为它们是按照公法原则而不是按照资本主义私人企业的形式组织起来的。一个邮政雇员不是一个生产工人，但如果邮局是按照资本主义私人企业的形式组织起来的，并为投递信件和包裹收取费用，那么其中的雇佣劳动者就是生产劳动者。如果保护道路上的货物和乘客的工作不是由国家警察承担的，而是由雇佣工人提供武装护卫的私人部门承担的，那么这个部门的工人就是生产劳动者。他们的劳动将被纳入资本主义生产体系之中，这些私人部

---

　　① 马克思 . 剩余价值理论：第一卷［M］. 北京：人民出版社，1975：439.

门将服从资本主义生产的规律（比如：服从生产部门之间相同利润率的规律）。这不适用于按照公法原则组织起来的邮局或警察局。邮递员和警察的劳动不在资本主义生产体系之中，它们不是生产劳动。

　　正如我们看到的，当马克思定义生产劳动时，他完全抽去了劳动的**内容**，抽去了它的具体的、有用的特征和结果。马克思只从**社会形式**方面分析劳动。在资本主义企业里组织起来的劳动是生产劳动。"生产"概念以及马克思政治经济学的其他概念有其**社会历史**特征。这就是为什么把"物质"特征归给马克思的生产劳动理论是极其错误的。按照马克思的观点，我们不能只把满足**物质**需要（不是所谓的**精神**需要）的劳动视为生产劳动。在《资本论》开篇，马克思写道："需要的性质如何，例如是由胃产生还是由幻想产生，是与问题无关的。"① 需要的性质不起作用。同样，马克思认为**体力**劳动和**脑力**劳动之间的不同，也没有任何决定性意义。马克思在《资本论》第一卷第十四章的著名段落中以及其他很多地方表达了这种观点。马克思说"监工、工程师、经理、伙计等等的劳动，总之，指在一定物质生产领域内为生产某一商品所需要的一切人员的劳动"，"的确，他们把自己的全部劳动加到不变资本上，并使产品的价值提高这么多。（这在多大的程度上适用于银行家等人呢?)"② 人们

① 马克思. 资本论：第一卷 [M]. 北京：人民出版社，2004：47.
② 马克思. 剩余价值理论：第一卷 [M]. 北京：人民出版社，1975：156。下面有对银行家的说明。

认为脑力劳动者对于生产过程来说是"不可缺少的",他们从体力劳动者创造的产品中"挣得"回报。然而根据马克思的观点,他们创造新价值。因此,他们获得了回报,并把一部分价值以剩余价值的形式无偿留给了资本家。

对于物质生产过程来说,脑力劳动和体力劳动没有任何区别。如果劳动按照资本主义原则组织起来,它就是"生产"劳动。在这种情况下,把脑力劳动和体力劳动组织在一个企业中(一个工厂里有工程部门、化学实验室、会计部门),与把它们纳入独立的企业(一个独立的化学实验室的任务是增进生产)中完全是一回事。

如下劳动类型之间的区别,对于生产劳动问题具有重要意义。这就是"体现在物质的使用价值中"的劳动和"不采取实物形式,不作为物而离开服务者独立存在"的劳动或服务之间的区别。① 在后一种情况下,"产品同生产行为不能分离,如一切表演艺术家、演说家、演员、教员、医生、牧师等等"。② 假设"整个商品世界,物质生产即物质财富生产的一切领域,都(在形式上或者实际上)从属

---

① 马克思. 剩余价值理论:第一卷 [M]. 北京:人民出版社,1975:158.

② 马克思. 剩余价值理论:第一卷 [M]. 北京:人民出版社,1975:443。有的劳动具有物质特征,用来满足物质需要,有的劳动体现在物质产品之中,经济学家不是总能在两者之间做出区分。比如:在布尔加科夫的观念中,生产劳动或者是"制作有用物体的劳动"或者是"满足物质需要的劳动"。(政治经济学的基本问题 [J]. 科学探索,1898(2):335 – 336。)

于资本主义生产方式"①，整个物质生产领域被纳入生产劳动领域，即按照资本主义方式组织起来的劳动领域。另外，和非物质产品相关的表象"同整个生产比起来是微不足道的，因此可以完全置之不理"②。于是，在两个假设的基础上，即整个物质生产按照资本主义原则组织起来，且不考虑非物质生产，生产劳动就可定义为生产物质财富的劳动。**"生产劳动**，除了它那个与**劳动内容**完全无关、不以劳动内容为转移的具有决定意义的特征之外，又得到了与这个特征不同的第二个定义，补充的定义。"③ 有必要牢记，这是"第二个"定义，它只有在上述前提下才有效，也即事先假定劳动按照资本主义方式组织起来。实际上，正如马克思经常指出的，上述定义中的生产劳动和生产物质财富的劳动并不一致，它们在两个方面不同，生产劳动包含按照资本主义原则组织起来却不体现在物体中的劳动。另外，生产物质财富但不是按照资本主义生产形式组织起来的劳动从资本主义生产的观点看不是生产劳动。④ 如果我们不采纳"第二个定义"，而采纳生产劳动"关键特征"的定义——马克思把它定义为创造剩余价值的劳动，那么我们就能看到，所有从"物质方面"定义劳动的踪迹都从马克思那里消失了。马克思定义的出发点是劳动组织的社会（即资本

---

① 马克思 . 剩余价值理论：第一卷 ［M］. 北京：人民出版社，1975：442.

② 同上，第443页。

③ 同上，第442页。

④ 戈列夫 . 意识形态的边界 ［M］. 1923：24 – 26.

主义）形式。这个定义有社会学的特征。

初看起来，马克思在《剩余价值理论》中提出的生产劳动概念不同于马克思应用到从事贸易和信用的工人和职员中的劳动观点。马克思不认为这些劳动是生产劳动（《资本论》第二卷第六章、第三卷第十六至十九章）。很多社会科学家，包括一些马克思主义者，认为马克思不再把这种劳动视为生产劳动，因为它们没有带来物质上的变化。按照他们的观点，这是"物质化"的生产劳动理论的痕迹。注意，"古典学派"的立场，即"生产劳动，或创造价值的劳动（从资产阶级的观点看，这仅仅是同义反复）必然体现在物质之中"。巴扎罗夫惊奇地问："在天才般地发现了商品生产者的拜物教心理之后，马克思怎么犯了这样一个错误？"① 波格丹诺夫批判了分离"脑力"劳动和"体力"劳动的理论，并说："古典政治经济学的观念没有受到马克思应有的批判：一般来说，马克思自己也支持这些观念。"②

《资本论》第二卷和第三卷充满着生产劳动的"物质化"概念，马克思又在《剩余价值理论》中给予了详尽的、毁灭性的批判，事实真的如此吗？实际上，在马克思的观念中不存在这样明显的矛盾。生产劳动是按照资本主义原则组织起来，且独立于它的具体有用特征和结果的劳动，马克思没有放弃这种观点。但如果是这样，为什么马克思

① 巴扎罗夫．生产劳动和创造价值的劳动［M］．彼得堡：1899：23.

② 波格丹诺夫，斯捷潘诺夫．政治经济学教程：第二卷，第4版［M］．12.

没有把售货员和店员在资本主义商业企业中从事的劳动视为生产劳动呢？为了回答这个问题，我们必须记住，无论在《剩余价值理论》的什么地方，马克思谈论的生产劳动是被资本雇佣的劳动，他只考虑**生产资本**。《剩余价值理论》第一卷的附录"生产劳动概念"以生产资本开始。马克思从这里转向生产劳动。这个附录的末尾说："我们在这里研究的还只是**生产资本**，就是说，还只是用于**直接生产过程**中的资本。后面我们还要谈到**流通过程**中的资本。只有到后面研究资本作为**商业资本**所采取的特殊形式时，才能答复这样的问题：商业资本所雇佣的工人在什么范围内是生产的，在什么范围内是非生产的。"① 生产劳动问题依赖于生产资本问题，即《资本论》第二卷中有名的"形态变化"理论。根据这种理论，资本在再生产过程中经历了三个阶段——货币资本、生产资本和商品资本。第一和第三阶段代表了"资本的流通过程"，第二阶段代表了"资本的生产过程"。在这里，"生产"资本不是与非生产资本相对，而是与处在"流通过程"中的资本相对。在宽泛的意义上说，生产资本直接组织消费品的创造过程。这个过程包含为了便于消费而对产品进行的所有必要改变，比如：保管、运输、包装等。流通过程中的资本组织"真正的流通"（例如：买和卖），从商品的实际易手中抽象出的所有权易手。这种资本克服了资本主义商品体系中的摩擦，即

---

① 马克思. 剩余价值理论：第一卷 [M]. 北京：人民出版社，1975：445.

由于这个体系分裂为单个经济单位而造成的摩擦。它位于创造消费品的过程的前面以及后面，与这个过程间接相连。在马克思的体系中，"资本生产"和"资本流通"是独立存在的，它们被区别看待。尽管如此，马克思并没有忽视整个资本再生产过程的统一性。这是区分生产中雇佣的劳动和流通中雇佣的劳动的根据。然而，这种划分与把劳动划分为造成物质变化的劳动和不具有这种能力的劳动没有关系。马克思区分了"生产"资本雇佣的劳动，或者更准确地说处在**生产阶段**的资本所雇佣的劳动，和商品资本、货币资本雇佣的劳动，或者更准确地说处在**流通阶段**的资本所雇佣的劳动。只有前一种劳动才是"生产的"，不是因为它生产了物质产品，而是因为它被"生产"资本雇佣，即被生产阶段中的资本雇佣。对马克思来说，劳动参与到消费品（不必然是物质产品）生产中，表示劳动生产特性的额外属性，而不是它的标准。标准仍然是劳动的资本主义组织形式。劳动的生产特性表现了资本的生产特性。资本的运动阶段决定了资本所雇佣的劳动的特征。马克思在这里仍然忠于他的观点，即在资本主义社会中发展的动力是资本：它的运动决定了资本的运动，劳动从属于资本。

于是根据马克思的观点，按照**资本主义生产过程形式**组织起来的劳动，或者更准确地说被"生产"资本、被**生产阶段**中的资本所雇佣的劳动是**生产劳动**。售货员的劳动不是生产的，不是因为它没有造成物质产品的变化，而仅仅因为它是由流通阶段中的资本雇佣的。在马戏团中小丑的劳动是生产的，尽管它没有造成物质产品上的变化，从社会经济需要的观点看也没有售货员的劳动有用。小丑的劳动是生产的，因为它是由生产阶段中的资本雇佣的（在这种情况下，生产的结果是非物质产品——笑话，但这并没有改变问题。小丑的笑话有使用价值和交换价值。它们的交换价值大于再生产小丑劳动力的价值，即大于他的工资和不变资本耗费。因而马戏团获得了剩余价值）。另外，马戏团的收银员为小丑的表演卖票，他的劳动是非生产的，因为他是被流通阶段的资本雇佣的：他仅仅服务于"观看表演的权利"的转让，即把欣赏小丑笑话的权利从一个人（马戏团）转让到另一个人（观众）。①

为了准确理解马克思的观点，有必要清楚地理解资本流通阶段不是"现实"的产品流通和分配，即不是产品从生产者到消费者，这个过程必然伴随着运输、保管、包装等过程。资本的流通职能只在于产品的所有权从一个人转到另一个人，仅仅是价值从商品形式转到货币形式，或者相反，仅仅是生产的价值的实现。它是观念的或形式的转换，不是现实的。这是"由价值的单纯形式变换，由观念地考察的流通产生的流通费用"②。"我们这里谈的，只是由

---

① 我们所说的并不意味着马克思没有看到物质生产和非物质生产之间的区别。在把生产资本雇佣的劳动视为生产劳动的时候，马克思显然认为在生产劳动的内部有必要区分"狭义的生产劳动"，即在物质生产中雇佣的劳动和体现在物质产品中的劳动。

② 马克思. 资本论：第二卷 [M]. 北京：人民出版社，2004：154.

单纯形式上的形态变化所产生的流通费用的一般性质"。①
马克思确立了如下命题："一般规律是：**一切只是由商品的
形式转化而产生的流通费用，都不会把价值追加到商
品上**。"②

马克思清楚地区分了这种作为流通阶段本质的"形态
变化"和商品资本的"真正职能"。在马克思看来，这些真
正职能包括：运输、储存、"可以分配的形式中的商品的保
管和分发"③"发送、运输、分类、散装"④。价值形式上的
实现，即产品所有权的转让，"只是对它们的实现起中介作
用，因而同时也对商品的实际交换，对商品从一个人手里
到另一个人手里的转让，对社会的物质变换起中介作用"。⑤
但是从理论上说，形式上的实现，资本流通的本真职能，
完全不同于前面所说的真正职能，它在本质上异于这种资
本，具有"异质"特征。在一般的商业企业中，这些形式
的和真正的职能通常相互交织在一起。商店售货员的劳动
执行了保管、包装、运输等真正职能，以及买和卖这样的
形式职能。但是这些职能可以从人员和地理上分开，"待买
和待卖的商品也可以堆在码头或别的公共场所"⑥，比如：
堆在商业库房或运输库房。实现的形式环节——买和卖，

---

① 马克思. 资本论：第二卷 [M]. 北京：人民出版社，2004：152.
② 同上，第 167 页。
③ 马克思. 资本论：第三卷 [M]. 北京：人民出版社，2004：298.
④ 同上，第 314、321 页。
⑤ 同上，第 314 页。
⑥ 同上，第 322 页。

也可能发生在其他地方，例如：在一个特殊的"销售部门"。流通的形式方面和真正方面是相互分离的。

马克思把所有"生产过程在流通过程中的继续"① "流通行为中继续进行的……生产过程"② 视为真正的职能。"这些生产过程只是在流通中继续进行，因此，它们的生产性质完全被流通的形式掩盖起来了。"③ 运用到这些"生产过程"中的劳动是创造价值和剩余价值的生产劳动。如果售货员的劳动包含真正的职能——保管、运输、包装等，它就是生产劳动，不是由于它体现在物质产品中（保管不会造成这种物质上的变化），而是由于它参与到了"生产过程"之中，被生产资本雇佣。某些商业职员的劳动是非生产的，由于它只服务于价值的"形态变化"，只服务于它的实现，只服务于产品所有权从一个人到另一个人的观念转移。在"销售部门"发生的，并和所有真正职能有别的"形态变化"，也需要一定的流通费用和劳动耗费，即计算、账簿、通信等。④ 这种劳动不是生产的，不是因为它没有创造物质产品，而是因为它服务于价值"形态变化"，服务于按照纯粹形式运转的资本"流通"阶段。

通过接受马克思对"形式的"职能和"物质的"职能的区分（我们倾向于"真正的"这种表述，马克思的著作

---

① 马克思. 资本论：第三卷 [M]. 北京：人民出版社，2004：298.
② 同上，第321页。
③ 马克思. 资本论：第二卷 [M]. 北京：人民出版社，2004：154.
④ 马克思. 资本论：第三卷 [M]. 北京：人民出版社，2004：322.

就用了这种表述，"物质"这种表述可能引起误解），巴扎罗夫否认形式职能能够获得"人类活劳动的单纯原子式应用"①。"在现实中，只有商品资本职能的'物质'方面吸收活劳动。然而，'形态变化'不需要商人的任何'耗费'。"我们不同意巴扎罗夫的观点。我们假设所有真正的"物质"职能从形式职能中分离出来，产品保管在特殊的库房、码头之中。我们假设在"销售部门"中只存在买和卖这种形式变化，只发生商品所有权的转让。部门中器材的耗费、职员和销售人员的维持费、记账开销，就它们是由所有权从一个人到另一个人的转让而引起的来说，都是"真正的流通费用"，只和价值形态变化相关。正如我们看到的，价值的形态变化需要商人的"耗费"，在这种情况下，根据马克思的观点，人类应用的劳动还是非生产的。

我们请读者注意簿记问题，因为某些作家宣称马克思在所有情况下都否认簿记劳动的生产特征。② 我们认为这种观点是错误的。其实，马克思对"簿记"的观点（《资本论》第二卷第六章）有很多的模糊性，也许能够按照上述方式解释。但是从马克思生产劳动观念出发，簿记员的劳动问题不会有特别的疑问。如果簿记对于执行真正的生产职能是必要的，即使这些职能是在流通过程中进行的（簿记员的劳动和产品的生产、保管、运输相关），簿记也是和

---

① 巴扎罗夫. 生产劳动和创造价值的劳动 [M]. 彼得堡：1899：35.

② 这种观点可以参见巴扎罗夫的著作（巴扎罗夫. 生产劳动和创造价值的劳动 [M]. 彼得堡：1899：35, 49）。

生产过程相关。簿记员的劳动是非生产的，只是由于他执行了价值的形态变化——产品所有权的转让，即观念形式中的买卖行为。我们再次重复说，在这种情况下，簿记员的劳动是非生产的，不是由于它没有造成物质产品的变化（在这方面，他和工厂里簿记员的劳动没有区别），而是由于他被流通阶段（有别于所有真正的职能）的资本雇佣。

马克思在《资本论》第二卷和第三卷中应用了商品资本形式职能和真正职能上的这些区别，或者说纯粹形式的流通和"在流通过程中进行的生产过程"之间的区别。我们不能同意这种观点，即马克思只在第三卷中应用了这种区别，而在第二卷中则武断地把所有用于交换的耗费视为非生产的，包括用在流通中真正职能上的耗费。巴扎罗夫[①]和波格丹诺夫[②]认为，《资本论》第二卷和第三卷有这种重大区别。实际上，在《资本论》第二卷中，马克思只认为"流通的真正成本"是完全的非生产成本，而不是流通的所有成本。在第二卷中，马克思谈论了在交换中执行并有生产特征的"生产过程"[③]。不考虑在思想的形成和阐述中的细微差别，我们没有发现《资本论》第二卷和第三卷有什么根本矛盾。这并不否认在第三卷第十七章和第二卷第六章中有不一致的段落，有术语的模糊和个别矛盾，但是生

---

① 巴扎罗夫. 生产劳动和创造价值的劳动 [M]. 彼得堡：1899：39－40.

② 波格丹诺夫，斯捷潘诺夫. 政治经济学教程：第二卷 [M]. 12－13.

③ 马克思. 资本论：第二卷 [M]. 北京：人民出版社，2004：154.

产劳动是被资本所雇佣的劳动（甚至是在流通过程中执行的生产过程的补充形式），非生产劳动是在纯粹流通阶段或价值"形态变化"中服务于资本的劳动，这是很清楚的。

波格丹诺夫反对马克思把商品资本职能划分为真正的职能（生产过程的继续）和形式的职能（纯粹的流通），因为他认为在资本主义中真正的职能和形式的职能正当地具有"客观必要性"，它们的目的是满足既定生产体系的真实需要。① 然而，马克思并不想否认在资本的再生产过程中流通阶段的必要性。"他（买和卖的当事人——鲁宾注）执行一种必要的职能，因为再生产过程本身包含非生产职能"②，即纯粹的流通职能。"这些活动所花费的劳动时间，是用在资本的再生产过程的必要活动上的，但它不会加进任何价值"③。根据马克思的观点，生产阶段和流通阶段都同样是资本再生产的必要过程。但这并没有取消资本运动的两个阶段中属性上的不同。生产阶段中资本所雇佣的劳动和流通阶段中资本所雇佣的劳动都是必要的，但是马克思认为只有第一个才是生产的。波格丹诺夫把既定经济体系中劳动的客观必要性作为生产性的标准。通过这种方式，他不仅抹掉了生产中的劳动和流通中的劳动之间的区别，而且有条件地把"和军事活动相关的职能"④ 算入生产职能，即

① 波格丹诺夫，斯捷潘诺夫．政治经济学教程［M］．13.
② 马克思．资本论：第二卷［M］．北京：人民出版社，2004：149.
③ 马克思．资本论：第三卷［M］．北京：人民出版社，2004：323.
④ 波格丹诺夫，斯捷潘诺夫．政治经济学教程［M］．17.

使和军事活动相关的职能是按照公法组织起来的，而不是按照私人资本主义生产原则组织起来的。与马克思的观点相反，波格丹诺夫没有把劳动的社会组织形式作为生产性的标准，而是把在既定的经济体系中劳动的必要性作为标准，并且这种劳动还依照它的具体有用形式。

有的作家认为马克思的生产劳动理论只不过把劳动还原为体现在物质产品中的劳动和不具有这种性质的劳动，他们的观点是完全错误的。希法亭较接近于马克思著作中的这个问题。他认为"对于社会生产的目的来说是必要的，且独立于生产的一定社会历史形式"的劳动是生产的。"另一方面，仅仅为了资本主义流通的目的而耗费的劳动，即源于一定历史生产组织形式的劳动，不创造价值。"① 马克思著作中的某些段落和希法亭对非生产劳动的定义类似。但是，希法亭对生产劳动的定义"独立于一定的社会生产形式"则不同于马克思的定义。希法亭认为"生产性的标准……在所有社会形式中都一样"②，这和马克思整个理论体系明显矛盾。希法亭反映了，并部分上改变了马克思在生产阶段中资本所雇佣的劳动和流通阶段中资本所雇佣的劳动之间所做出的区分。

我们并不问马克思基于对劳动的社会形式分析而对生产劳动所下的定义是否正确，或政治经济学基于"必要"

---

① 希法亭．马克思对理论经济学的阐述［M］//政治经济学基本问题．1922：107 - 108.

② 同上。

"有用"与劳动的"物质"特征以及它在个人消费和生产消费中的作用而对生产劳动所下的传统定义是否正确。我们不说马克思抽去劳动耗费的内容而下的定义比传统观点更正确。我们仅仅认为马克思的观点不同于传统观点，不能被它们遮蔽。马克思关注现象的另一面，马克思为了研究生产阶段资本所雇佣的劳动和流通阶段资本所雇佣的劳动而选择了"生产"这个术语，我们也许会感到遗憾，在经济学中"生产"这个术语有不同的含义（也许更合适的术语是"生产性劳动"）。

附　录

鲁宾作品的英译本：

Rubin, Isaak Illich. Fundamental Features of Marx's Theory of Value and how it Differs from Ricardo's Theory（1924）[M] //Day Responses to Marx's Capital: From Rudolf Hilferding to Isaak Illich Rubin. Boston: Brill, 2017.

Rubin, Isaak Illich. The Austrian School（1926）.

Rubin, Isaak Illich. Essays on Marx's Theory of Money（1926 – 1928）.

Rubin, Isaak Illich. Towards a History of the Text of the First Chapter of Marx's Capital（1929）[M] //Day Responses to Marx's Capital: From Rudolf Hilferding to Isaak Illich Rubin. Boston: Brill, 2017.

Rubin, Isaak Illich. The Dialectical Development of Categories in Marx's Economic System（1929）.

Rubin, Isaak Illich. Marx's Teaching on Production and

Consumption (1930).

Rubin, Isaak Illich. Essays on Marx's theory of value [M].
Montreal: Black Rose Books Ltd. , 1973.

Rubin, Isaak Illich. Abstract labour and value in Marx's
system [J]. *Capital & Class*, 1978 (2): 107 – 109.

Rubin, Isaak Illich. A History of Economic Thought [M].
London: Ink links, 1979.

德译本:

Rubin, Isaak I. Studien zur Marxschen Werttheorie [M].
Europ. Verlag-Anst, 1973.

Rubin I A I, Bessonow S A. Dialektik der Kategorien: De-
batte in der UdSSR (1927 – 29) [M]. Verlag für das Studium
der Arbeiterbewegung, 1975.

日译本:

イサーク・イリイチ・ルービン. マルクス価値論概説
[M]. 東京: 法政大学出版局, 1993.

イサーク・イリイチ・ルービン. マルクス貨幣論概説
[M]. 東京: 法政大学出版局, 2016.

中译本:

鲁平. 重农学派理论底创设者佛兰士开纳: 其生平及学
说 [M]. 孙柳杞, 译. 北京: 燕山书店, 1930.

鲁宾. 经济思想史 [M]. 沈韵琴, 译. 上海: 新生命书局, 1931.

鲁平. 新经济思想史 [M]. 季陶达, 译. 北平: 好望书店, 1932.

李卜克拉西, 价值学说史 [M]. 孙寒冰, 林一新, 译. 上海: 黎明书局, 1933 (此书有一篇鲁宾的长文:《鲁宾论李嘉图和一般古典派经济学说之基本特点》)。